法官眼中的民法典

THE CIVIL CODE IN THE EYES OF JUDGES

任生林 / 著

法律出版社
LAW PRESS · CHINA

序　一

日本著名民法学者星野英一(ほしのえいいち、1926—2012年)曾说,"民法是与宪法相并列的法律,宪法规定的是国家的基本理念和构造,而民法规定的是社会的基本理念和构造。"①他的这一论断有两个基本点:一是政治国家与市民社会是相分离的;二是民法的适用空间为市民社会。在改革开放前,我国计划经济体制时期,国家的公权力深入社会生活的各个方面,如文化生活、经济生活乃至家庭生活,市民社会生活领域始终没有独立的存在空间。改革开放以来,我国由计划经济逐渐转向社会主义市场经济,并且为了适应经济发展的需要,实行政企分家、还权于民,市民社会逐步成为独立的生活领域。但是这一生活领域是通过国家的公权力自上而下的改革建立起来的,有可能会受到公权力的侵害或干扰,因此是非常脆弱的。为了确保市民社会生活领域实现意思自治,巩固改革成果,一方面需要完善规范政治国家生活的公法制度,明确划定国家机关的职责与权限,把公权力放在笼子里;另一方面更需要完善规范市民社会生活的私法制度,通过民法典明确划定市民社会的生活领域,防止公权力对市民社会的擅自干预,维护市民社会主体的私权利。所以,市场经济的建立与发展、市民社会生活领域的扩张,必然要求出台一部完善的民法典。

---

① [日]星野英一、渠涛:《名家评说:日本民法的100年》,载《环球法律评论》2001年第3期。

早在1954年,全国人大常委会就曾组织力量起草民法典,后因“反右扩大化”而中止。1962年,由于我国法制建设严重缺失的现实问题,民法典起草工作再次被提上议程,并于1964年形成试拟稿,但“文化大革命”爆发后,试拟稿“胎死腹中”。改革开放后,我国于1979年重启民法典编纂,1982年形成民法草案第四稿,但由于正值改革开放初期,出台民法典的时机还不成熟,最后以其为基础,形成了《民法通则》。2002年第四次编纂民法典,将当时已生效的《民法通则》《合同法》《继承法》《婚姻法》《收养法》以及当时正在起草的物权法草案、侵权法草案等内容进行了简单的汇编,但仅进行了一次审议便终止。2014年10月,党的十八届四中全会明确提出编纂民法典,开启了第五次民法典的编纂。此次民法典的编纂分两步走:第一步是在2017年先出台民法总则,第二步是编纂民法典各分编,形成统一的民法典。2020年5月,十三届全国人大三次会议审议通过了在我国法治社会建设中具有里程碑意义的《民法典》。

新颁布的《民法典》具有三大创新。一是编纂方式的创新。我国民法典不是全新制定的,而是在现有民事法律的基础上编纂而成的。“编”就是将现有的物权法、合同法、婚姻家庭法、继承法、侵权责任法等民事法律和制度进行系统整理、统合;“纂”就是结合我国改革开放实践中出现的各种新情况、新问题,确立新的制度。二是法典体例的创新。大陆法系民法典的编制体例主要有两种:一种是法国民法典的三分法,即人、财产、取得财产的方法,后来又增加了担保,成为四分法;另一种是德国民法典的五分法,即总则、债权、物权、亲属、继承。我国虽然在民法文化上接受了德国的五分法,但是在立法上却突破了德国的五编体例,成为七编制,即总则、物权、合同、人格权、婚姻家庭、继承、侵权责任。尤其是将人格权、侵权责任两编单独成编,与其他各编并列,属于首创。三是制度内容的创新。我国民法典的编纂,与19世纪法国民法典、德国民法典的编纂有明显差异。在21世纪,环境污染、土地利用立体化、互联网技术的广泛应用、人工智能的普遍开发、大数据的形成等引发了许多全新的社会现象,由此产生了新型的民事权益纠纷,我国民法典努力回应了这些时代需要,为应对人类共同面临的挑战提供了中国智慧、中国方案。

随着民法典的颁布,我国民法学理论研究进入了后民法典时代。相信在很长一段时间内,学界将围绕民法典的理解与适用,展开广泛的解释论研究。山西省高级人民法院任生林法官的《法官眼中的民法典》一书,就是民法典解释论的最新成果。任法官1986年毕业于北京大学法学院,随后进入山西省高级人民法院,长期从事民事审判工作。由于专业的原因,我曾多次与他一起参加学术研讨、疑难案件论证,很快成为学术上的挚友。任法官具有扎实的理论功底和开阔的专业视野,问题意识很强,他勤奋尚学、努力钻研、笔耕不辍,对民事法律关系的分析和解决民事问题的思路很有见地,既有高度又有深度,是一位优秀的学者型法官。任法官在《民法总则》颁布后,围绕《民法总则》的实施,结合审判实践,形成了自己的所思所想,随后他又持续关注民法典的编纂进程,对草案中的一些热点、难点问题进行了深入思考,提出了很多具有价值的完善意见。本书就是任法官这些年对《民法总则》的实施和《民法典》的编纂进行研究的结晶。

所以,我虽然没有资格为本书作序,但很乐意向读者推荐这本理论与实践紧密结合的好书。

山西大学法学院教授、博士生导师汪渊智

2020年5月29日

序　二

1949年，中华人民共和国成立，诗人胡风发自肺腑地写道“时间开始了”！2020年5月28日，十三届全国人大三次会议通过《民法典》，在另一种意义上，也可以说是“时间开始了”！几代民法学者的夙愿得偿，未始不是一件幸事！

《民法典》的颁布实施，对全面依法治国、发展社会主义市场经济、维护人民权益以及推进国家治理体系和治理能力现代化无疑都具有重大意义。这些意义是秉承现行宪法而来。1982年《宪法》在体例上，刻意将“公民的基本权利和义务”置于“国家机构”章之前，无非是要彰显一点：人民基本权利的确认和保障，乃是各种国家机构存在的正当化基础。《民法典》正是《宪法》宣示的人民基本权利制度保障的重要组成部分。

此外，《民法典》的颁布实施还有不容忽视但可能被忽略的两点意义：

一方面，《民法典》的出台，实际上确立了中国特色社会主义法律体系中民商法律部门的格局。尽管《民法典》采取折中的民商合一体制，但是，除总则编和物权编、合同编容纳了部分商法制度外，作为《公司法》《票据法》《企业破产法》《海商法》等单行法共通性的商事制度如何整合，必将成为后民法典时代学界的重要话题和立法的重要内容。这层意义不可谓不重大！

另一方面,更为重大的一层意义可能在于,《民法典》的颁布实际上预示着中国社会踏上进一步现代化的征程。如果说秦朝的建立奠定了此后千百年的郡县制国家,是中国社会第一次重大的历史转型,那么清末以降,国门大开,传统的中华法系转而折向现代的法律体系,传统的天下秩序转而折向现代国家的形成,这可以说是中国社会的又一次重大历史转型。这种现代化的探索过程虽然痛苦而艰难,却是不可逆转的。蒋梦麟先生的《西潮》一书,述之备矣。而民法和中国发生联系,从光绪三十三年开始制定的大清民律草案,到 1925 年北京政府的中华民国民律草案,到 1931 年的中华民国民法,乃至于新中国的 5 次民法起草或编纂,民法典制定的历次尝试,无论成功或者失败,都是和这种现代化道路的探索和实践紧密相连的。

在一个利益愈益多元、矛盾愈益复杂、探索之路愈益艰难的社会,市民社会如何组织、市民社会和政治国家的关系如何摆放,不再是寄希望于"明君清官",而是让诸于民法典——"写在纸上的理性",这无疑是一种进步。让"写在纸上的理性"落实在现实生活当中,这更是民法典的生命力和权威性之所在!

民法典被誉为社会生活的百科全书,内容繁杂、术语深奥、结构严谨、理论博大精深。但是中国民法学的科学体系尚未真正建立,中国民法典无论在体例上还是在具体的规则设计上尚有不少不尽人意之处,如何建立完备的中国民法学体系、如何弘扬民法的"私人自治"精神、如何正确解释适用民法典,成为每一个民法学者、法律共同体成员乃至每一个仰给于民法的社会成员光荣而神圣的职责。

任生林高级法官博学多能,雅好倚声填词,而又不废专业。他自 20 世纪 80 年代中期北大法律学系毕业后,一直从事审判工作,后来又到中国政法大学深造。三十多年的积淀,不仅使他具有深厚的理论功底,而且具有丰富的审判实践经验,在报刊杂志发表了大量文章,出版两本著作，主持的课题多次荣获全国、全省法院系统学术奖励，因此获得全国审判业务专家称号。面对成绩，他仍然勤勉有加，利用参加民法总则和各分编研讨会之便，结合审判实践撰写一些学术文章，为民法典编纂贡献智慧。他在三年多时间里撰写了 45 篇文章，重点对新增加的内容和一些热点难点问题进行阐述、分析研讨，有些观点还很新颖，具有一定参考价值。文章的一大特色是理论联系实际，语言通俗易懂、简明扼要，重点突出，读起来轻松自如。

这些文章，不仅是任法官的心得体会，还表现出法官的职业情怀和学术素养。任法官进入法律领域，接受系统法学训练，远早于我；他的博学多才，让我难以望其项背；他的成果之丰硕，也令我汗颜。我只能简述民法典颁布的意义，聊以复命，何敢称序？

浙江大学光华法学院教授、博士生导师张谷

2020 年 6 月 13 日

前　　言

我学习从事法律实务工作将近四十年了！

记得20世纪80年代初在北大法律系求学时，最难学的、最难懂的就是民法学。被誉为我国"民法四君子"之一的魏振瀛教授参加《民法通则》的起草工作，对民法有深刻体会。他给我们讲了整整一学年的民法学课。我非常努力地学习，但仍然懵懵懂懂。法人制度、民事法律行为、连带责任、抵押担保等，都太不好理解。后来才明白，那些从苏联移植过来的民法理论，对于一个十七八岁没有任何社会生活经验的青少年来说，确实是难为了。1986年颁布《民法通则》时，我已参加审判工作，利用便利参加培训，对民法知识的理解逐渐加深。到了90年代后期，回到中国政法大学研究生院攻读法律硕士学位，虽然有一定社会经历，但是，对杨振山、李永军、费安玲教授讲授的物权行为理论、知识产权、罗马法等，听得一知半解，似是而非。从90年代开始，我国摒弃苏联的民法理论，全面引进大陆法系、英美法系的民法理论，其术语抽象、内容繁多、逻辑缜密、理论博大精深，在短时间内是不可能全面理解掌握的。

21世纪初从事民商事审判工作以来，我每天听的、审的、问的、琢磨的都是民商事案件，与别人探讨的也是民事商事纠纷如何审理。同时，我经常参加一些全国法院研讨会，聆听著名教授、高水平法官的深刻见解，对许多民法理论逐渐理解和参悟。在审判实践中，我也时常给中级和基层人民法院法官、律师和企业法律顾问讲课，对一些法律理论，如物权变动、合同效力、公司股权等问题，费好大劲也讲不清楚，学员们也听不大明白。于是，心里产生一个想法，能否用通俗易懂、简明扼要的语言讲清楚深奥的民法理论，让更多的人了解熟悉民法知识，保护自己的合法权益。后来我又进行了6年行政审判，经常与政府法制部门打交道，对行政立法和执法比较熟悉。如果从公权力与私权利关系审视，许多法律问题便豁然开朗。公权力对人身权、财产权的干预度在不同领域是不能一样的。国家对刑事犯罪干预度最强，对行政违法次之，对民间纠纷干预度最弱。在民法领域，对私权的干预度也不一样，对与人身密切的人格权、物权、婚姻自主权、继承权干预度较强，对与市场交易密切的合同干预较弱。在立法过程中应该贯彻这样的法治理念。过去，立法、行政执法、司法对合同、婚姻家庭、继承等私权领域干预过多，造成一些消极影响。在起草过程中，《民法典》有意识地体现出私法自治的法治理念，应该说是一大进步。行政执法、司法活动也应秉持这样的理念，才能促进国家治理体系和治理能力现代化建设。

在2016年参加最高人民法院组织召开的《民法总则》征求意见会上，各地法官们根据审判实践对《民法总则(征求意见稿)》提出了大量建设性意见，后被立法者吸收，成为《民法总则》的重要内容。我深受启发——法官也可以为立法建言献策，便利用学习贯彻《民法总则》之便，先后撰写了8篇文章在《山西市场导报》刊登，受到好评。同事和朋友们鼓励我继续写下去，普及民法理论知识。

从2017年开始，在三年多时间里，结合对《民法总则》的学习和分编条文的研讨，我先后撰写了45篇文章，大多在《山西市场导报》《山西法制报》《山西审判》以及“民法茶座”微信公众号上发表。这些文章秉持上述立法理念，围绕《民法典》编纂中新增加的内容以及热点、难点问题，联系审判实践进行研讨论述；同时，提出一些不成熟的建议和意见，本书主要内容是关于《民法典》的立法变化过程，因而引用的司法解释是《民法典》正式施行之前的司法解释。本书的内容涉及总则编 9 篇、物权编 5 篇、合同编 12 篇、人格权编 4 篇、婚姻编 3 篇、继承编 1 篇、侵权责任编 11 篇。文章重点对《民法典》增加的内容进行论述，如对总则编中的监护制度、法人制度、民事法律行为、代理、连带责任、诉讼时效，秉持理论联系实际原则进行探讨研究。在分编里，文章对物权编中的居住权、土地经营权、添附制度，对合同编中的合同效力、分类、预约合同、违约责任以及电子合同、保理合同、保证合同、利益第三人合同、阴阳合同，对人格权编中的信用权、隐私权、个人信息，对婚姻编中的婚姻效力、离婚赔偿，对继承编中的继承遗产范围、继承人顺序、遗产管理人制度，对侵权责任编中的自助行为、自甘风险、惩罚性赔偿、精神损害赔偿、过错推定责任、无过错责任、公平责任、补充责任、垫付责任、不真正连带责任等问题，深入梳理研讨、分析阐述，提出自己的意见和建议，以期更准确地理解掌握民法典的立法精神。

《民法典》共 1260 条，涉及社会生活的方方面面，内容繁多、逻辑缜密、理论博大精深，被业内称为最基础也最难掌握的一门法律。本书仅从司法实践角度，对新规定的内容和热点、难点问题解读，许多理论和问题肯定没有涉及，探讨不到位、观点有失偏颇之处，敬请方家和读者批评指教。

任生林

庚子初夏于复觉斋

法律、司法解释缩略语表

《中华人民共和国民法典》	《民法典》
《中华人民共和国民法通则》	《民法通则》
《中华人民共和国民法总则》	《民法总则》
《中华人民共和国婚姻法》	《婚姻法》
《中华人民共和国继承法》	《继承法》
《中华人民共和国物权法》	《物权法》
《中华人民共和国农村土地承包法》	《农村土地承包法》
《中华人民共和国担保法》	《担保法》
《中华人民共和国合同法》	《合同法》
《中华人民共和国劳动合同法》	《劳动合同法》
《中华人民共和国公司法》	《公司法》
《中华人民共和国个人独资企业法》	《个人独资企业法》
《中华人民共和国合伙企业法》	《合伙企业法》
《中华人民共和国侵权责任法》	《侵权责任法》
《中华人民共和国消费者权益保护法》	《消费者权益保护法》
《中华人民共和国道路交通安全法》	《道路交通安全法》
《中华人民共和国产品质量法》	《产品质量法》
《最高人民法院关于贯彻执行〈中华人民共和国民法通则〉若干问题的意见（试行）》	《民通意见》

续表

《最高人民法院关于适用〈中华人民共和国婚姻法〉若干问题的解释(一)》	《婚姻法司法解释(一)》
《最高人民法院关于适用〈中华人民共和国婚姻法〉若干问题的解释(二)》	《婚姻法司法解释(二)》
《最高人民法院关于适用〈中华人民共和国婚姻法〉若干问题的解释(三)》	《婚姻法司法解释(三)》
《最高人民法院关于贯彻执行〈中华人民共和国继承法〉若干问题的意见》	《继承法司法解释》
《最高人民法院关于适用〈中华人民共和国担保法〉若干问题的解释》	《担保法司法解释》
《最高人民法院关于适用〈中华人民共和国合同法〉若干问题的解释(一)》	《合同法司法解释(一)》
《最高人民法院关于适用〈中华人民共和国合同法〉若干问题的解释(二)》	《合同法司法解释(二)》
《最高人民法院关于审理建设工程施工合同纠纷案件适用法律问题的解释》	《建设工程司法解释》
《最高人民法院关于审理商品房买卖合同纠纷案件适用法律若干问题的解释》	《商品房买卖合同司法解释》
《最高人民法院关于审理买卖合同纠纷案件适用法律问题的解释》	《买卖合同司法解释》
《最高人民法院关于适用〈中华人民共和国公司法〉若干问题的规定(一)》	《公司法司法解释(一)》
《最高人民法院关于适用〈中华人民共和国公司法〉若干问题的规定(二)》	《公司法司法解释(二)》
《最高人民法院关于适用〈中华人民共和国公司法〉若干问题的规定(三)》	《公司法司法解释(三)》
《最高人民法院关于适用〈中华人民共和国公司法〉若干问题的规定(四)》	《公司法司法解释(四)》

续表

《最高人民法院关于确定民事侵权精神损害赔偿责任若干问题的解释》	《精神损害赔偿司法解释》
《最高人民法院关于审理人身损害赔偿案件适用法律若干问题的解释》	《人身损害赔偿司法解释》
《最高人民法院关于人民法院执行工作若干问题的规定(试行)》	《执行工作司法解释》
《最高人民法院关于审理道路交通事故损害赔偿案件适用法律若干问题的解释》	《交通事故损害赔偿司法解释》
《最高人民法院关于审理食品药品纠纷案件适用法律若干问题的规定》	《食品药品案件司法解释》
《最高人民法院关于审理涉及夫妻债务纠纷案件适用法律有关问题的解释》	《夫妻债务司法解释》

目　　录

总则编

物权编

合同编

人格权编

婚姻家庭编

继承编

侵权责任编

总则编

《民法典》总则编的八大亮点

2020 年 5 月 28 日，第十三届全国人民代表大会第三次会议通过了《民法典》，《民法典》自 2021 年 1 月 1 日起施行。这是新中国第一部以法典命名的法律，是推进全面依法治国、完善中国特色社会主义法律体系的标志性立法，对推动国家治理体系和治理能力现代化、推动新时代改革开放和社会主义现代化建设，具有重大而深远的意义。

《民法典》分 7 编、1260 条。第 1 编总则编共 10 章 204 条，规定了民事活动必须遵循的基本原则和一般性原则，统领《民法典》各分编。这一编沿袭了《民法总则》的结构和内容，根据法典编纂体系化要求对个别条款作了文字修改，并将附则移到《民法典》最后部分。《民法典》施行后，《民法总则》和《民法通则》正式被废止。《民法典》总则编与《民法通则》相比，主要有以下 8 个亮点。

一、体现了社会主义核心价值观

党的十八大明确提出，倡导富强、民主、文明、和谐，倡导自由、平等、公正、法治，倡导爱国、敬业、诚信、友善，积极培育和践行社会主义核心价值观。这 24 个字分别是我们党在国家层面的价值目标、在社会层面的价值取向、在公民个人层面的价值准则。立法者将弘扬社会主义核心价值观作为一项重要的立法目的，体现坚持依法治国与以德治国相结合的特色。《民法典》总则编至少有 7 个条文体现了该价值观。

第 1 条规定："为了保护民事主体的合法权益，调整民事关系，维护社会和经济秩序，适应中国特色社会主义发展要求，弘扬社会主义核心价值观，根据宪法，制定本法。"开篇便旗帜鲜明地规定了弘扬社会主义核心价值观，是总的要求，纲举目张，对后面条文具有重要的规范指导作用。

第 7 条规定："民事主体从事民事活动，应当遵循诚信原则，秉持诚实，恪守承诺。"第 8 条规定："民事主体从事民事活动，不得违反法律，不得违反公序良俗。"诚信和公序良俗之所以成为民法的基本原则，是因为直接关涉民法与道德之间的互动关系问题。民法作为市民社会的基本法应当体现社会的道德伦理价值，不可避免地会出现市民社会生活的一些道德观念、道德规范对民法的渗透，借助于诚信和公序良俗原则，使更多的道德规范上升为民法的基本规范。诚信原则主要通过积极引导方式实现弘扬社会公德、维护秩序的功能。公序良俗原则确定最低限度的道德标准，强调民事主体进行民事活动必须遵循社会普遍认同的道德，发挥维护行为底线的功能。

第 10 条规定："处理民事纠纷，应当依照法律；法律没有规定的，可以适用习惯，但是不得违背公序良俗。"这条是关于法源的规定。我国法的渊源一是法律，二是习惯。没有规定政策，意味着排除了政策。在民事审判中法官不能引用政策作为裁判依据。这条的"法律"是指作为裁判依据的法律条文，包括法律具体规定、原则性规定、概括性规定等。这条规定还确立了习惯的补充性法源地位，处理民事纠纷时若无法律规定，则法官可以适用习惯作为裁判的依据。这里的习惯是指经过司法机关确认具有规范属性的习惯法，但是不得违背公序良俗。在案件裁判过程中，应当明确习惯的性质、适用范围、效力审查等问题。

第 153 条第 2 款规定："违背公序良俗的民事法律行为无效。"这条规定是对第 8 条规定的具体化，把基本原则转化为法律规则，直接适用于具体案件中。法官在案件裁判过程中根据自由裁量权认定违背公序良俗的民事法律行为无效,如对当事人签订的借腹生子合同、赌债偿还合同认定无效,判定其不受法律保护。

第 184 条规定:"因自愿实施紧急救助行为造成受助人损害的,救助人不承担民事责任。"这是关于见义勇为不担责的条款,也称"好人条款",是一种新的侵权免责事由,其法律价值是保护善意救助者不受民事责任追究。这样的法律规定,对于唤醒社会良知、鼓励人们对处于危难和困境中的他人予以救助、端正社会风气,具有重要价值。

第 185 条规定:"侵害英雄烈士等的姓名、肖像、名誉、荣誉,损害社会公共利益的,应当承担民事责任。"英雄烈士为国家作出巨大贡献,是我国宝贵的精神财富,加强对其的特别保护,体现了社会主义核心价值观在法律层面上的落实。实践中案例诸如狼山五壮士、董存瑞等名誉权纠纷,保护了英雄烈士的合法权益,弘扬了公平正义和社会主义核心价值观。

二、加大了对自然人权利的民事保护力度

《民法典》总则编在《民法通则》的基础上,加大了对自然人权利的保护力度,不仅从出生到死亡,贯穿人的一生,而且扩展到生前死后,充分体现出民法对人的终极关怀,体现出民法的人性光辉而不是冰冷冷的条文。

第 16 条规定:"涉及遗产继承、接受赠与等胎儿利益保护的,胎儿视为具有民事权利能力。但是,胎儿娩出时为死体的,其民事权利能力自始不存在。"对胎儿利益的保护仅限于享有部分民事权利,不能承担任何民事义务。因为胎儿的民事权利能力毕竟是有限的,胎儿没有出生,没有与母体分离,不是一个独立完整的人。为了保护即将出生胎儿的利益,在继承遗产、接受赠与、行使损害赔偿请求权方面,应类推适用

未成年人监护制度，由监护人作为法定代理人行使权利。如果胎儿出生时为死体的，就否定了胎儿的民事权利地位，就当作民事权利从来不存在。因继承、接受赠与及取得的损害赔偿金，按不当得利处理。获得的遗产在其他继承人之间重新分配，赠与人有权收回赠与财产，支付损害赔偿金的人有权要求返还。

第 185 条规定："侵害英雄烈士等的姓名、肖像、荣誉，损害社会公共利益的，应当承担民事责任。"英雄烈士作为自然人去世后，虽然没有民事权利，但其民事权益仍受法律保护，其姓名、肖像、名誉、荣誉仍受法律保护，不允许被人污辱诽谤，否则要受到法律制裁。

第 19 条规定："八周岁以上的未成年人为限制民事行为能力人，实施民事法律行为由其法定代理人代理或者经其法定代理人同意、追认；但是，可以独立实施纯获利益的民事法律行为或者与其年龄、智力相适应的民事法律行为。"随着经济社会的发展，我国儿童认知水平比 30 多年前《民法通则》制定时有了显著提高，独立意识更强，故限制民事行为能力年龄从 10 周岁下调到 8 周岁。8 周岁以上的未成年人，可以独立获得不附义务的赠与，独立从事买作业本、交学费、借书等与其年龄、智力相适应的民事法律行为。

第 29 条规定："被监护人的父母担任监护人的，可以通过遗嘱指定监护人。"第 30 条规定："依法具有监护资格的人之间可以协议确定监护人。协议确定监护人应当尊重被监护人的真实意愿。"遗嘱指定和协议确定监护人是《民法典》的一大创新。父母在身患重大疾病时，可以通过遗嘱指定监护人的形式，安排好未成年人的监护后事，以利于孩子的健康成长。同时，当前离婚现象普遍，父母在离婚时，可以通过协议确定谁做未成年人的监护人，但必须尊重孩子的真实意愿。

三、对法人的分类更加科学，有利于激发市场主体干事创业的积极性

《民法典》对法人重新进行了分类，分为营利法人、非营利法人、特别法人 3 类，体现了法典化立法应有的理性，直接反映我国现实的国情，既实现了对《民法通则》法人类型概念的突破和创新，又保持法人制度立法的连续性和稳定性。法人的分类应以法人之间最具有法律意义的根本差异作为分类的根据。在我国法人组织中，是否具有营利性无疑是最具有法律意义的。营利性与否决定了法人完全不同的权利能力和行为能力，决定了法人在各种法律关系中的地位和基本权利义务，特别是在税法上的不同地位和义务。因此以是否营利作为法人分类的标准，符合市场经济的要求。

第 76 条第 2 款规定："营利法人包括有限责任公司、股份有限公司和其他企业法人等。"营利法人以取得利润并分配给股东等出资人为目的。作为最重要的市场主体，营利法人承担着商品生产和交易、创造社会财富的职责。法律明确规定，有限责任公司和股份有限公司是最重要的两类营利法人。

第 87 条第 2 款规定："非营利法人包括事业单位、社会团体、基金会、社会服务机构等。"非营利法人以公益目的或者其他非营利目的成立，不向出资人、设立人或者会员分配取得的利润。非营利法人承担着社会服务、保障、协调组织等职能，具有重要作用。

第 96 条规定："本节规定的机关法人、农村集体经济组织法人、城镇农村的合作经济组织法人、基层群众性自治组织法人，为特别法人。"党政机关、村委会、居委会以及城乡经济合作社等组织被确立为特别法人，有助于从事民事活动、完善社会经济秩序。

《民法典》同时设立专门 1 章对非法人组织进行规定，规范了个体工商户、农村承包经营户、合伙组织形式。第 102 条规定："非法人组织

是不具有法人资格，但是能够依法以自己名义从事民事活动的组织。非法人组织包括个人独资企业、合伙企业、不具有法人资格的专业服务机构。”法人与非法人组织承担民事责任的范围不同，有利于激发民事主体干事创业的积极性。

四、对民事权利的法律保护更加严格周密

《民法典》把民事权利放到民事法律行为和代理的前面，突出了对民事权利的保护；而且，把人身权放在财产权的前面，突出了人是第一位、人身权高于财产权、对人的终极关怀的立法理念。同时，《民法典》也规定了自然人的人身自由、人格尊严受法律保护。

第 109 条规定："自然人的人身自由、人格尊严受法律保护。"第 110 条规定："自然人享有生命权、身体权、健康权、姓名权、肖像权、名誉权、荣誉权、隐私权、婚姻自主权等权利。"这两条是一般法与特别法的关系，法官在审理人格利益遭受侵害案件时，应优先适用第 110 条规定的特别人格权类型，只有在案件事实难以纳入时，才适用第 109 条一般人格权的规定。

第 111 条规定："自然人的个人信息受法律保护。任何组织和个人需要获取他人个人信息的，应当依法取得并确保信息安全，不得非法收集、使用、加工、传输他人个人信息，不得非法买卖、提供或公开他人个人信息。"这是对个人信息的保护条款，又被称为"徐玉玉条款"，是从血的教训中得来的。在当今时代，个人信息安全问题太突出了，人肉搜索和网络电信诈骗频发，加强个人信息保护十分有必要。

第 127 条规定："法律对数据、网络虚拟财产的保护有规定的，依照其规定。"随着信息化时代的到来，数据、网络虚拟财产种类越来越多，数量越来越大，对其保护的呼声越来越高。《民法典》保持了开放性，为将来立法留足了空间，也为数据、网络虚拟财产的保护提供了上

位法的依据。

五、对民事法律行为的规定更加完善

《民法通则》把民事法律行为和代理规定在同一章,而且对民事法律行为只规定了一节,内容也很少,无法涵盖主要内容。民事法律行为作为民法理论的重要内容,已经发展成熟,建立了完整的体系。《民法典》顺应形势发展的要求,对民事法律行为进行了全面概括,把民事法律行为单独成章,分为一般规定、意思表示、民事法律行为的效力、民事法律行为的附条件和附期限。这章扩充了民事法律行为的内涵,其既包括合法的法律行为,也包括无效、可撤销和效力待定的法律行为。这样既尊重民事主体的意愿,也强调对自己的行为负责,有利于强化规则意识和责任意识。尤其是意思表示和附期限、条件等是《民法典》新规定的内容,帮助《民法典》形成了完整的立法体系,必将指导《民法典》各分编的适用。

第 134 条规定:“民事法律行为可以基于双方或者多方的意思表示一致成立,也可以基于单方的意思表示成立。法人、非法人组织依照法律或者章程规定的议事方式和表决程序作出决议的,该决议行为成立。”此条规定了双方、多方、单方意思表示三种情形,基本涵盖了社会经济生活中的各种情况,有利于规范民事主体的社会经济行为。

第 158 条规定:“民事法律行为可以附条件,但是根据其性质不得附条件的除外。附生效条件的民事法律行为,自条件成就时生效。附解除条件的民事法律行为,自条件成就时失效。”第 159 条规定:“附条件的民事法律行为,当事人为自己的利益不正当地阻止条件成就的,视为条件已成就;不正当地促成条件成就的,视为条件不成就。”第 160 条规定:“民事法律行为可以附期限,但是根据其性质不得附期限的除外。附生效期限的民事法律行为,自期限届至时生效。附终止期限的民事法律行为，自期限届满时失效。”《民法通则》针对附条件民事法律行为仅规定了一条，而且特别简单，简单到仅仅是宣示性的，没有任何实质性内容，即第 62 条规定：“民事法律行为可以附条件，附条件的民事法律行为在符合所附条件时生效。”《民法典》将其扩展到 3 个条文，内容完整，规定详细，适用性强，必将规范指导经济社会生活中人们的民事法律行为。

六、规范完善了代理行为

《民法典》把代理从民事法律行为中独立出来，由一节上升为单独一章，说明对代理行为的认识提高到一个新层次。代理行为相对于民事法律行为是一个相对独立的行为，其相较于民事法律行为有很多不同，实践中又大量存在，需要单独调整。同时，《民法典》充实完善了代理的内容，新增加了同时代理、转代理、表见代理、代理终止等。第 168 条规定：“代理人不得以被代理人的名义与自己实施民事法律行为，但是被代理人同意或者追认的除外。代理人不得以被代理人的名义与自己同时代理的其他人实施民事法律行为，但是被代理的双方同意或者追认的除外。”这是《民法典》的新规定，意在防止代理人利用代理权损害被代理人的合法权益，但是也不排除代理人为被代理人做好事谋取利益，在这种情况下，如得到被代理人的同意或追认，应该保护代理行为。第 169 条规定：“转委托代理经被代理人同意或者追认的，被代理人可以就代理事务直接指示转委托的第三人，代理人仅就第三人的选任以及对第三人的指示承担责任。转委托代理未经被代理人同意或者追认的，代理人应当对转委托第三人的行为承担责任；但是，在紧急情况下代理人为了维护被代理人的利益需要转委托第三人代理的除外。”第 172 条规定：“行为人没有代理权、超越代理权或代理权终止后，仍然实施代理行为，相对人有理由相信行为人有代理权的，代理行为有效。”

将《合同法》以及最高人民法院司法解释中成熟的和行之有效的规定，上升为《民法典》的内容，必将有效规范民事主体的代理行为。

七、延长诉讼时效，有利于加大司法保护力度

《民法典》第 188 条规定："向人民法院请求保护民事权利的诉讼时效期间为三年。法律另有规定的，依照其规定。"第 191 条规定："未成年人遭受性侵害的损害赔偿请求权的诉讼时效期间，自受害人年满十八周岁之日起计算。"现实中，因错过诉讼时效导致讨债难的情形比较多，也给不诚信的人留下了逃债空间。《民法典》将一般诉讼时效从 2 年延长到 3 年，有利于对民事权利的保护。对未成年人遭受性侵害的诉讼时效从 18 周岁成年开始计算，是对未成年人的特别保护，有利于维权，也符合我国对未成年人的特殊保护政策。

八、《民法典》体现了时代性和前瞻性

我国正处在工业化中后期和信息化并列时代，人多资源少的矛盾更加突出，节约资源、保护生态环境的任务更加严峻。《民法典》勇于承担起历史赋予的重任，将绿色原则确定为基本原则，指导规范人们的经济社会行为。第 9 条规定："民事主体从事民事活动，应当有利于节约资源、保护生态环境。"第 179 条规定的民事责任承担方式中，就有恢复原状一项，即可以要求破坏环境的民事主体以恢复原状的方式承担民事责任。这也是绿色原则的具体体现。绿色原则在其他分编也得到体现，如第 509 条第 3 款规定："当事人在履行合同过程中，应当避免浪费资源、污染环境和破坏生态。"

《民法典》总则编在人的权利保护方面有哪些创新？

现代法治的核心是规范公权，保障私权。法律的主要功能是确认权利、分配权利、保障权利、救济权利。《民法典》很好地贯彻了现代法治精神，在《民法通则》的基础上，增加了许多新的规定，广泛确认了自然人享有的各项人格权、物权、债权、知识产权、亲属权、继承权等权利，是各部法律中赋予自然人权利最多的一部法律。因此，其被称为民事权利的宣言书。随着《民法典》的贯彻实施，必将对人们的社会生活产生深远的影响。《民法典》与《民法通则》相比，在人的权利保护方面有哪些创新之处呢？笔者认为主要有以下几点：

一、在法律结构上更加突出了对民事权利的保护

《民法通则》把民事权利放在民事法律行为和代理之后，在“民事权利”章中，把人身权放到财产权、债权、知识产权之后。《民法典》在立法时调整了顺序，把民事权利放到民事法律行为和代理的前面，而且把人身权放在财产权、知识产权的前面。这不仅仅是顺序的改变，更重要的是立法理念的改变，突出了人是第一位的、人身权高于财产权、对人的终极关怀的立法理念。四十多年的改革开放实践充分证明，人是第一位的，再发达的经济、再多的财产，没有人都是没用的。过去“拜金主义”、“守财奴”的思潮和现象，已经被大多数国人所抛弃。近年来兴起

的以人为本、人文关怀的思想和理念，通过各种形式在中国大地上广泛迅速传播，足以表明广大人民群众经历了从贫穷到富裕后的理性回归和人文复兴。全国人大积极顺应时代发展的潮流，回应人民群众的呼唤，树立先进的立法理念，调整法律结构，让《民法典》总则编起到应有的引领示范作用。

二、扩大了权利保护的范围

《民法通则》在第1章“基本原则”中没有涉及民事权利，是个遗憾。《民法典》吸取教训，把民事权利旗帜鲜明地规定在第1章“基本规定”中，起到了提纲挈领作用。第3条规定：“民事主体的人身权利、财产权利以及其他合法权益受法律保护，任何组织或者个人不得侵犯。”《民法典》在第5章中详细列举规定了人的基本民事权利。第109条规定：“自然人的人身自由、人格尊严受法律保护。”第110条规定：“自然人享有生命权、身体权、健康权、姓名权、肖像权、名誉权、荣誉权、隐私权、婚姻自主权等权利。”尤其是隐私权，被《民法典》首次正式确认，这表明国家法律对人的隐私权的尊重和保护，是对人的权利保护的一大进步。第111条规定：“自然人的个人信息受法律保护。任何组织和个人需要获得他人个人信息的，应当依法取得并确保信息安全，不得非法收集、使用、加工、传输他人个人信息，不得非法买卖、提供或者公开他人个人信息。”针对近年来社会上一些组织和个人非法利用他人信息进行营利活动、损害他人名誉的情况，保护个人信息权已是迫在眉睫，下一步还要制定个人信息保护法、出台具体法律保护措施。第127条规定：“法律对数据、网络虚拟财产的保护有规定的，依照其规定。”数据是指电脑或者其他设备的电磁记录。虚拟财产是指网络游戏中的虚拟货币、宝物、装备，还包括网络中的虚拟货币，如比特币。它们不是物质世界中真实存在的财产，存在于参与者形成的关系里，一旦超越圈子，就不被视为财产，归于虚无。它与存在手机银行、支付宝里的金钱不同，数据、虚拟财产不能作为物权客体受法律保护，但民事权益受法律保护。现在争议的问题是数据和网络虚拟财产的属性，是物权还是知识产权，抑或债权？由于存在争论，立法者们对此留下巨大的弹性空间，仅提供了上位法的依据。

三、延伸了权利保护的长度

《民法典》规定了胎儿利益保护规则、英烈人格利益保护规则，完善了老年监护制度、民事行为能力制度，实现了对人从摇篮到坟墓各个阶段的保护，每个自然人都能在民法慈母般爱抚的眼光下走完自己的人生旅程。第 16 条规定："涉及遗产继承、接受赠与等胎儿利益保护的，胎儿视为具有民事权利能力。但是胎儿娩出时为死体的，其民事权利能力自始不存在。"第 185 条规定："侵害英雄烈士等的姓名、肖像、荣誉，损害社会公共利益的，应当承担民事责任。"这两个条文，表明民法对人的权利保护，扩展到生前和死后，体现出民法对人的终极关怀，体现出民法的人性光辉。第 19 条规定把限制民事行为能力的年龄从 10 周岁降到 8 周岁，符合我国社会发展的实际。第 29～30 条规定确立了遗嘱指定和协议确定监护人制度，是民法典的一大创新，有利于孩子的健康成长，有利于老年人安度晚年，有利于促进家庭关系和谐。

四、强化了权利保护的措施

《民法典》在确认权利、分配权利的同时，也加强了对权利的保障和救济。第 178 条第 3 款规定："连带责任，由法律规定或者当事人约定。"此条限制了实践中一些法官随意判决当事人承担连带责任的情形。连带责任是加重责任，法律没有规定或者当事人没有约定，法院不能判决当事人承担连带责任。第 179 条第 2 款规定："法律规定惩罚性赔偿的,依照其规定。”道理与上同。值得一提的是,第 184 条规定:“因自愿实施紧急救助行为造成受助人损害的,救助人不承担民事责任。”此条从承担责任到承担举证责任到不承担责任的立法过程,体现出立法者发挥法律对社会风气的示范引领作用,是立法者思想认识的一次飞跃。

第 188 条规定:“向人民法院请求保护民事权利的诉讼时效期间为三年。法律另有规定的,依照其规定。”诉讼时效从 2 年延长到 3 年,有利于更好地保护民事权利,而且在时效的起算上,修正了以前知道或者应当知道权利被侵害即起算时效的不当规则,完整表述为时效从权利人知道或者应当知道、并且知道或者应当知道义务人的时候开始计算。也就是说,必须知道权利人和义务人是谁后,才开始计算诉讼时效,这样有利于更好地保护受害人的合法权益。第 191 条规定:“未成年人遭受性侵害的损害赔偿请求权的诉讼时效期间,自受害人年满十八周岁之日起计算。”针对实践中未成年人遭受性侵害后心理负担重、担心影响今后人生成长的情形,法律作出特别保护的规定,受到广泛称赞。第 193 条规定:“人民法院不得主动适用诉讼时效的规定。”该条体现了私权意思自治原则——公权力不得随意主动干涉私权利,要尊重私权利。

五、对权利的行使加以规范

任何权利的行使都不是绝对的,都是有界限的,这已经成为共识。《民法通则》对此没有明确规定。《民法典》新规定了禁止权利滥用原则,弥补了民事立法的不足。第 132 条规定:“民事主体不得滥用民事权利损害国家利益、社会公共利益或者他人合法权益。”禁止权利滥用原则是诚实信用原则的下位原则。权利滥用有 4 个构成要件:一是行为人拥有合法权利,二是属于权利行使的行为,三是损害了国家利益、社会公共利益或者他人合法权益,四是主观上有故意过错。法官在侵权损害赔偿案件和公益诉讼案件中,可以直接适用禁止权利滥用原则作为裁判的依据:如权利行使为法律行为的,则判决该法律行为无效;如权利行使为事实行为的,则判决禁止行使、责令停止或者损害赔偿。

法人制度的嬗变

——从《民法通则》到《民法典》

滥觞于罗马法的法人制度，经历了悠悠两千多年的沧桑岁月，终于在19世纪中叶，与公司制度相融合，在欧美国家发展成现代公司法人制度。公司法人制度使投资与个人家庭财产相分离，控制了投资风险，建立了科学的治理结构，从而极大地激发了市场主体创业的活力，为近代资本主义经济发展创造了无穷的动力。可以说，这项制度是近代以来社会治理方面最伟大的发明之一。我国改革开放以来，法人制度经历了一个嬗变过程。作为民事基本法的《民法通则》正式确立法人制度。随着社会主义市场经济体制的建立，《公司法》确立了公司法人的法律地位，《民法典》适应社会主义市场经济发展的要求，对法人制度又作出了重大修改，必将有力地激发民事主体干事创业的积极性，促进我国社会经济的深入发展。《民法典》在法人制度方面主要有以下几点创新：

一、重新对法人进行分类，充实了法人制度的内涵

《民法通则》规定了自然人和法人两类民事主体，把作为市场主体的法人分为企业法人、机关法人、事业单位法人、社会团体法人4类。这种分类带有浓厚的计划经济色彩。《民法典》适应社会主义市场经济的需要，在《民法通则》的基础上，对法人重新进行分类，分为营利法人、

非营利法人、特别法人,法律条文从 18 条增加到 52 条,把《公司法》中成熟的经验,上升为民事基本法,适用于商事和民事领域,扩大了适用范围。《民法总则》对法人的分类,是几易其稿最终确立的,凝聚了立法者和专家学者以及广大人民群众的集体智慧。对法人的分类,体现出国家干预经济秩序的程度。大多数国家和地区对法人普遍采取类型法定主义,如公法人和私法人、营利法人和非营利法人、社团法人和财团法人等,目的就是在公民结社自由和国家利益、社会利益之间取得平衡。营利法人以自己的出资额为限承担有限责任,如果无法清偿时可以通过破产清算等方式豁免债务。如果非营利法人和营利法人一样,可以随便设立,不仅可能危及国家权力和社会秩序,而且可能出现骗取财政补贴和土地、税收优惠等问题。鉴于此种考虑,我国对营利法人适用宽松的准则主义,减少干预,鼓励和促进营利法人干事创业,对非营利法人适用较严格的许可主义。实践中营利法人和非营利法人的治理结构也不同。特别法人作为非营利法人的补充,也适用严格的许可主义,目的是加强管理,维护社会稳定。因此,《民法典》的法人分类,符合大众创业、万众创新的政策导向,有利于激发营利法人干事创业的积极性,有利于健全社会团体法人治理结构、促进治国理政能力的提高。

二、规范了营利法人的内涵

《民法通则》规定了企业法人,有 9 个条文,内容涉及范围、设立、分立合并、终止、民事责任承担。第 49 条规定了行政责任、刑事责任。民事法律规定了行政责任和刑事责任,超越立法范围,颇为不妥。该条体现出我国对企业法人采取严格的责任主义,不利于市场主体干事创业。《民法典》吸收借鉴《公司法》的成熟条文,总结市场经济发展的经验教训,把企业法人改造成营利法人,明确了营利法人的概念、设立、治理结构、责任承担、对外效力等。第 76 条规定:“以取得利润并分配给股东等出资人为目的成立的法人,为营利法人。营利法人包括有限责任公司、股份有限公司和其他企业法人等。"有限责任公司和股份有限责任公司已经成为我国市场经济发展的主体,故用了比较多的条文予以规范。其他企业法人包括中外合资经营企业、中外合作经营企业和外资企业等在中国注册的企业法人以及未改制的全民所有制企业、集体所有制企业。第 80~82 条规定了权力机构、执行机构、监督机构的职责,是从《公司法》移植过来的,是对公司法人治理结构的确认。第 83~84 条规定了承担连带责任和赔偿责任的两种情形。第 85 条规定了公司内部行为不得对抗外部善意第三人,保护市场正常交易秩序。《民法典》关于营利法人的规定采取提取公因式的方法,从《公司法》中提炼升华,成为高度概括的条文。

三、丰富了非营利法人的规定

《民法典》第 87 条规定:"为公益目的或者其他非营利目的成立,不向出资人、设立人或者会员分配所取得利润的法人,为非营利法人。非营利法人包括事业单位、社会团体、基金会、社会服务机构等。"非营利法人与营利法人的根本区别在于是否以营利为目的,判断标准有两个:一是否分配利润,二是注销时是否分配剩余财产。公立学校、公立医院、公立养老院、福利院和各种学会、协会等均属于非营利法人。至于私立学校、医院、养老院和福利院等民办机构,判断其性质,应从是否分配利润和剩余财产两方面进行判断。实践中国家对营利法人和非营利法人的土地、税收、财政补贴、银行贷款等政策不一样。由于法律规定不明确,一些社会团体钻空子,既享受国家政策,又营利。至于事业单位情况比较复杂,国家把事业单位分为具有行政管理职能、公益目的、营利目的 3 类:具有行政管理职能的逐步转为行政机关,成为特别法人,如银保监会、证监会等;具有公益目的转变为非营利法人,如各种体育协会;具有营利目的变为营利法人。第 88~91 条规定了事业单位和社会团体法人的设立、治理机构和依据等。尤其需要指出的是,《民法典》设立了捐助法人,第 92~95 条用 4 个条文规定了捐助法人的设立宗旨、治理结构、运行规则、财产清算等内容。为公益目的以捐助财产设立的基金会、宗教活动场所等组织为捐助法人。我国对非营利法人采取较严格的许可主义,加强监管,法律规定必须经过批准或者登记备案,有理事会、执行机构、监事会等治理机构,有章程,有监管机构。

四、增加了特别法人的规定

《民法典》第 96 条规定:"本节规定的机关法人、农村集体经济组织法人、城镇农村的合作经济组织法人、基层群众性自治法人,为特别法人。"《民法典》适应社会主义市场经济发展的需要,把机关法人规定为特别法人,把原先归为其他组织的村委会、居委会、农村专业经济合作社等,定义为特别法人,列为法人的一种,这也是一大进步。第 99~101 条对农村集体经济组织、城镇农村合作经济组织以及居民委员会、村民委员会中具有法人资格的组织作了原则性规定,有规定的依照其规定。具体要适用《村民委员会组织法》《城市居民委员会组织法》《农民专业合作社法》等。

五、增加了非法人组织的规定

《民法典》把"非法人组织"作为单独一章予以规定,与法人一章并列,是对法人制度的补充和完善。第 102 条规定:"非法人组织是不具有法人资格,但是能够依法以自己的名义从事民事活动的组织。非法人组织包括个人独资企业、合伙企业、不具有法人资格的专业服务机构等。"实践中,有大量的个人独资企业、合伙企业以及律师事务所、会计师事务所不具备法人资格,对债务承担无限责任。《民法通则》把个人合伙企业规定在自然人一类，显然不妥。《民法典》吸收借鉴《个人独资企业法》《合伙企业法》的规定，把这两类企业规定为非法人组织，归位恰当。律师事务所、会计师事务所也是合伙性质的组织，归到非法人组织比较恰当。实践中还有法人的分支机构，过去被认定为其他组织，现在归类为非法人组织，也算是给了名分。第 103 条规定："非法人组织应当依照法律的规定登记。设立非法人组织，法律、行政法规规定须经有关机关批准的，依照其规定。"这条体现了设立许可主义的立法精神。第 104 条规定："非法人组织的财产不足以清偿债务的，其出资人或者设立人承担无限责任。法律另有规定的，依照其规定。"此条明确了非法人组织的出资人或设立人对债务承担无限责任。第 105~107 条规定了非法人组织的代表、解散、清算等内容。第 108 条还规定了非法人组织除适用本章规定外，参照适用营利法人的有关规定。非法人组织中也有营利和非营利之分：个人独资企业、合伙企业、营利法人的分支机构等属于营利组织；律师事务所、会计师事务所、税务师事务所等，属于非营利性组织。因此，《民法典》的法人分类并不是绝对科学的，相互有交集，有重合，但符合我国现有国情，基本上涵盖了各类社会组织。"非法人组织"这一概念是从否定角度定义的，内涵不确定，成为口袋概念，只要不是法人的组织，便都是非法人组织，未免太广了。因此，非法人组织是一个过渡概念，随着经济发展，需要进一步厘清。《民法典》基本上适应我国社会主义市场经济发展的需要，能充分发挥法律的规范引导作用，具有一定的前瞻性。

监护制度的变革

监护，通俗地讲就是对未成年人和行为不能自理的成年人的人身和财产权益进行监督、管理和保护。它涉及对人的基本权利保护，因此是民法中的一项重要内容。

监护古已有之，古罗马法已有规定，到近现代发展成熟，成为一项保护人的基本权利的重要制度。大陆法系国家如法国、德国等，对未成年人和行为不能自理的成年人的权益保护，采取亲权与监护并列的制度，即两种保护制度。而英美法系国家如英国、美国，则采取统一保护制度，没有亲权制度，统称监护制度。我国采取了英美法系的做法，《民法通则》中没有使用亲权的概念，《民法典》延续了《民法通则》的传统，没有亲权的术语，只有监护概念。父母为当然监护人，没有父母时得另设监护人。关于监护的规定，《民法通则》只有 4 个条文，内容较少，体系也不完整。《民法典》扩展到 14 个条文，增加了 10 个条文，是在总结立法、司法经验教训的基础上，对《民法通则》监护制度的完善，采取提取公因式的方法，将监护制度中具有普遍适用性和引领性的内容作出规定，确立了以家庭监护为基础、社会监护为补充、国家监护为兜底的监护制度，形成了比较完整的体系。至于具体规定，将在婚姻家庭编、继承编里体现。可以说，《民法典》关于监护制度的规定，基本上适应了我国现阶段的国情和社情，具有较强的可操作性，受到广泛好评。因此，许多专家学者认为监护制度是《民法典》的一大亮点。那么，《民法典》有哪些变革呢？笔者认为主要有以下几点：

一、丰富了监护的种类

《民法通则》仅规定了法定监护和指定监护两类监护。父母与子女之间相互负有赡养、抚养、保护的义务，这是世界各国通例，没有异议。父母死亡后或者没有监护能力的，或者成年人生活不能自理的情形下，则需要指定监护。《民法通则》对指定监护的规定比较简单，因为其是改革开放初期制定的。随着我国改革开放的深入发展，人口流动大量增加，离婚率不断上升，许多父母和子女是分开居住的，父母去世后子女不能独立生活的以及父母年龄大了不能独立生活时，也需要指定监护。《民法典》顺应社会发展的需要，增加了遗嘱指定监护、协议监护和意定监护。第29条规定："被监护人的父母担任监护人的，可以通过遗嘱指定监护人。"遗嘱指定监护是指定监护的一种特殊形式，父母去世前，对未成年的子女或民事行为能力有欠缺的成年子女，通过遗嘱的形式指定监护人。《德国民法典》规定有专门的监护法院负责指定，我国主要是居民委员会、村民委员会或者民政部门负责指定。如果对指定不服，由人民法院裁决。遗嘱的内容和程序必须合法，订立遗嘱时监护人应当具备完全行为能力，遗嘱必须是遗嘱人的真实意愿。如果遗嘱指定的监护人不一致时，以后死亡的父母一方的指定为准。《民法典》第30条规定："依法具有监护资格的人之间可以协议确定监护人。协议确定监护人应当尊重被监护人的真实意愿。"这条是关于协议监护的规定，是对指定监护的具体细化。当监护人抢着或者推托时，可以协商解决；协商不成时，才到法院起诉解决。

随着我国进入老年社会，因高龄引起的智力减退、精神衰弱等情况逐渐增多，高龄老人也需要监护。还有间歇性精神病人的合法权益也需要得到保护。针对上述情况，《民法典》第33条作了规定："具有完全民事行为能力的成年人,可以与其近亲属、其他愿意担任监护人的个人或者组织事先协商,以书面形式确定自己的监护人,在自己丧失或者部分丧失民事行为能力时,由该监护人履行监护职责。”这是关于成年人意定监护的规定。成年人在自己意识清楚时,为防止将来失去理智,为维护自己的合法权益,授权别人或组织担任监护人,这是成年人对自己未来负责的行为,也被称为“授权防老”。

二、明确了监护原则

《民法通则》规定了父母和子女有相互赡养、抚养、保护义务等原则。《民法典》在此基础上增加了最有利于被监护人的原则和尊重被监护人真实意愿的原则。第35条第1款首次明确规定:“监护人应当按照最有利于被监护人的原则履行职责。监护人除为维护被监护人利益外,不得处分被监护人的财产。”这条原则是从儿童利益最大化原则演变过来的。1959年联合国《儿童权利宣言》就确立了儿童最大利益原则,儿童、老年人以及行为不能自立的成年人成为被监护人时,都应当遵循最有利于被监护人的原则,才能出体现公平正义、体现出社会的文明进步。第35条第2款还规定:“未成年人的监护人履行监护职责,在作出与被监护人利益有关的决定时,应当根据被监护人的年龄和智力状况,尊重被监护人的真实意愿。”第3款规定:“成年人的监护人履行监护职责,应当最大程度地尊重被监护人的真实意愿,保障并协助被监护人实施与其智力、精神健康状况相适应的民事法律行为。对被监护人有能力独立处理的事务,监护人不得干涉。”第2~3款规定首次明确了尊重被监护人真实意愿的原则。只有尊重被监护人真实意愿,才能体现出最有利于被监护人原则。两者是有紧密联系的:不仅要尊重未成年人的真实意愿,而且要尊重成年被监护人的真实意愿。如年满8周岁的未成年人,可以独立实施与其年龄、智力状况相适应的民事法律行为，俗称儿童可以“独立打酱油”了；对超出范围的，需要由监护人代理。法院在审理离婚案件时，确定未成年人抚养权的归属，应当充分听取未成年人的意见，不能仅听父母的意见就作出判决。

三、扩大了监护人和被监护人的范围

《民法通则》第16～17条规定，对被监护人是未成年人的，担任监护人的范围仅限于祖父母、外祖父母、兄姐，以及经同意的关系密切的其他亲属、朋友。对民事行为能力有欠缺的成年人，担任监护人的范围限于配偶、父母、成年子女、其他近亲属，以及经同意的关系密切的其他亲属、朋友，兜底条款是村委会、居委会、民政部门。此规定范围比较窄，实践中遇到许多情况不能处理。随着人口流动范围扩大，“父母在不远游”已经成为遥远的过去，大量的父母与子女居住在不同地方，有的还在异国他乡，相距很远。养老已经成为国家和社会的一项重要职责，大量养老机构的兴办，也为社会养老奠定了坚实的物质基础。因此，《民法典》在广泛征求社会意见的基础上，扩大了监护人的范围，把《民法通则》规定的“关系密切的其他亲属、朋友”修改为“其他愿意担任监护人的个人或者组织”，不强调关系密切，而是尊重个人意愿，以“愿意担任监护人”为衡量标准，充分发挥个人和社会组织的积极性。将个人放宽到组织，如学校、医疗机构、妇联、残联、未成年人保护组织、依法设立的老年人组织等，都可以成为监护人，这也是社会监护为补充原则的体现。如果最后没有任何个人或组织管的，民政部门兜底，体现了政府兜底的原则。

《民法典》也扩大了被监护人的范围：《民法通则》仅限于未成年人和精神病人，“精神病人”不是法律术语，而且带有歧视色彩，理应弃用；《民法典》修改为“无民事行为能力和限制民事行为能力的成年人”，不仅包括过去的精神病人，而且包括间歇性精神病人，还包括智力减退、精神衰弱的高龄老年人,这也是适应老年社会的需要。

四、完善了监护职责和民事责任

《民法通则》第18条仅规定了保护被监护人的人身、财产及其他合法权益。监护人不履行职责或者侵害被监护人的合法权益的要承担责任,造成损失的应当赔偿。《民法典》第34条规定:"监护人的职责是代理被监护人实施民事法律行为,保护被监护人的人身权利、财产权利以及其他合法权益等。监护人依法履行监护职责产生的权利,受法律保护。监护人不履行监护职责或者侵害被监护人合法权益的,应当承担法律责任。"从这条规定可以看出,《民法典》关于监护的规定增加了两项内容,一是监护职责为代理被监护人实施民事法律行为,它是一种实现和保护被监护人合法权益的代理形式;二是依法履行职责产生的权利受法律保护,任何个人和单位都不得非法干涉,这是法律赋予监护人的权利。第35~37条对具体履职作出非常详细的规定,遵循最有利于被监护人的原则和尊重被监护人的真实意愿原则,保障并协助被监护人实施与其年龄、智力、精神健康状况相适应的民事法律行为。人民法院对监护人履职情况进行监督,如对性侵害、出卖、遗弃、虐待、暴力伤害未成年人,对胁迫、诱骗、利用未成年人乞讨等行为,法院根据有关组织和个人的申请,撤销监护人的资格,安排必要的临时监护措施,并依法指定监护人。第31条第3款还规定了临时监护人,这属于过渡性保护措施。被监护人处于无人保护状态时,由居委会、村委会、法律规定的有关组织和民政部门担任临时监护人。监护人被指定后不得擅自变更,擅自变更的,不免除责任。对确有悔改表现的监护人,经申请,法院可以视情况恢复监护人的资格。

五、增加了监护关系的终止

《民法通则》没有规定监护关系的终止。《民法典》在借鉴域外立法、总结审判经验的基础上新增加了相关规定。第39条规定:“有下列情形之一的,监护关系终止:(一)被监护人取得或者恢复完全民事行为能力;(二)监护人丧失监护能力;(三)被监护人或者监护人死亡;(四)人民法院认定监护关系终止的其他情形。监护关系终止后,被监护人仍然需要监护的,应当依法另行确定监护人。”这条规定虽然简单明了,但是不可缺少的。加上此规定,才使监护制度更加完整,形成严密的体系。就像民事法律行为制度、代理制度一样,必须有始有终,才算完整。

《民法典》总则编在民事法律行为方面的创新和发展

法律行为理论自以萨维尼为代表的德国法学家创立以来,经过一百多年的演变发展,已经成为大陆法系国家民法的最重要基石。我国经过四十多年的改革开放,尤其是二十多年来的社会主义市场经济实践,为民法典的制定奠定了坚实的社会基础。我国以梁慧星、王利民、杨立新、孙宪忠、龙卫球为代表的一大批民法学者,在学习借鉴德国、日本以及我国台湾地区"民法"理论和民事立法经验教训的基础上,形成了我国民事法律行为理论,并在《民法典》制定中得到了体现。民事法律行为的规定成为《民法典》的核心内容,将规范指引着物权编、侵权责任编、合同编、人格权编、婚姻家庭编、继承编等民法典分则部分以及其他法律的制定。那么,《民法典》中民事法律行为的规定与《民法通则》相比,有那些创新和发展呢?笔者认为主要有以下几个方面:

一、扩大并规范了民事法律行为的内涵

《民法通则》把民事法律行为和代理规定在同一章,把民事法律行为规定为 1 节,而且只有 9 条,内容很不完整。对民事法律行为的定义,仅仅限于合法行为,主体也限于公民和法人两类,客体是设立、变更、终止民事权利和民事义务。《民法典》把民事法律行为与代理分开,单独成章,分成 4 节,条文达到 28 条,内容完整。把民事法律行为定义为行

为,包括合法行为、无效行为、可撤销行为、效力待定行为等,主体方面使用民事主体,包括自然人、法人、非法人组织,范围明显扩大,第133、134条体现得很明显。民事法律行为可以基于双方或者多方的意思表示一致成立,也可以基于单方的意思表示成立,如赠与、继承、公司作出的决议等。所增加内容中最重要的是引进了意思表示这一概念,使民事法律行为的内涵得到极大丰富。德国、日本以及我国台湾地区均使用民事行为这一概念,我国为了保持法律的连续性,仍然沿袭《民法通则》中民事法律行为的叫法,亦无不可,这也算是中国特色吧。

二、明确规定了意思表示

《民法典》专门用1节规定了意思表示,条文达到6条,对意思表示的主体、内容、形式、生效以及解释等作了明确规定。第137条规定:"以对话方式作出的意思表示,相对人知道其内容时生效。以非对话方式作出的意思表示,到达相对人时生效。"第138条规定:"无相对人的意思表示,表示完成时生效。法律另有规定的,依照其规定。"第139条规定:"以公告方式作出的意思表示,公告发布时生效。"第141条规定:"行为人可以撤回意思表示。撤回意思表示的通知应当在意思表示到达相对人前或者与意思表示同时到达相对人。"以上规定,清晰地表明我国意思表示的生效标准:对话方式采用知道主义,非对话方式采用到达主义,无论是作出还是撤回。这也符合我国的国情。第140条规定:"行为人可以明示或默示作出意思表示。沉默只有在有法律规定、当事人约定或者符合当事人之间的交易习惯时,才可以视为意思表示。"意思表示的形式分为明示和默示两种,其中默示的规定分为3种,基本涵盖了我国的市场交易实际情况。第142条规定:"有相对人的意思表示的解释,应当按照所使用的词句,结合相关条款、行为的性质和目的、习惯以及诚信原则,确定意思表示的含义。无相对人的意思表示的解释,不能完全拘泥于所使用的词句,而应当结合相关条款、行为的性质和目的、习惯以及诚信原则,确定行为的真实意思。”鉴于我国汉语表达意思丰富,很多情况下容易产生歧义,立法者们对意思表示的解释,采取宽容的办法,结合相关条款、行为的性质和目的、习惯以及诚信原则等标准,进行综合判断,而非采取教条、机械的办法,死抠词句,这在近年来民间借贷纠纷中表现非常明显。

三、丰富完善了民事法律行为的效力

《民法通则》关于民事法律行为的效力只有 4 个条文,内容很少。《民法典》扩展到 14 个条文,区分了生效、无效、可撤销和效力待定等情形,比较好地适应了纷繁复杂的社会现实,但也有不足,没有区分有效和生效等情形,仍留待今后解决。

关于生效的民事法律行为,第 143 条规定:“具备下列条件的民事法律行为有效:(一)行为人具有相应的民事法律行为,(二)意思表示真实,(三)不违反法律、行政法规的强制性规定,不违背公序良俗。”这是对民事法律行为的生效条件,从主体、内容方面作出了规定,同时从反面进行了限制,内涵非常周密。这是一般性规定,在实践中使用,还需与后面的第 144~151 条的规定结合判断,因为关于无效、可撤销、效力待定的规定是特别规定,在没有上述情况下才可确定为生效的民事法律行为。

关于无效的民事法律行为,《民法典》规定了 5 种情形:一是无民事行为能力的人实施的民事法律行为无效,如不满 8 周岁或没有判断能力的人实施的民事法律行为,这是对主体的要求。二是行为人与相对人以虚假的意思表示实施的民事法律行为无效。以虚假的意思表示隐藏的民事法律行为,依照有关规定处理。这条规定是对《民法通则》中的以合法形式掩盖非法目的的规定改造过来的,如实践中阴阳合同。

三是行为人与相对人恶意串通，损害他人合法权益的民事法律行为无效。此行为违反了诚信原则，理应无效。四是违反了法律、行政法规的强制性规定的民事法律行为无效，但是该强制性规定不得导致该民事法律行为无效的除外。《民法总则》在法律的基础上加上行政法规，加上强制性规定，有利于更好地判断民事法律行为的效力。许多行政法规均是法律的细化，都有具体规定，司法实践中经常适用，因此，有必要把行政法规列入判断的依据。强制性规定分为效力性和管理性两种：违反效力性强制规定，应认定为无效；违反管理性强制规定的不能认定为无效，如房地产交易中要求使用书面合同，不能以没有使用书面合同为由认定无效。五是违背公序良俗的民事法律行为无效。这是公序良俗原则的具体化，也是开放性条款，容易导致自由裁量权的滥用，有待于其他法律和司法解释具体化。

关于可撤销的民事法律行为，《民法通则》第 59 条规定了重大误解和显失公平两种情形可以撤销或变更。《民法典》根据实际情况，在参考借鉴《合同法》《物权法》以及相关司法解释的基础上，将《民法通则》第 58 条规定为无效的欺诈、胁迫、乘人之危的情形变更为可撤销的民事法律行为，使之扩张为 4 种情形，完善了可撤销的内容。一是基于重大误解实施的民事法律行为，行为人有权请求人民法院或者仲裁机构撤销。实践中变更的情形很少，因此取消了变更的规定。二是一方以欺诈手段、使对方在违背真实意思的情况下实施的民事法律行为，受欺诈方有权请求人民法院或者仲裁机构予以撤销，同时，还规定了第三人实施欺诈的情形。三是一方或者第三人以胁迫手段，使对方在违背真实意思的情况下实施的民事法律行为，受胁迫方有权请求人民法院或者仲裁机构予以撤销。四是一方利用对方处于危困状态、缺乏判断力等情形，致使民事法律行为成立时显失公平的，受损害方有权请求人民法院或者仲裁机构予以撤销。基于欺诈、胁迫实施的民事法律行为，社会危害性相对较小，受害人可以请求权利救济，没有必要直接规定为无效。第151条将乘人之危变为处于危困状态、缺乏判断力，更符合实际情况，这是主观要件；显失公平是结果，是客观要件。这样整合后，内容更完整，实践中更容易操作适用。

关于效力待定的民事法律行为，《民法通则》没有规定。《民法典》根据多年来的民事法律实践，将《民法通则》第58条中规定为无效的限制民事行为能力人实施的行为，变更为效力待定的民事法律行为，其经法定代理人同意或者追认后有效。略显不足的是没有将需要经批准的民事法律行为，规定为效力待定的情形。这为以后立法留下了空间。

关于民事法律行为的撤销，《民法通则》仅对重大误解和显失公平作了规定，内容不全面。《民法典》第152条作出详细规定，对欺诈、胁迫、显失公平等民事法律行为，撤销权行使期限为知道或者应当知道之日起1年，当事人受胁迫的，自胁迫行为终止之日起1年，对重大误解的期限为3个月，符合实际情况。另外，它还规定了当事人放弃撤销权的情形，必须是明确表示或者以自己的行为表明放弃，人民法院或者仲裁机构才可以认定。对撤销权的认定采取慎重的态度，是完全必要的，有利于保护当事人的合法权益。该条还规定了对撤销权的最长保护期限为5年。这5年的保护期限是绝对保护期限，1年和3个月是相对保护期限，在实践中要准确理解把握。

四、充实了附条件和附期限的民事法律行为

《民法通则》仅有1个条文规定附条件的民事行为。《民法典》扩充为3个条文，不仅规定了附条件，而且规定了附期限，内容得到很大充实。附生效条件的民事法律行为，自条件成就时生效。附解除条件的民事法律行为，自条件成就时失效。《民法典》中附条件民事行为吸收了合同法和司法解释的成熟经验，分为成就条件和解除条件两种，可以

涵盖生活中各种情况。其规定了附条件的民事法律行为,当事人为自己的利益不正当地阻止条件成就时,视为条件已成就;不正当地促成条件成就的,视为条件不成就。法律规定尽量排除人为的因素,保护正常的市场经济秩序。民事法律行为可以附期限,但是按照其性质不得附期限的除外,附生效期限的民事法律行为,自期限届至时生效,附终止期限的民事法律行为,自期限届满时失效,道理与附条件相同。经济生活中,绝大多数民事法律行为都存在附条件和附期限,情况千差万别,依据这3个条文,不可能解决所有问题。这仅仅是原则性规定,物权编、合同编、婚姻家庭编、继承编等有详细规定,同时,这些要配套有关司法解释,才能适应纷繁复杂的经济生活。

关于代理,《民法典》有哪些新意?

代理,通俗地说就是在授权范围内,以他人名义代替他人做事情,后果由他人承担。随着社会的不断分工,从事交易活动事必躬亲,殊不可能,假借他手,实有必要。

在十八九世纪的欧洲大陆,随着商业交易活动的日渐频繁,社会分工越来越细,人的精力有限,代理行为就很有必要和可能。《法国民法典》将委任契约作为取得财产的一种方法,初构了立法雏形。《德国民法典》进一步将代理制度列入法律行为之中,确立了立法的新模式,后被许多大陆法系国家和地区所仿效。我国代理制度,从清朝末年预备立法开始到北洋政府、国民党政府的民事立法,皆采用大陆法系模式。新中国成立后,由于实行计划经济政策,代理已无必要。改革开放以来,随着市场经济的逐渐活跃,代理重新成为必要和可能。1986 年制定的《民法通则》对代理作了具体规定,1999 年制定的《合同法》规定了委托合同,2017 年制定的《民法总则》在总结立法和司法经验教训的基础上,采取提取公因式的方法,对代理作了具体明确的规定,使代理制度更趋完善。《民法典》沿袭了《民法总则》的规定,那么《民法典》与《民法通则》相比有哪些新规定?笔者认为主要有下面几点:

一、完善了代理制度的体系框架

《民法通则》把代理和民事法律行为规定在同一章里,代理仅仅是作为一节，而且只有 8 个条文，内容较少，体系不完整。《民法典》在吸收《合同法》立法的基础上，总结审判实践经验，对代理制度作出详细具体的规定。《民法典》把代理与民事法律行为分开单独成章，分为一般规定、委托代理、代理终止 3 节，条文也增加到 15 个，代理与监护相呼应，不仅内容得到充实，增加了许多规定，体系也较完整，使代理制度具有我国特色。

二、规范了代理的种类

《民法通则》规定了委托代理、法定代理和指定代理，即三分法。《民法典》采取了委托代理和法定代理两分法，取消了指定代理。为什么呢？我们知道，指定代理是基于人民法院的指定或者有关机关的指定行为而产生的代理。人民法院或者有关机关为被代理人指定代理人，是为了保护被代埋人的合法权益，如人民法院为未成年人指定代理人。有关机关是指未成年人所在地的村委会、居委会、民政部门等。《民法典》之所以取消指定代理这一种类，主要基于两点考虑：一是与委托代理相比，指定代理属于法定代理的范畴，在逻辑层次上，不能与委托代理、法定代理处于同一位阶，而是法定代理下面的一种类型；二是实践中，指定代理的情形较少，适用范围也很窄，与大量存在的委托代理、法定代理不可比，在实践中，委托代理和法定代理足以满足民事活动，取消指定代理，不会造成什么不便，而且使代理种类更加规范严紧。

三、增加了共同代理、自己代理、双方代理、表见代理

上述 4 种代理，《民法通则》没有规定，是《民法典》根据审判实践经验以及各方意见作出规定的。《民法典》第 166 条规定："数人为同一代理事项的代理人的，应当共同行使代理权，但是当事人另有约定的除外。"社会活动中，由于代理的事项较多或者代理事项重大，一个人代

理,精力和智慧有限,被代理人为慎重起见,往往委托两个或者更多的代理人进行代理活动,此为共同代理。共同代理与集合代理不同,集合代理是指代理人有数人,但被代理人分别授予各代理人独立的代理权,代理人可各自从事单独代理行为的代理。两者的区别可从代理内容上加以判断:如果被代理人授权数个代理人的,授权委托书明确了各个代理人权限的,原则上应认定为数个单独代理的集合,即集合代理;如果授权委托书未明确各代理人的代理权限,而是将代理权限一揽子授予数个代理人的情形,则应认定为共同代理。第 168 条规定:"代理人不得以被代理人的名义与自己实施民事法律行为,但是被代理人同意或者追认的除外。代理人不得以被代理人的名义与自己同时代理的其他人实施民事法律行为,但是被代理的双方同意或者追认的除外。"这就是实践中的自己代理和双方代理。由于交易双方当事人的利益总是相互冲突的,常常通过讨价还价才能使双方的利益达到平衡,而由一个人同时代表两种利益,难免顾此失彼,损害一方利益,自己代理和双方代理的危害性正在于此。因此,《民法典》明确规定了不能自己代理和双方代理,但也不排除特殊情形,如被代理人同意或者追认的,可以允许。

《民法典》第 172 条规定:"行为人没有代理权、超越代理权或者代理权终止后,仍然实施代理行为,相对人有理由相信行为人有代理权的,代理行为有效。"这是关于表见代理的规定,《民法通则》对此没有规定,《合同法》第 49 条弥补了这一漏洞,《民法典》作出规定,使表见代理的适用范围更广。表见代理实际上就是无权代理,但由于相对人不知道或者不应当知道是无权代理,仍进行代理活动,为了保护善意相对人的利益,保护财产交易的安全,法律规定代理有效。这样规定,是以牺牲个人权利的静态安全、换取保护财产交易的动态安全,在法律导向上促进市场经济的发展,维护安全的市场交易秩序。

四、充实了职务代理的内容

《民法通则》第 43 条对职务代理作了规定,放在第 3 章“法人”部分。《民法典》总结实践经验,听取专家学者的意见,将职务代理放到“代理”一章中更符合立法体系,且其对职务代理的内容进行了完善。第 170 条规定:“执行法人或者非法人组织工作任务的人员,就其职权范围内的事项,以法人或者非法人组织的名义实施民事法律行为,对法人或者非法人组织发生效力。法人或者非法人组织的名义对执行其工作任务的人员职权范围的限制,不得对抗善意相对人。”职务代理实际上是委托代理的一项内容,单独一条规定,既能体现职务代理的性质,更能彰显职务代理的重要性。职务代理是法人或者非法人组织的工作人员在职务范围内所从事的后果由法人或者非法人组织承担的行为。如果造成损失,先由法人或者非法人组织承担,然后才由法人或者非法人组织根据过错情况追究工作人员的责任。职务代理行为与法人代表行为不同,前者主要是指法人代表以外的工作人员,仅在履责范围内承担责任;后者由于是法人代表,对法人或者非法人组织内所有工作人员的行为承担责任,包括法人代表自己的行为。因此,法人代表的责任更重。本条第 2 款规定:“法人或者非法人组织对执行其工作任务的人员范围的限制,不得对抗善意相对人。”这一款是对职务代理的完善,也被称为表见代表,与表见代理有异曲同工之妙。两者均是超越代理权,相对人是善意的第三人,造成的后果由法人或者非法人组织承担。之所以这样规定,主要是为了保护正常的市场交易秩序、保护善意相对人的合法权益。

五、规定了被代理人死亡后代理行为继续有效的情形

《民法典》把《民法通则》第 69 条规定的委托代理终止中的被代理

人死亡的条款删掉,专门规定了一条,即第 174 条,被代理人死亡后代理行为的效力问题。该条规定:“被代理人死亡后,有下列情形之一的,委托代理人实施的代理行为有效:(一)代理人不知道并且不应当知道被代理人死亡;(二)被代理人的继承人予以承认;(三)授权中明确代理权在代理事务完成时终止;(四)被代理人死亡前已经实施,为了被代理人的继承人的利益继续代理。作为被代理人的法人、非法人组织终止的,参照适用前款规定。”实践中,代理行为通常具有连续性,如果因被代理人死亡,致使代理关系在一切情形下终止,往往阻断了正在进行的民事活动,给被代理人的继承人带来较大损失,也给第三人造成财产损害。同时,委托代理关系是基于代理人与被代理人之间的信任而确立的,如果继承人与代理人也相互信任,原代理活动不必停止,对各方均有益;如果不信任,或者不愿意继续代理关系,同样可以辞去委托或者取消代理权,单方解除代理关系。可见,在许多情况下,被代理人死亡,并不必然导致代理关系的终止。《民法典》规定的上述 4 种情形,也是根据实际情况总结出来的。代理人不知道并且不应当知道被代理人死亡的情形对代理人要求较高,主观上代理人不知道被代理死亡,客观上代理人也不可能知道,如果有可能知道,仍从事代理活动,则构成无权代理。被代理人的继承人予以承认的情形,继承人有可能是一个人,也有可能是多个人:如果是前者,一个人承认即可;如果是多个人,则必须是多人均认可。授权中明确代理权在代理事务完成时终止的情形,由于代理的事务没有完成,被代理人已经死亡,代理人没有辞去委托的,代理行为仍然有效,这也是为了保证代理事务的顺利完成。实践中有许多代理人尽心职守,具有很好的职业精神,不仅认真维护被代理人的合法权益,而且维护其继承人的合法权益。此时在被代理人死亡前已经实施、为了被代理人的继承人的利益继续代理的情形下,法律应该鼓励代理人认真履职,传播正能量,弘扬职业道德。

民事责任的完善

民事责任是民事主体违反民事法律义务应当承担的不利法律后果。这种不利法律后果既包括原应履行的义务继续履行，也包括一个新的法律义务，如赔偿损失、恢复原状、消除影响、恢复名誉、赔礼道歉等。民事责任古已有之，在古罗马时期就有相关规定，但没有区分民事义务和民事责任。直到近代，法国、德国、日本等国民法才加以区分。我国继受大陆法系以及苏联的民法思想，对民事义务和民事责任严格区分。《民法通则》在规定了民事权利之后，设专章规定了民事责任。《民法典》在吸收借鉴《侵权责任法》《合同法》成功立法的基础上，总结了多年审判实践经验，采取提起公因式的方法，对民事责任进行提纲挈领式的概括，使之广泛适用于民商事各个领域，并将规范、引领《民法典》各分编以及其他民商事法律的制定。可以说，民事责任是我国立法者和广大专家学者共同智慧的结晶，体现了《民法总则》的进步，标志着我国民商事法律制度研究水准达到了新高度。《民法典》与《民法通则》相比，有哪些进步呢？笔者认为主要有以下几个方面：

一、调整规范了民事责任的框架体系

《民法通则》设专章规定了“民事责任”，下设“一般规定”“违反合同的民事责任”“侵权的民事责任”“承担民事责任的方式”4 节，条文达 29 条之多。《民法典》条文缩减到 12 个，减少了 17 条，内容也不再分节。为什么这么做呢?《民法总则》制定时考虑到违反合同和侵权的民事责任条文,《合同法》和《侵权责任法》已有明确具体的规定,没必要在总则部分规定,删掉过错原则和无过错原则等《侵权责任法》特有的原则,加上按份责任和连带责任等具有广泛适用性的规定,加上见义勇为、紧急救助以及侵害英烈人格利益的民事责任,加上民事责任优先规定,从而使民事责任既具有高度概括性,又形成了完整的框架体系。

二、明确了按份责任和连带责任两个基本原则

我国实行按份责任和连带责任为主、公平责任为补充的民事责任制度。因此,按份责任和连带责任是民事责任的两个基本原则,过错责任和无过错责任只是侵权责任法中两个原则,并不能统领其他民法分则的内容。鉴于此,《民法典》删除了《民法通则》第 106 条关于过错责任和无过错责任原则的规定。《民法通则》没有规定按份责任和连带责任,仅在债权一节中规定了按份债权和债务以及连带债权和债务。《民法典》把按份责任和连带责任作为基本原则加以规定。第 177 条规定:"二人以上依法承担按份责任,能够确定责任大小的,各自承担相应的责任;难以确定责任大小的,平均承担责任。"按份责任是指多个责任主体根据法律规定或者当事人约定,按照不同的份额对同一责任承担的民事责任。其有两种类型:一是约定的按份债务不履行时发生的按份责任;二是依照法律规定发生的按份责任,如无意思联络的共同侵权行为导致的多个侵权人承担的按份责任。第 178 条规定:"二人以上依法承担连带责任的,权利人有权请求部分或者全部连带责任人承担责任。连带责任人的责任份额根据各自责任大小确定;难以确定责任大小的,平均承担责任。实际承担责任超过自己责任份额的连带责任人,有权向其他连带责任人追偿。连带责任,由法律规定或者当事人约定。"连带责任,对外是一个整体,对内确定各自责任。多个连带责任人中任何

一个人,对外部债权人承担所有责任,承担了责任后,再向其他责任人行使追索权,要求其他责任人赔偿自己的一份债权。连带责任也分为两种:一是依照约定产生的连带责任,主要是违反连带债务发生的连带责任而产生的,如担保合同约定的担保责任;二是依照法律规定发生的连带责任,如共同侵权人的连带责任、网络服务提供者与网络用户的连带责任、高度危险物品的所有人与管理人的连带责任、非法占有人的连带责任、建设单位与施工单位的连带责任。连带责任是一种加重责任,在审判实践中必须严格把握,如果没有法律规定或者当事人明确约定的,法官不能判决债务人承担连带责任。

三、充实了民事责任的内容

《民法典》第 179 条规定:"承担民事责任的方式主要有:(一)停止侵害;(二)排除妨碍;(三)消除危险;(四)返还财产;(五)恢复原状;(六)修理、重作、更换;(七)继续履行;(八)赔偿损失;(九)支付违约金;(十)消除影响、恢复名誉;(十一)赔礼道歉。法律规定惩罚性赔偿的,依照其规定。本条规定的承担民事责任和方式,可以单独适用,也可以合并适用。"本条新增加了"继续履行"这一责任承担方式,将《合同法》中的条文上升到《民法典》总则层面,使之适用范围更加广泛,还增加了惩罚性赔偿规定,这是顺应时代发展的要求,民事法律进步的趋势所决定的。《消费者权益保护法》《产品质量法》《食品安全法》等法律已经作出明确规定,有必要将其上升到《民法典》总则层面,扩大到侵权责任范围。《民法典》还将《民法通则》第 134 条第 3 款删除,即"人民法院审理民事案件,除适用上述规定外,还可以予以训诫、责令具结悔过,收缴进行非法活动的财物和非法所得,并可以依照法律规定处以罚款、拘留。"这一款是民事制裁方式的规定,是国家对民事违法行为的制裁,所交的财物上交国库,而不交给受害人。民事责任承担是对受害人的权利救济,所得的财物归受害人所有。因此,这一款规定与民事责任承担方式不同,显得不伦不类,有点多余,应在其他条款中再作规定。

《民法典》第183条规定:"因保护他人民事权益使自己受到损害的,由侵权人承担民事责任,受益人可以给予适当补偿。没有侵权人、侵权人逃逸或者无力承担民事责任,受害人请求补偿的,受益人应当给予适当补偿。"本条也是新增加的,是对见义勇为者受到损害后的民事救济,也是公平责任原则的体现。见义勇为的人是在没有法定义务或者约定义务的情况下,出于公平正义,为保护他人的人身和财产权益,制止各种侵权行为、意外事件,自己或者其他人的人身和财产权益受到损害。在这种情形下,受益人理应适当补偿受害人的损失,这符合公平正义理念,符合社会主义核心价值观的要求。另外,要注意见义勇为与无因管理的区别,无因管理是没有法定义务或者约定义务,为避免他人利益遭受损失,自愿管理他人事务或者为他人提供服务的行为。见义勇为属于无因管理的范围,但它是一种特殊的无因管理,两者最大区别在于价值取向不同:见义勇为是见义舍利,行为高尚,值得提倡;而无因管理则是普通的行为,客观上主要是为了利,并不一定体现义的价值目标。

第184条规定:"因自愿实施紧急求助行为造成受助人损害的,救助人不承担民事责任。"自愿实施紧急救助行为,从道德来讲是一种彰显优良风尚的助人为乐行为,从法律来讲是一种广义上的见义勇为行为。它是指行为人针对紧急情势,及时对遭受困难的受助人予以救助的情形,紧急情势既可能是不法侵害,也可能是受助人突发疾病、个人危难等情况。见义勇为与紧急救助的区别在于,前者仅仅是针对他人遭受不法侵害的情形,后者不仅针对不法侵害,而且包括他人突发疾病、个人危难的情形,后者比前者范围更广。正当防卫与见义勇为、紧急救助的区别在于,正当防卫是针对自己正在遭受的不法侵害,见义勇为和紧急救助是针对他人正在遭受的不法行为。因此,《民法典》规定自愿实施紧急救助行为造成受助人的损害,属于免责事由,而非减责事由,无论救助人是否故意或者重大过失,均不承担责任。

第185条规定:“侵害英雄烈士等的姓名、肖像、名誉、荣誉,损害社会公共利益的,应当承担民事责任。”本条规定了对英雄烈士的人格利益保护,具有中国特色和时代特色。一些学者认为《民法典》已经对死者人格利益保护作出了规定,没有必要再对英雄烈士的人格利益作出特别规定。本条主要是针对当前社会上一些媒体和人员公然诋毁英雄烈士的形象,吸取狼牙山五壮士、红线女等案例的教训作出的特别规定。这对弘扬社会主义核心价值观、尊重历史具有重要意义。

四、增加了民事责任优先的规定

《民法典》第187条规定:“民事主体因同一行为应当承担民事责任、行政责任和刑事责任的,承担行政责任或者刑事责任不影响承担民事责任;民事主体的财产不足以支付的,优先用于承担民事责任。”这是吸收借鉴了《侵权责任法》的规定。国家和个人承受财产损失的能力差别很大,在不足以同时承担两种或两种以上责任的时候,不缴纳罚款、罚金、没收财产等行政、刑事责任,不会使国家发生经济上的困难,如果不履行民事责任,可能使个人陷入极大的困难甚至绝境。因此,确立民事责任优先,体现了法律的人文关怀和人道主义精神,也是我国社会进步的体现。

哪些情形应当承担连带责任?

——以《民法典》第 178 条规定为视角

买卖拼装或者报废的汽车,发生交通事故造成损害的,转让人与受让人承担连带责任;建筑物、构筑物倒塌造成他人损害的,由建设单位与施工单位承担连带责任;网络服务提供者不及时删帖,造成第三人损害的,与网络用户承担连带责任;公司股东滥用权利造成债权人损害的,与公司承担连带责任;雇主对雇员造成他人损害的承担连带责任……实践中常常把按份责任认定成连带责任,加重当事人的负担;也有把连带责任认定为按份责任,免除或者减轻当事人的责任。那么,哪些情形应承担连带责任?哪些情形不承担连带责任呢?

连带责任,是指依照法律规定或者当事人约定,两个或者两个以上当事人对共同债务承担全部责任或者部分责任,承担责任后的责任人取得对其他责任人追偿权的一种民事责任。其主要有 3 个特征:一是对外关系上是一个整体责任,每个责任人对受害人承担全部责任,受害人有权要求任何一个责任人承担全部责任或者部分责任,受害人有多个选择权;二是对内关系上责任人承担责任后取得对其他责任人的追偿权,可要求其他责任人偿还自己多付出的损失;三是一种法定责任,对内部责任的份额约定,对外不发生效力。连带责任是一项重要的民事责任制度,目的在于及时补偿救济受害人的损失、加重侵权人或者违约者的法律责任、有效保障受害人的合法权益。我国《民法通则》对连带责任没有作出明确规定，《侵权责任法》《合同法》《担保法》《公司法》等法律仅就涉及的情形作出规定。最高人民法院一些司法解释也作出具体规定，但比较凌乱，没有形成完整的体系。一些法官和律师对承担连带责任的情形也有不同认识，实践中造成了“同案不同判”的现象。针对此种情况，立法者在制定《民法典》时专门规定了一个条文，规范连带责任的适用。第 178 条规定：“二人以上依法承担连带责任的，权利人有权请求部分或者全部连带责任人承担责任。连带责任人的责任份额根据各自责任大小确定；难以确定责任大小的，平均承担责任。实际承担责任超过自己责任份额的连带责任人，有权向其他连带责任人追偿。连带责任，由法律规定或者当事人约定。”法律没有明确规定或者当事人没有明确约定的，法官不能随意判决当事人承担连带责任，法官的自由裁量权受到限制。

实践中承担连带责任的情形很多而且非常复杂，《民法典》只能高度概括性地规定，第 178 条就是这样，同时对其他法律不便规定的代理违法情形规定了连带责任，如第 164 条和第 167 条。第 83 条还规定了营利法人的出资人滥用法人独立地位和出资人有限责任，逃避债务、严重损害债权人利益的承担连带责任。这是由于公司仅是营利法人的一种，《公司法》的规定涵盖不了所有的营利法人，因此，《民法典》总则编有必要加以规定。但绝大多数连带责任都由分编和部门法加以调整规范，侵权责任编规定了承担连带责任情形，《合伙企业法》《公司法》《票据法》分别规定了承担连带责任的情形。为了切实保护广大人民群众生命财产安全，近年来新修订的《食品安全法》《种子法》《旅游法》《民用航空法》《广告法》《环境保护法》等法律相继规定了有关部门有过错的，与生产经营者承担连带责任，加重了有关部门机构的责任，促使他们更加严谨积极地履责。其中《食品安全法》规定了 6 种承担连带责任的情形，是部门法中规定连带责任最多的一部法律。部门法的许多规定是对侵权责任编的具体化，部门法规定的一些承担连带责任的情形并不是一种独立的连带责任，因此只能将这些情形尽量归入《民法典》侵权责任编规定的情形中，有的没有归入是为了保持法律的完整性，以便于读者更好地理解和适用。

笔者通过梳理有关法律规定以及司法解释的规定，总结出承担连带责任的至少有以下 37 种情形：

（1）共同侵权人承担连带责任。《民法典》侵权责任编第 1168 条规定："二人以上共同实施侵权行为，造成他人损害的，应当承担连带责任。"

（2）教唆人、帮助人与侵权行为人承担连带责任。《民法典》第 1169 条规定："教唆、帮助他人实施侵权行为的，应当与行为人承担连带责任。"

（3）实施共同危险行为的侵权人的连带责任。《民法典》第 1170 条规定："二人以上实施危及他人人身、财产安全的行为，其中一人或者数人的行为造成他人损害，能够确定具体侵权人的，由侵权人承担责任；不能确定具体侵权人的，行为人承担连带责任。"

（4）分别实施侵权行为但单个侵权行为都足以造成全部损害的侵权行为人的连带责任。《民法典》第 1171 条规定："二人以上分别实施侵权行为造成同一损害，每个人的侵权行为都足以造成全部损害的，行为人承担连带责任。"

（5）网络服务提供者有过错造成第三人损害的，与网络用户承担连带责任。《民法典》第 1195 条规定："网络用户利用网络服务实施侵权行为的，权利人有权通知网络服务提供者采取删除、屏蔽、断开链接等必要措施。通知应当包括构成侵权的初步证据及权利人的真实身份信息。网络服务提供者接到通知后，应当及时将该通知转送相关网络用户，并根据构成侵权的初步证据和服务类型采取必要措施；未及时采取必要措施的，对损害的扩大部分与该网络用户承担连带责任。权利人因错误通知造成网络用户或者网络服务提供者损害的，应当承担侵权责任。法律另有规定的，依照其规定。”

（6）买卖拼装、报废机动车的连带责任。《民法典》第 1214 条规定：“以买卖或者其他方式转让拼装或者已达到报废标准的机动车，发生交通事故造成损害的，由转让人和受让人承担连带责任。”转让人和受让人承担连带责任的基础在于双方均存在过错。

（7）高度危险物致害的连带责任。《民法典》第 1241 条规定：“遗失、抛弃高度危险物造成他人损害的，由所有人承担侵权责任。所有人将高度危险物交由他人管理的，由管理人承担侵权责任；所有人有过错的，与管理人承担连带责任。”《民法典》第 1242 条规定：“非法占有高度危险物造成他人损害的，由非法占有人承担侵权责任。所有人、管理人不能证明对防止他人非法占有尽到注意义务的，与非法占有人承担连带责任。”所有人承担连带责任的基础是具有过错和未尽到高度注意义务。

（8）建设单位与施工单位的连带责任。《民法典》第 1252 条规定：“建筑物、构筑物或者其他设施倒塌、塌陷造成他人损害的，由建设单位与施工单位承担连带责任，但是建设单位与施工单位能够证明不存在质量缺陷的除外。建设单位、施工单位赔偿后，有其他责任人的，有权向其他责任人追偿。”在侵权责任法的基础上增加了“塌陷”的情形，也要承担连带责任。

（9）代理人与相对人恶意串通损害被代理人的合法权益的，承担连带责任。《民法典》第 164 条规定：“代理人和相对人恶意串通，损害被代理人合法权益的，代理人和相对人应当承担连带责任。”

（10）代理事项或者代理行为违法承担连带责任。《民法典》第 167 条规定：“代理人知道或者应当知道代理事项违法仍然实施代理行为，或者被代理人知道或者应当知道代理人的代理行为违法未作反对表示的，被代理人和代理人应当承担连带责任。”

（11）普通合伙人对企业债务承担无限连带责任，有限合伙人承担有限责任。《合伙企业法》第2条规定：“普通合伙企业由普通合伙人组成，合伙人对合伙企业承担无限连带责任。”以及“有限合伙企业由普通合伙人和有限合伙人组成，普通合伙人对合伙企业债务承担无限连带责任，有限合伙人以其认缴的出资额为限对合伙企业债务承担责任。”会计师事务所由于实行合伙制，因此，合伙人对会计师事务所的债务承担连带责任。《注册会计师法》第23条规定：“会计师事务所可以由注册会计师合伙设立。合伙设立的会计师事务所的债务，由合伙人按照出资比例或者协议的约定，以各自的财产承担责任。合伙人对会计师事务所的债务承担连带责任。”类似的还有律师事务所。非公开募集基金活动属于合伙性质，其持有人应承担无限连带责任，可参见《证券投资基金法》第93条规定。

（12）分立后的法人对原法人的债务承担连带责任。《民法典》第67条第2款规定：“法人分立的，其权利和义务由分立后的法人享有连带债权，承担连带债务，但是债权人和债务人另有约定的除外。”《公司法》第176条规定：“公司分立前的债务由分立后的公司承担连带责任。但是，公司在分立前与债权人就债务清偿达成的书面协议另有约定的除外。”《税收征收管理法》第48条规定：“纳税人分立时未缴清税款的，分立后的纳税人对未履行的纳税义务应当承担连带责任。”《农民专业合作社法》第58条也作了类似规定。

（13）公司股东滥用权利损害债权人利益的承担连带责任。《公司法》第20条第3款规定：“公司股东滥用公司法人独立地位和股东有限责任，逃避债务，严重损害公司债权人利益的，应当对公司债务承担连带责任。”

(14)公司股东对出资不实的其他股东承担连带责任。《公司法》第30条规定:“有限责任公司成立后,发现作为设立公司出资的非货币财产的实际价额显著低于公司章程所定价额的,应当由交付该出资的股东补足其差额;公司设立时的其他股东承担连带责任。”

(15)一人公司的股东对公司债务承担连带责任。《公司法》第63条规定:“一人有限责任公司的股东不能证明公司财产独立于股东自己的财产的,应当对公司债务承担连带责任。”

(16)公司发起人对设立公司行为产生的费用和债务的,对债权人承担连带清偿责任。《公司法司法解释(三)》第4条规定:“公司因故未成立,债权人请求全体或者部分发起人对设立公司行为所产生的费用和债务承担连带清偿责任的,人民法院应予支持。”我国《公司法》关于公司设立阶段的立法理念是,公司作为营利法人,成立后以公司财产对外承担债务,因故未成立的,作为合伙关系处理,公司发起人对外承担连带清偿责任。

(17)公司发起人因履行公司设立职责造成他人损害的,对受害人承担连带赔偿责任。《公司法司法解释(三)》第5条规定:“发起人因履行公司设立职责造成他人损害的,公司成立后受害人请求公司承担侵权赔偿责任的,人民法院应予支持;公司未成立,受害人请求全体发起人承担连带赔偿责任的,人民法院应予支持。公司或者无过错的发起人承担赔偿责任后,可以向有过错的发起人追偿。”

(18)协助抽逃出资的股东、董事、高级管理人员或者实际控制人对抽逃出资的股东承担连带责任。《公司法司法解释(三)》第14条规定:“股东抽逃出资,公司或者其他股东请求其向公司返还出资本息、协助抽逃出资的其他股东、董事、高级管理人员或者实际控制人对此承担连带责任的,人民法院应予支持。”

(19)保证人与债务人对债务承担连带责任,《民法典》第688条第1

款规定："当事人在保证合同中约定保证人和债务人对债务承担连带责任的，为连带责任保证。"第686条第2款规定："当事人在保证合同中对保证方式没有约定或者约定不明确的，按照连带责任保证承担保证责任。"

（20）保证人与被保证人对持票人的连带责任。《票据法》第50条规定："被保证的汇票，保证人应当与被保证人对持票人承担连带责任。汇票到期后得不到付款的，持票人有权向保证人请求付款，保证人应当足额付款。"

（21）保荐人、控股股东、实际控制人与发行人承担连带责任。《证券法》第24条规定："国务院证券监督管理机构或者国务院授权的部门对已作出的证券发行注册的决定，发现不符合法定条件或者法定程序，尚未发行证券的，应当予以撤销，停止发行。已经发行尚未上市的，撤销发行注册决定，发行人应当按照发行价并加算银行同期存款利息返还证券持有人；发行人的控股股东、实际控制人以及保荐人，应当与发行人承担连带责任，但是能够证明自己没有过错的除外。"

（22）拍卖人有过错的，与委托人对拍卖物品承担连带责任。《拍卖法》第58条规定："委托人违反本法第六条的规定，委托拍卖其没有所有权或者依法不得处分的物品或者财产权利的，应当依法承担责任。拍卖人明知委托人对拍卖的物品或者财产权利依法不得处分的，应当承担连带责任。"

（23）广告经营者、广告发布者、广告代言人有过错，与广告主承担连带责任。2018年修订的《广告法》第56条第2款规定："关系消费者生命健康的商品或者服务的虚假广告，造成消费者损害的，其广告经营者、广告发布者、广告代言人应当与广告主承担连带责任。前款规定以外的商品或服务的虚假广告，造成消费者损害的，其广告经营者、广告发布者、广告代言人，明知或者应知广告虚假仍设计、制作、代理、发布或者作推荐、证明的，应当与广告主承担连带责任。"《食品安全法》第

140 条从食品广告角度作了类似规定。

（24）景区、住宿经营者对租赁承包者的经营行为承担连带责任。2018 年修订的《旅游法》第 54 条规定："景区、住宿经营者将其部分经营项目或者场地交由他人从事住宿、餐饮、购物、游览、娱乐、旅游交通等经营的，应当对实际经营者的经营行为给旅游者造成的损害承担连带责任。"

（25）联运承运人对货物的毁灭、遗失、损坏承担连带责任。新修订的《民用航空法》第 136 条规定："托运行李或者货物的毁灭、遗失、损坏或者延误，旅客或者托运人有权对第一承运人提起诉讼，旅客或者收货人有权对最后承运人提起诉讼，旅客、托运人和收货人均可以对发生毁灭、遗失、损坏或者延误的运输区段的承运人提起诉讼。上述承运人应当对旅客、托运人或者收货人承担连带责任。"

（26）有航行控制权人与非法使用人对民用航空器造成第三人的损害承担连带责任。《民用航空法》第 159 条规定："未经对民用航空器有航行控制权的人同意而使用民用航空器，对地面第三人造成损害的，有航行控制权的人除证明本人已经适当注意防止此种使用外，应当与该非法使用人承担连带责任。"

（27）品种测试、试验和种子质量检验机构有过错，给种子使用者或者其他生产经营者造成损害的，与种子生产经营者承担连带责任。《种子法》第 72 条规定："品种测试、试验和种子质量检验机构伪造测试、试验、检验数据或者出具虚假证明的……给种子使用者和其他种子生产经营者造成损失的，与种子生产经营者承担连带责任。"

（28）环境影响评价机构、监测机构和设施维护运营机构有过错的，与环境污染和生态破坏者承担连带责任。《环境保护法》第 65 条规定："环境影响评价机构、环境监测机构以及环境监测设备和防治污染设施维护、运营的机构，在有关环境服务活动中弄虚作假，对造成的环境污染和生态破坏负有责任的,除依照有关法律法规规定予以处罚外,还应当与造成环境污染和生态破坏的其他责任者承担连带责任。”

(29)为无证生产经营者提供经营场所或者条件的业主,给消费者造成损害的,与无证生产经营者承担连带责任。《食品安全法》第122条规定:“明知从事前款规定的违法行为,仍为其提供生产经营场所或者其他条件的……使消费者的合法权益受到损害的,应当与食品、食品添加剂生产经营者承担连带责任。”第123条规定为用化学物质和其他可能危害人体健康的物质等6种情形生产食品者提供经营场所或者条件的,使消费者合法权益受到损害的,与生产经营者承担连带责任。

(30)集中交易市场的开办者、柜台出租者、展销会的举办者有过错,给消费者造成损害的,与食品经营者承担连带责任。《食品安全法》第130条对此作了相应规定。

(31)网络食品交易第三方平台提供者有过错的,给消费者造成损害的,与食品经营者承担连带责任。《食品安全法》第131条对此作了相应规定。

(32)食品检验机构出具虚假检验报告,给消费者造成损害的,与食品生产经营者承担连带责任。《食品安全法》第138条对此作了相应规定。

(33)认证机构出具虚假认证结论,给消费者造成损害的,与食品生产经营者承担连带责任。《食品安全法》第139条对此作了相应规定。

(34)联合体供应商就采购合同约定的事项对采购人承担连带责任。《政府采购法》第24条对此作了相应规定。

(35)共同承包的建筑单位对承担合同的履行承担连带责任。《建筑法》第27条规定:“大型建筑工程或者结构复杂的建筑工程,可以由两个以上的承包单位联合共同承包。共同承包的各方对承包合同的履行承担连带责任。”

（36）总承包单位和分包单位就分包工程对建设单位承担连带责任。《建筑法》第29条规定："总承包单位和分包单位就分包工程对建设单位承担连带责任。"

（37）总承包单位将建筑工程分包给其他单位的，对分包工程的质量与分包单位承担连带责任。《建筑法》第55条规定："建筑工程实行总承包的，工程质量由工程总承包单位负责，总承包单位将建筑工程分包给其他单位的，应当对分包工程的质量与分包单位承担连带责任。"

诉讼时效制度的完善

诉讼时效是指权利人在法定期间内不行使权利则权利不受保护的法律制度。诉讼时效起源于古罗马法,一直受大陆法系国家重视,到近代逐渐发展成熟,成为民法的一项重要制度。这项制度的价值在于稳定社会经济秩序,督促权利人及时行使权利,保证法院及时准确审理案件,实现定分止争的目的。

我国继受大陆法系的传统,从清末预备立法、北洋政府到中华民国时期,民事立法均对诉讼时效作出规定。我国《民法通则》对诉讼时效同样作出规定,但由于受历史条件的限制,条文仅 7 个,内容较少,体系也不完整。《民法典》在总结四十多年来丰富的社会实践基础上,吸收成熟的审判经验,听取广大专家学者意见,对诉讼时效加以完善,条文增加到 12 个,内容详细、体系完整、可操作性强,受到广泛好评。诉讼时效是《民法典》结构体系中一项重要制度,对民事主体的权利行使以及案件审判具有重要影响,在社会经济生活中发挥着重要作用。《民法典》与《民法通则》相比,有哪些修改完善之处呢?笔者认为有以下几个方面:

一、完善了诉讼时效期间及起算

我国民事诉讼时效通常分为普通、特别、最长 3 种。《民法典》第 188 条第 1 款规定:“向人民法院请求保护民事权利的诉讼时效期间为三年。法律另有规定的,依照其规定。”把普通诉讼时效从 2 年延长至 3 年,原因在于 2 年时间偏短,在一定程度上影响了权利的行使,国际上许多国家民法规定为 5 年,我国根据国情折中为 3 年。第 2 款规定:“诉讼时效期间自权利人知道或者应当知道权利受到损害以及义务人之日起计算。法律另有规定的,依照其规定。但是自权利受到损害之日起超过二十年的,人民法院不予保护,有特殊情况的,人民法院可以根据权利人的申请决定延长。”《民法通则》计算期间是从权利人知道或者应当知道权利受到损害之日起计算,实践中存在不知道义务人的情况下,法院不予受理,权利无法得到保护的情形,因此,《民法典》规定诉讼时效期间从权利人知道或者应当知道自己的权利受到侵害同时知道义务人的情况下开始计算。这样规定,有利于保护权利的充分行使,也符合实际情况。

二、增加了特殊保护的内容

无民事行为能力人和限制民事行为能力人,作为社会的弱势群体,法律应该给予特殊保护,以体现人文关怀、彰显公平正义。《民法典》第 190 条规定:“无民事行为能力人或者限制民事行为能力人对其法定代理人的请求权的诉讼时效期间,自该法定代理终止之日起计算。”本条是关于诉讼时效因法定代理关系存在而不开始起算的规定。实践中,法定代理人利用代理权侵害无民事行为能力人或者限制民事行为能力人的合法权益时,诉讼时效如何计算?本条规定给出了答案——从法定代理终止之日起计算。作为无民事行为能力人或者限制民事行为能力人的未成年人或者生活不能自理的成年人,自己的合法权益受到作为监护人的法定代理人侵害时,由于处于弱势地位,生活或者精神受到控制,不敢主张权利,因此,不能从知道或者应当知道权利受到侵害之日起计算,法律为了保障这部分人权利的正常行使,作出特别规定,从法定代理终止之日起计算。

《民法典》对未成年人遭受性侵害的损害赔偿请求权的时效起算点也作出特别规定。第191条规定:“未成年人遭受性侵害的损害赔偿请求权的诉讼时效期间,自受害人年满十八周岁之日起计算。”该条针对的是侵害了民事主体的性自主决定权的特殊情形。性自主决定权是指性不受他人支配的权利,如成年人自由选择性伙伴和决定性行为的权利、未成年人的性不受侵害的权利。性侵害未成年人包括但不限于:威胁或强迫未成年人进行任何非法性行为,利用未成年人从事卖淫活动,利用未成年人经营色情表演或者制作相关材料等。遭受性侵害的损害赔偿范围,依照侵权责任编的规定,包括医疗费、护理费、交通费等为治疗和康复支出的合理费用,以及因误工减少的收入。造成残废的,应当赔偿残疾生活辅助具费和残疾赔偿金;造成死亡的,赔偿丧葬费和死亡赔偿金。未成年人遭受性侵害后,如果在未成年时主张权利,势必直接影响其身心发育。因此,立法者从人文关怀出发,作出特别规定,诉讼时效可以从年满18周岁成为完全民事行为能力人开始计算。

三、明确了不适用诉讼时效的情形

民事权利按其内容分为支配权、请求权、抗辩权、形成权4种,只有请求权才能适用诉讼时效,支配权、形成权、抗辩权适用除斥期间,不适用诉讼时效。请求权中只有债权才适用诉讼时效,而物权请求权不适用诉讼时效。对此,《民法典》第196条规定:“下列请求权不适用诉讼时效的规定:(一)请求停止侵害、排除妨碍、消除危险;(二)不动产物权和登记的动产物权的权利人请求返还财产;(三)请求支付抚养费、赡养费或者扶养费;(四)依法不适用诉讼时效的其他请求权。”请求停止侵害、排除妨碍、消除危险等属于物权请求权范畴;不动产物权和登记的动产物权请求权自然属于物权范畴;抚养费、赡养费、扶养费虽属于债权请求权的范畴,但由于涉及身份利益,为保障人的基本生存权利、体现人文关怀,法律特别规定不适用诉讼时效。

四、增加了仲裁时效、诉讼时效法定性和除斥期间的规定

《民法典》第198条规定:“法律对仲裁时效有规定的,依照其规定;没有规定的,适用诉讼时效的规定。”本条是关于仲裁时效与诉讼时效相衔接的规定。在当前大力推进多元化纠纷解决机制的背景下,仲裁在化解纠纷、维护稳定方面的作用越来越大。仲裁时效与诉讼时效如何相衔接,成为一个重要问题。《民法典》针对我国当前的实际情况,专门作出这条规定,有利于解决衔接问题。《第八次全国法院民事商事审判工作会议(民事部分)纪要》第27条规定:“当事人在仲裁阶段未提出超过仲裁申请期间的抗辩,劳动人事仲裁机构作出实体裁决后,当事人在诉讼阶段又以超过仲裁时效期间抗辩为由进行抗辩的,人民法院不予支持。当事人未按照规定提出仲裁时效抗辩,又以仲裁时效期间届满为由申请再审或者提出再审抗辩的,人民法院不予支持。”即在仲裁阶段不行使权利,到诉讼阶段就不能行使仲裁时效抗辩权了。

《民法通则》对诉讼时效的期间、计算方法以及中止、中断等都作了规定,但没有其法定性,致使实践中一些当事人自己约定了诉讼时效,与法律规定相抵触。针对这种情况,《民法典》第197条规定:“诉讼时效的期间、计算方法以及中止、中断的事由由法律规定,当事人约定无效。当事人对诉讼时效利益的预先放弃无效。”这条规定了诉讼时效的法定性,包括两个方面:一是期间、计算方法以及中止、中断的事由由法律规定,当事人约定无效;二是当事人对诉讼时效利益的预先放弃也无效。如果允许当事人预先放弃时效利益,则可能会出现权利人利用其优势地位强迫义务人放弃诉讼时效利益、损害义务人权利问题的发生。预先放弃是指权利人对尚未取得的诉讼时效利益进行放弃。如合同案

件中,在履行期限届满之前,诉讼时效期间并未开始计算,债务人这时尚未取得诉讼时效利益,债务人不能声明放弃诉讼时效,如果声明放弃,违反了法律的禁止性规定,因而无效。

关于除斥期间,我国立法包括《民法通则》均没有直接使用除斥期间的概念。但是最高人民法院的司法解释作了规定,审判实践中存在大量除斥期间的适用情况,如撤销权、解除权的行使。因此,《民法典》第 199 条作出明确规定:“法律规定或者当事人约定的撤销权、解除权等权利的存续期间,除法律另有规定外,自权利人知道或者应当知道权利产生之日起计算,不适用有关诉讼时效中止、中断和延长的规定。存续期间届满,撤销权、解除权等权利消灭。”除斥期间是指法律规定或者当事人依法约定的对于某种权利所预定的存续期间,是一种法律事实。除斥期间以法定为原则,当事人约定为补充,而且为不变期间,不适用中止、中断的规定,期间届满,权利消灭。

五、限制人民法院的自由裁量权

《民法典》第 193 条规定:“人民法院不得主动适用诉讼时效的规定。”关于人民法院能否主动适用诉讼时效的规定,有两种观点:一种观点认为可以,理由是诉讼时效的规定属于强制性规范,应当允许仲裁机构或者人民法院主动适用,如苏联民法典。如果对诉讼时效采取不告不理,有违公平原则,而且法官可能承担案件被发回重审或者改判的风险。另一种观点认为不可以,理由是是否放弃时效利益,应当尊重当事人的自由意志,由其自行决定和处分。时效期间经过后,义务人获得抗辩权,可以提出不履行义务的抗辩,但是否提出这项抗辩应当由义务人自己来决定,人民法院主动援引诉讼时效,是对当事人处分权的过分干涉。这种意见也为大陆法系的立法例支持,如法国、日本、瑞士、意大利以及我国澳门地区等民法典均做了规定。实践中,一方当事人不提诉讼时效问题,法官行使释明权,主动提醒当事人,引起另一方当事人的不满,有损法官居中裁判的权威。鉴于上述考虑,《民法典》最终采纳了后一种观点,作出明确规定,意在限制法官的自由裁量权,防止法官过多干预当事人,体现了意思自治原则。

物权编

《民法典》物权编的修改与完善

《物权法》自2007年颁布实施以来,基本适应了我国社会主义市场经济发展的现实需要,基本制度和基本规则具有可操作性,满足了司法实践的需求。实践证明《物权法》是一部成熟的法律。《民法典》在编纂时,大多数专家学者主张对《物权法》进行小修小改,结合社会经济发展变化的情况,加以补充完善。遵循这个立法精神,《民法典》继承了《物权法》的体系结构、基本原则、基本制度以及主要内容,增设了添附、土地经营权、居住权,完善了集体经济组织成员权、建筑物区分所有权,规定了建设用地使用权自动续期规则、动产质押和权利质押转让规则等,规定了无居民海岛属于国家所有,删除了耕地不能抵押规定。在条文上,《物权法》共247条,《民法典》物权编258条,增加了11个条文,主要有以下内容:

一、新设添附制度

《物权法》没有规定添附。添附是一项与合法建造、先占、捡拾遗失物、漂流物、发现埋藏物一样古老的物权取得方法,古罗马法就已经确定了。添附是指不同所有人的物结合在一起从而形成不可分离的物或者具有新物性质的物。《民法典》第322条规定:"因加工、附合、混合而产生的物的归属,有约定的,按照约定;没有约定或者约定不明确的,依照法律规定;法律没有规定的,按照充分发挥物的效用以及保护无过错当事人的原则确定。因一方当事人的过错或者确定物的归属造成另一方当事人损害的,应当给予赔偿或者补偿。”条文规定了加工、附合、混合3种添附形式,如物件加工、材料生产、房屋增建、房屋装修等。关于新物所有权的归属,确立了3个原则:遵循意思自治原则,有约定的按照约定;法定原则,没有约定的或者约定不明确的,依照法律规定确定;发挥物的效用原则和过错责任原则,法律没有规定的,保护无过错方的合法权益,造成损失的要赔偿或补偿。

二、新设土地经营权

综观我国农村土地制度,新中国成立以来可以分为3个阶段:第一阶段是土改至改革开放时期,实行计划经济,农村土地属于农民集体所有,实行集体经营,即人民公社化。这种制度严重束缚了广大农民的积极性,农村经济出现严重倒退。第二阶段是改革开放至十八届三中全会时期,农村土地仍然属于集体所有,但可以家庭承包经营,所有权与承包经营权相分离,即家庭承包经营为基础、统分结合的双层经营体制。这种土地管理模式,顺应了时代发展的要求,极大地调动了广大农民的活力,创造我国农村经济的奇迹。但是随着经济深入发展,也出现了一些问题。农村土地只能用于耕种、自住以及乡镇企业经营,不能进入土地一级市场,用于开发建设。农户虽拥有土地承包经营权,但囿于用途限制,又缺乏资金、技术、人才等条件,农民戏称“守着金饭碗没有钱花”。第三阶段是十八届三中全会以来,国家对农村“承包经营地、宅基地、集体经营性建设用地”三块地进行改革。对农民承包经营地实行“三权分置”,从承包经营权中分出经营权,即所有权、承包经营权、经营权分置。农户可以把承包经营的土地有偿转让给公司企业和个人,收取一定费用,但土地用途不能改变,同时还可以出租、抵押、入股,获取一定资金,实现融资功能。这样可以盘活土地,把“死财富”变为“活财富”,增加农民财产性收入。《民法典》就是把承包经营地改革的政策用法律条文确定下来。第339条规定:“土地承包经营权人可以自主决定依法采取出租、入股或者其他方式向他人流转土地经营权。”《民法典》把土地经营权定性为物权,适用物权公示制度,签订土地经营权流转合同需到当地不动产登记机关进行登记,否则不得对抗善意第三人。这样有利于规范土地流转秩序,保护土地经营权人的合法利益。第341条规定:“流转期限为五年以上的土地经营权,自流转合同生效时设立,当事人可以向登记机构申请土地经营权登记;未经登记的,不得对抗善意第三人。”

关于集体经营性建设用地入市,属于行政法调整范围,《民法典》作为私法,不宜调整规范,因此规定由土地管理法律调整规范。第361条规定:“集体所有的土地作为建设用地,应当依照土地管理的法律规定办理。”修改后的《土地管理法》删除了原第43条规定,即“任何单位或者个人需要使用土地的必须使用国有土地”。这实际上废除了集体建设用地不能进入市场流转的二元体制,为城乡一体化发展扫除了制度性的障碍。该法第63条规定,集体经营性建设用地,可以通过出让、出租等方式将由单位或个人使用,通过出让等方式取得的集体经营性建设用地使用权可以转让、互换、出资、赠与或者抵押,但法律、行政法规另有规定或者土地所有权人、土地使用权人签订的书面合同另有约定的除外。这条规定确立了农村集体建设用地可以进入一级市场,出让、出租给农村以外的单位和个人用于开发建设,彻底改变了过去农村土地必须征收为国有土地才能进入市场开发的问题,为农民增加财产性收入提供广阔渠道。

宅基地使用权是我国独有的一项用益物权,属于私法调整范畴,但由于种种原因,《民法典》采取转介条款,规定适用《土地管理法》。《民法典》第363条规定:“宅基地使用权的取得、行使和转让,适用土地管理的法律和国家有关规定。”这一条款被学者批评“既有失民事基本法的担当,又与宅基地使用权的私权特性不合”。《土地管理法》则采取灵活办法,国家实行“一户一宅”的政策,农民出卖、出租、赠与住宅后,再申请宅基地不予批准,是否出卖宅基地,你们看着办,进城落户的农民自愿有偿退出宅基地,家里有多处宅基地的也可以出卖、出租。《土地管理法》第62条规定:“农村村民出卖、出租、赠与住宅后,再申请宅基地的,不予批准。国家允许进城落户的农村村民依法自愿有偿退出宅基地,鼓励农村集体经济组织及其成员盘活利用闲置宅基地和闲置住宅。”

三、新设居住权

居住权也是一项古老的制度,古罗马法中就已存在,属于人役权,为的是解决家长去世后妻子和没有继承权的子女以及解放了的奴隶没房居住的问题,体现了人文关怀。我国在起草《物权法》时也曾设立居住权,但由于争议较大,因此最终《物权法》中没有确立。在编纂《民法典》时,这个问题又被提出来了。究其原因,还是有现实需要,如新中国成立以来存在的长期租赁公房问题、夫妻离婚后一方没有房屋居住问题、雇主去世后保姆居住问题、老年人以房养老问题,等等,均需提供法律依据。在他人所有的房屋上设立一个用益物权,就可以解决占有、使用问题,通过签订合同的方式确定居住的权利义务,去世后,房屋归还房主。这样就可以从法律上明确特定人群的居住性质,保障他们的合法权益。《民法典》在物权编中专门设1章用6个条文确立了居住权。应该说这是一个明显进步。第366条规定:“居住权人有权按照合同约定,对他人的住宅享有占有、使用的用益物权,以满足生活居住的需要。”居住权必须通过签订合同的方式确定下来,规范过去长期存在的租赁公房只有住房证明、没有合同、双方权利义务不明确容易产生纠纷的问题，同时也规范保姆与雇主之间权利义务关系以及以房养老问题。第 367 条规定了居住权合同的形式和内容，必须采用书面形式订立居住权合同，内容包括当事人的姓名名称住所、住宅的位置、居住的条件要求、期间以及争议解决方法等。第 368 条规定居住权应当是无偿设立的，不能有偿，除非有约定，为的是保障弱势群体的居住需求，同时规定应当向登记机构进行登记，这符合物权公示原则。第 369 条规定："居住权不得转让、继承。设立居住权的住宅不得出租，但是当事人另有约定的除外。"设立居住权，目的是解决自身居住，去世后收回，因此不得转让、继承，也不得出租谋利。如长期租赁的公房，夫妻去世后，子女不能继承，也不能转让给亲朋好友居住或者出租，必须收回。第 370 条规定："居住权期限届满或者居住权人死亡的，居住权消灭。居住权消灭的，应当及时办理注销登记。"对于以遗嘱方式设立居住权的，如父母立下遗嘱，去世后留下的房屋由没有房屋的子女或者保姆居住等问题，也应参照本章规定。第 371 条规定："以遗嘱方式设立居住权的，参照适用本章的有关规定。"

四、完善集体经济组织成员权内容

《物权法》第 59～63 条规定了农村集体经济组织成员权以及行使的内容。但没有规定成员是否享有查阅权、复制权。成员权又称社员权，是宪法结社权在私法领域的延伸。成员权是一类民事权利的总称，包括集体经济组织成员权、建筑物区分所有人成员权、合作制企业成员权、公司股权等。从内容上看包括身份权和经济权，身份权如参与权、表决权、选举权、被选举权、复制权、查阅权等，经济权如财产分配权、利润分配权等。《公司法》对股东权规定得比较完善，规定了十多种股东权利。参考借鉴《公司法》中股权的内容，物权编增加规定了成员享有查阅权、复制权。第 264 条规定："农村集体经济组织或者村民委员会、村民小组应当依照法律、行政法规以及章程、村规民约向本集体成员公布集体财产的状况。集体成员有权查阅、复制相关资料。”

五、完善建筑物区分所有权的行使条件

《物权法》第76条对业主表决权的行使采取房屋面积加人数的办法，既注重保护大业主的利益，又保护小业主的利益。实践中对于制定和修改议事规则、管理规约以及选举更换业主委员会等事项，没有什么争议，对涉及维修资金的筹集使用、建筑物及其附属设施的改建重建等重大事项，争议较大。公用的设施毁损后、维修资金筹集不到，有的业主私自将住宅改为经营性用房、影响邻居正常生活，针对这些情况，业主委员会权利行使能加以完善。有的学者建议适当降低业主行使的条件，将“两个三分之二”改为“一个三分之二”。《民法典》第278条规定把维修资金的筹集和使用分开，对使用维修资金需要双三分之二参与表决，并且参与表决的过双半数通过，对维修资金的筹集、建筑物及其附属设施的改建重建、共有部分用途的改变、利用共有部分从事经营活动等情形，要求更严格，必须经过“双四分之三以上”业主同意。之所以这样规定，是因为要保护大多数业主的利益，不能随便将住宅改为经营性用房，扰乱正常的居住环境。第279条明确规定：“业主不得违反法律、法规以及管理规约，将住宅改变为经营性用房。业主将住宅改为经营性用房的，除遵守法律、法规以及管理规约外，应当经有利害关系的业主一致同意。”特意加上“一致”两字，以保护上下左右邻居的居住环境。

六、明确了建设用地使用权期限届满自动续期规则

《物权法》第149条把建设用地使用权分为住宅建设用地和非住宅建设用地两种，规定了住宅建设用地使用权届满自动续期。这是一大

进步，有利于保护房屋产权人的合法权益。近些年来，随着住宅建设用地使用权逐步到期，对到期后怎样自动续期、是否缴费等问题产生很大争议。由于我国城市土地属于国家所有，土地上所建的房屋可以属于个人私有，而房屋与土地不可能分割，因此产生了巨大的难题：房屋是自己的，而土地是国家的。房屋购买后永久属于自己，没有期限限制，而房屋所占的土地是国家的，《物权法》规定使用期限最长 70 年，如继续使用需再签订合同、缴纳费用。是否缴纳费用、缴纳多少费用，引起很大争议，目前还没有好的解决办法，立法者采取回避的态度，《民法典》授权单行法律和行政法规以后规定。因此，第 359 条规定："住宅建设用地使用权期限届满的，自动续期。续期费用的缴纳或者减免，依照法律、行政法规的规定办理。非住宅建设用地使用权期限届满后的续期，依照法律规定办理。该土地上的房屋及其他不动产的归属，有约定的，按照约定；没有约定或者约定不明确的，依照法律、行政法规的规定办理。"

七、完善动产质押和权利质押的规则

《物权法》第 10 条规定了我国统一的不动产担保登记制度，对于规范不动产担保发挥了重要作用。但是，对动产质押和权利质押分别规定在各个不同机构和部门（《物权法》第 224、226、227、228 条），没有规定统一的登记制度，则是一大遗憾。这种分散化、部门化的规定，由于没有实行统一联网，造成信息不对称，质押权人查询难度很大、成本极高，实践中导致各部门互相推诿或相互争抢，甚至出现欺诈问题。建立统一的动产担保和权利担保登记制度，可以有效解决担保的公示问题，提高公信力，鼓励动产担保和权利担保的交易。《民法典》物权编删除了《物权法》中动产质押和权利质押具体登记机构的内容，为今后建立统一的动产质押和权利质押登记制度留下了空间。

《物权法》第 211 条规定:“质权人在债务履行期届满前,不得与出质人约定债务人不履行到期债务时质押财产归债权人所有。”这样规定容易使质押财产悬空,债务人不行使权利,债权人也不能行使权利,致使质押财产处于无主状态。《民法典》第 428 条规定:“质权人在债务履行期限届满前,与出质人约定债务人不履行到期债务时质押财产归债权人所有的,只能依法就质押财产优先受偿。”在履行期限届满前,约定如果债务人不履行债务时,质权人与出质人约定质押的财产归债权人所有的,并不是就归债权人,债权人只享有优先受偿权,这样规定是为了保护其他债权人的合法权益,在存在多个担保债权的情形下,质押权人享有优先受偿权。

《民法典》物权编也存在不足,如讨论很久的典权、取得时效以及先占制度等没有规定,实为遗憾。

物权请求权有哪些情形？

房屋被别人占有，权利人是提起物权确认请求权之诉还是提起返还原物之诉？文物字画借给别人损坏，是提起修理重作之诉还是提起损害赔偿之诉？在自己宅基地上修建高楼，影响邻居通风采光，邻居是提起排除妨碍、消除危险之诉还是提起恢复原状之诉？要想准确理解这些问题，还得从物权请求权谈起。

请求权，是指法律关系的一方主体请求另一方主体为或者不为一定行为的权利。权利人不能对标的进行直接支配，需要请求义务人配合。请求权分为债权请求权和物权请求权：债权请求权是典型的请求权，如基于合同、不当得利、无因管理的请求权；物权请求权，又称物上请求权，或者物上诉权，是指物权人在其权利受到侵害时，基于物权要求侵害人恢复物权原有状态的请求权。物权请求权是以物权为基础而产生的权利，物权人行使物权请求权的根本目的在于排除侵害人对其物的各种妨害，维护物权人对物的圆满支配状态。

物权请求权最早确立于1900年《德国民法典》，该法典专门规定了基于所有权的请求权并具体规定了种类，如第862条和第1004条的排除妨碍、停止侵害请求权，第985、1861条的返还财产请求权，第989条的财产损害请求权。此后，瑞士、韩国以及我国台湾地区“民法”相继确立了物权请求权制度。我国没有明确确立物权请求权制度，但有关法律规定了物权请求权的内容。《民法通则》第134条规定了承担民事责任有排除妨碍、消除危险、返还财产、恢复原状、修理重作更换、赔偿损失等10种方式，与《德国民法典》规定的物上请求权种类大致相似。《民法总则》规定与《民法通则》相同。《物权法》在《民法通则》基础上增加了物权确认请求权，在第1编第3章中规定了对物权的保护，并在所有权、用益物权、担保物权和占有篇中作出详细规定。《民法典》沿袭了《物权法》的规定，成为物权编。

根据《民法典》的规定，物权请求权主要有以下几种：

一、物权确认请求权

《民法典》第234条规定："因物权的归属、内容发生争议的，利害关系人可以请求确认权利。"物权确认在企业财产权法律文件中被称为产权界定，在土地管理文件中被称为土地确权，实质上均是对物权归属和内容的确认。物权确认请求权是物权保护的一种重要方法，是物权保护的前提，而且物权确认请求权只能向有关权力机关或者法律授权的专门机构提出，不能直接向物权的相对人提出，也就是说，只能寻求公力救济，不能寻求私力救济，否则，会回归到野蛮社会，这是物权确认区别于其他物权保护方式的一个显著特点。物权的确认包括归属的确认和内容的确认两部分，即有没有归属权和归属的内容是什么。在审判实践中应具体分析当事人诉求的物权归属和归属的内容。物权确认请求权诉讼，不适用诉讼时效，财产被别人侵占后，自己知道后任何时间都有权向法院主张权利，不受3年或者20年诉讼时效的限制。

二、返还原物请求权

《民法典》第235条规定："无权占有不动产或者动产的，权利人可以请求返还原物。"占有分为有权占有和无权占有，无权占有又分为善意占有和恶意占有。有权占有属于合法占有，是通过合法方式取得的，受法律保护,不存在返还问题。无权占有中的善意占有,因占有时是善意的,是通过合法方式取得的,如取得时不知道属于赃物,以合理的价格转让的,该过户的已经过户,不过户的已经交付了,法律对这种占有也予以保护,《物权法》第106条对此有明确规定。对无权占有中的恶意占有,不受法律保护,原所有权人有权请求返还原物。因此,第235条中的无权占有不动产或者动产的,是指恶意占有,不包括善意占有。返还原物请求权还包括拾得遗失物、漂流物、发现埋藏物或者隐藏物等情形。《物权法》第109条规定:“拾得遗失物,应当返还权利人。拾得人应当及时通知权利人领取,或者送交公安等有关部门。”第114条规定:“拾得漂流物、发现埋藏物或者隐藏物的,参照拾得遗失物的有关规定。文物保护法等法律另有规定的,依照其规定。”

三、排除妨碍请求权、消除危险请求权

《民法典》第236条规定:“妨碍物权或者可能妨碍物权的,权利人可以请求排除妨碍或者消除危险。”妨碍在法律上有两种含义,一种是正在发生中的妨害,属于正在进行时;另一种是将来必然会发生的妨碍,属于将来进行时,又称为危险。如随时倾倒的大树砸坏房屋,正在道路上施工妨碍权利人通行等,一种是正在发生的,另一种是将来必然发生的,时间不同,内容相同。消除危险请求权是从排除妨碍请求权中派生出来的,二者均是因为相对人妨害物权行使导致的请求权。正因如此,《物权法》才将排除妨碍请求权和消除危险请求权规定在同一个条文中。《物权法》第245条规定:“对妨害占有的行为,占有人有权请求排除妨害或者消除危险;因侵占或者妨害造成损害的,占有人有权请求损害赔偿。”该条中的占有仍然是指恶意占有。妨害占有行为是指影响占有人行使权利的行为,如擅自截水、排水,影响土地使用权人灌溉土地等。对此,《民法通则》第83条规定:“不动产的相邻各方,应当按

照有利生产、方便生活、团结互助、公平合理的精神，正确处理截水、排水、通行、通风、采光等方面的相邻关系。给相邻方造成妨碍或者损失的，应当停止侵害，排除妨碍，赔偿损失。”对相邻权中涉及截水、排水、通行、通风、采光引起的纠纷，造成妨碍的，受害方有权请求排除妨碍、造成损失的赔偿损失。《民法典》基于总则部分仅规定权利的种类及保护的理念，权利的具体内容放到分则篇中，因此，总则部分没有规定权利的具体内容。

四、修理、重作、更换或者恢复原状请求权

《民法典》第237条规定：“造成不动产或者动产毁损的，权利人可以请求修理、重作、更换或者恢复原状。”恢复原状有广义和狭义之分，广义的恢复原状是指恢复权利被侵犯前的原有状态，包括通过返还财产使财产关系恢复到合同订立前的状态。狭义的恢复原状是指将损害的财产修复。在《侵权责任法》中恢复原状主要是指狭义的恢复原状。在《物权法》中采用广义的恢复原状，修理、重作、更换是恢复原状的手段，两者关系紧密，因此物权法规定在一个条文中。本条将修理、重作、更换和恢复原状确定为保护物权的一种责任方式，为权利人在保护方式上提供了多种选择。当特定的物遭受侵害后，权利人可以选择修理、重作、更换或者恢复原状保证特定物的精神价值，同时可以避免侵权人以赔偿要求权利人让与特定物的权利如文物字画，可能侵权人宁愿赔偿损失，也不愿意返还原物。本条中的不动产或动产毁损，包括损坏和灭失两种情况：在损坏的情况下，权利人可以要求修理、重作、更换特定的物或者请求恢复原状，这是适用本条的前提条件；在灭失的情况下，则不能适用本条，应适用损害赔偿的规定。本条所称的不动产和动产，仅指有形物，不包括专利、商标、著作等知识产权。本条中造成不动产或者动产毁损的，不管侵权人有没有过错，只要行为与结果之间存在因

果关系,就承担责任,也就是说承担修理、重作、更换责任的归责原则应当是无过错责任原则。在审判实践中,当修理、重作、更换或者恢复原状不能完全弥补特定物时,权利人可以同时提起赔偿损失之诉,法院在判决时应注意可执行性。

五、损害赔偿请求权

《民法典》第238条规定:“侵害物权,造成权利人损害的,权利人可以依法请求损害赔偿,也可以依法请求承担其他民事责任。”损害赔偿是实践中运用最广泛、最经常的民事责任形式。对侵害物权、造成权利人损害的行为,权利人享有损害赔偿请求权,侵害人要以自己财产予以赔偿。本条规定的内容与《民法通则》第117条第3款规定的内容相同,是对经济损失赔偿适用于侵害物权责任形式的进一步明确。本条还对可能出现的请求权竞合问题作出了选择性规定,当物权受侵害后,权利人可以选择损害赔偿以外的其他民事责任。在审判实践中,对侵害物权造成他人损害的,应当适用全部赔偿原则,赔偿的方法主要有实物赔偿和折价赔偿两种:实物赔偿是以同种类、同质量的物替代受到损害的物的方式;折价赔偿是将物权人受的损害折合成金钱的形式予以赔偿的方式。赔偿直接损失,既可以折价赔偿,也可以实物赔偿;赔偿间接损失,只能折价赔偿。

物权请求权与物上代位权

物权请求权和物上代位权是物权编中两项重要制度,也是物权人享有的重要权利。由于两者具有相似性,实践中容易混淆,导致诉讼请求不清楚、诉讼经常被驳回,增加诉讼成本。

物权请求权,又称物上请求权,是指物权人在其权利受到侵害时,要求侵害人恢复物权原有状态的请求权。物权请求权是基于物权产生的权利,根本目的在于排除侵害人对其物的各种妨害、维护物权人对物的圆满支配状态。其主要有 3 个特征:一是对物拥有所有权,也就是对物拥有占有、使用、收益、处分权利,如拥有房屋、汽车、土地使用权等,不包括知识产权;二是其他人对自己拥有的物有侵害行为,如非法占有、损害、设置障碍等,影响物的使用;三是属于请求权,被侵害者只能请求人民法院或者有关专门机关保护自己的合法权利,不能直接请求侵害人,即只能寻求公力救济、不能寻求私力救济。

物上代位权是指在物权担保中当担保物毁损、灭失时,债务人获得的赔偿金、保险金、补偿金,债权人享有对这部分赔偿金、保险金、补偿金的优先受偿权。其有 4 个特征:一是在物权担保中发生的担保物毁损、灭失情形,包括自然原因和人为原因,如担保的房屋因地震、火灾、洪水等自然灾害损灭失,或者被征收征用;二是债务人同时也是抵押人获得了赔偿金、保险金、补偿金;三是行使权利的是抵押权人,而不是抵押人,抵押权人担心自己的权利落空,基于抵押权要求抵押人将自己获得的赔偿金、保险金、补偿金偿还给自己；四是在期限上即使不到期，也可以主张权利，要求提存。

我国《民法通则》和《民法总则》均没有规定物权请求权，仅在"民事责任"章中规定了承担民事责任的 7 种方式，即停止侵害、排除妨碍、消防危险、返还财产、恢复原状、修理重作更换、赔偿损失。规定可以单独适用，也可以合并适用。《物权法》在"物权的保护"章中规定了物权请求权的行使，在《民法通则》的基础上增加了物权确认请求权。排除妨碍和消防危险实际上属于一种请求权，针对正在进行的妨碍和将来遇到的危险，《物权法》规定在第 35 条一个条文中。修理重作更换和恢复原状，虽属两种请求权，但实践中经常一起使用，因此《物权法》规定在第 36 条一个条文中。

关于物上代位权，《担保法》第 58 条规定："抵押权因抵押物灭失而消灭。因灭失所得的赔偿金，应当作为抵押财产。"这一条规定明确了所得的赔偿金作为抵押财产，没有明确规定抵押权人享有物上代位权。最高人民法院《担保法司法解释》第 80 条第 1 款规定："在抵押物灭失、毁损或者被征用情况下，抵押权人可以就该抵押物的保险金、赔偿金或者补偿金优先受偿。"司法解释首次明确了抵押权人有权优先受偿，也就是物上代位权。第 62 条规定："抵押物因附合、混合或者加工使抵押物的所有权为第三人所有的，抵押权的效力及于补偿金。"该条明确了抵押权的追及效力及于补偿金，承认了抵押权的物上代位权。《物权法》第 174 条规定："担保期间，担保财产毁损、灭失或者被征收等，担保物权人可以就获得的保险金、赔偿金或者补偿等优先受偿。被担保债权的履行期未届满的，也可以提存该保险金、赔偿金或者补偿金等。"物权法进一步明确了物上代位权，而且赔偿范围扩展到保险金、赔偿金，同时规定担保不到期，可以提存。物权法对物上代位权作了全面的规定，正式确立了物上代位权制度。《民法典》第 390 条完全继承了《物权法》的规定,对物上代位权及代位物的提存作出明确规定。

通过以上分析,我们可以得出一个结论:我们对物上代位权有一个逐步认识的过程,并不是一开始就承认物上代位权,而是在长期的市场活动中,为了更好地保护担保物权人的合法权益,需要承认物上代位权。从《担保法》到《物权法》,就是一个逐步认识的过程。物权请求权和物上代位权都属于物权的范畴,受法律保护。物上请求权保护的是物权人的权益,也就是所有权人的合法权益;而物上代位权保护的是担保物权人的权益,包括抵押权、质押权、保险人的合法权益。保护的范围包括因财产损失灭失获得的赔偿金、因保险标的物灭失获得的保险金、因征收征用财产获得的补偿金。

从《民法典》设立居住权说起

《民法典》物权编中设专章规定了居住权。这不是我国第一次在立法层面上明确规定居住权。十多年前的《物权法(草案)》中就已规定了居住权,目的是解决离婚没有房屋居住的一方和家中长期雇佣的保姆在雇主去世后没房居住的问题。由于适用面比较窄,一些专家学者反对,因此,《物权法》最终删掉了居住权的内容。关于居住权的正式规定,最早体现在规范性文件里的是最高人民法院《关于人民法院审理离婚案件处理财产分割问题的若干意见》,其第 14 条规定:“婚姻存续期间居住的房屋属于一方所有,另一方以离婚后无房居住为由,要求暂住的,经查可据情予以支持,但一般不超过两年。”这是为了解决离婚后的一方无房居住的问题,赋予了贫困方居住权,但有时间限制,一般不超过 2 年。

追溯居住权的渊源,早在罗马法时期就有体现。居住权最初是作为生活保障而存在的,与财产继承制度紧密相关。古罗马早期,财产继承方面实行概括继承制度,死者往往以遗嘱指定其中一家子为财产的概括继承人,妻子和其他子女一般不能取得家产继承权,为了保障他们生活,家长常常通过遗赠方式,将部分遗产的使用权赠与妻子和其他子女,包括房屋的居住权。到了共和国末期,随着向外扩张,被解放的奴隶不断增多,家长去世后,那些没有继承权而又缺乏或者丧失劳动能力的人的生活就成了问题,家长把一部分家产的使用权、收益权和居住权等遗赠给被解放的奴隶,使他们生有所靠,老有所养。这些权利,在优帝一世时期统称为人役权,与地役权相对应,发挥着扶养救助的功能。以《法国民法典》《德国民法典》为代表的大陆法系国家基本上沿袭了罗马法的做法。《法国民法典》第 632~634 条规定,对房屋享有居住权的人得与其家庭在该房屋内居住,即使在给予此项居住权利时其本人尚未结婚亦同,居住权仅以享有此项权利的人与其家庭居住所需为限。居住权既不得让与,亦不得出租。上述规定体现了明显的人身属性。《德国民法典》确认了居住权的用益物权属性,与《法国民法典》不同之处在于对人役权的限制,居住权只能在不动产上设定,而且只能为特定的自然人设定。《德国民法典》第 1039 条规定,排除所有权人将建筑物或者建筑物的一部分作为住房使用的权利,也可以作为限制的人役权加以设定;权利人有权在住房中接纳其家属以及其地位相当的服务和护理人员。可见,居住权是在他人的住房之上设定的权利,而且是为特定的人设定的,该权利不得转让和继承。《瑞士民法典》也确立了居住权制度,规定在用益物权中。居住权制度,保障了部分社会弱势群体的基本生存权利,体现了民法的人文关怀,符合人权保障要求。这项制度,将物的所有和利用相分离,有利于物尽其用,充分发挥物的使用价值,与现代物权法的发展方向是一致的,但也有弊端,居住权无偿将所有权的权能分属两方,妨碍对标的物的改良,不利于经济发展。居住权的人身性、不可转让性、浓厚的家庭伦理色彩,使其适用范围狭窄,无法在家庭婚姻关系之外充分发挥制度价值和功能,变成了封闭的、不完全独立的财产权,无法适应现代商品流转的社会要求。

从大陆法系国家法律规定可以知道,居住权是对他人所有的住房及其附属设施上设定一个负担,享有占有、使用权利,是一种用益物权。其用途只能是为了满足自己及其家人的居住,而不能用于商业营利。居住权的期限具有长期性,可以由当事人在合同或者遗嘱中确定或者约定,如果没有对期限作出明确规定,则可推定为终身居住。居住权还具有无偿性,居住权人由于与房屋所有权人具有亲朋关系,因此,无须支付对价,被称为“恩惠行为”。这是居住权与承租权的根本区别。居住权还不可转让,只能自己居住,不能出租、转让,更不能继承。

我国《民法典》重提居住权,设立居住权,与过去不可同日而语了。立法者要适应我国国情,对居住权制度进行改造,扩大适用范围,设定一些条件,为满足人民群众的居住需求提供法律依据,不仅要解决离婚后的一方没有房屋居住和长期雇佣的保姆老了后没有房屋居住的问题,而且对公租房和老年人以房养老的问题加以规范。关于妻子和子女居住权的问题,我国实行男女平等,在婚姻家庭和继承中贯彻男女平等原则,妻子和子女与丈夫都是第一顺序继承人,享有平等继承权,不存在夫妻有房屋而不让妻子和子女继承的问题,除非因过错被剥夺继承权。即使只有一套房子,在离婚时也有权要求分割,没有得到房子的,可以要求以金钱补偿,另行租房或购房。关于保姆居住权的问题,主要体现在长期雇佣的保姆年龄老了后没有房屋居住的情形,虽然这部分人比较少,但立法者也应考虑他们老有所居的问题,赋予居住权,以体现民法的人文关怀精神。关于公租房的问题,虽然现在大量城镇干部职工拥有自己的住房,但仍然有一部分干部职工租赁公房居住,夫妻去世后,其子女能否继续居住,仍然是一个困惑难题。赋予干部职工对公房的居住权,将其纳入法律调整范围,有利于解决公租房长期不腾退的问题。关于老年人以房养老的问题,现在许多老年人同居而不结婚,为的是避免去世以后留给子女财产纠纷,可以约定同居的人有居住权,去世后没有继承权;或者老年人在世时把房屋赠与子女,约定生前有居住权,子女负责安葬。把这些情况也纳入居住权的调整范围,有利于避免家庭纠纷,促进家庭和谐稳定。

我国《民法典》用 6 个条文对居住权进行调整规范。第 366 条规定:“居住权人有权按照合同约定,对他人的住房享有占有、使用的用益物权,以满足生活居住的需要。”第367条规定:“设立居住权,当事人应当采取书面形式订立居住权合同。居住权合同一般包括下列条款:(一)当事人的姓名或者名称和住所;(二)住宅的位置;(三)居住的条件和要求;(四)居住权期限;(五)解决争议的方法。”居住权的性质属于用益物权,合同属于债权,通过合同的形式,设立居住权,类似于抵押、质押等担保物权,在法律上没有障碍。居住权合同采用书面形式订立,是为了更好地保护居住权人的合法权益,避免不必要的麻烦。

第368条规定:“居住权无偿设立,但是当事人另有约定的除外。设立居住权的,应当向登记机构申请居住权登记。居住权自登记时设立。”向登记机构登记,体现了公权力对私权利的干预。至于是批准还是备案,法律没有规定。笔者认为国家对这类用益物权的行使,应尽量减少干预,保持民事主体的活力,建议对居住权的登记,以备案为宜。在当前国家大力减少行政审批的环境下,不宜再增加审批的环节。

第369条规定:“居住权不得转让、继承。设立居住权的住宅不得出租,但当事人另有约定的除外。”居住权不得转让、继承,符合居住权的应有之义,无可厚非。居住权涉及的住宅,如果允许出租,则有违背居住权设立的初衷,而且容易与承租权相混淆。即使出租是为了解决居住权人的生活需要,实践中这种情形很少。因此,建议删除“但当事人另有约定的除外”,直接规定居住权涉及的住宅不得出租,没有例外。

第370条规定:“居住权期限届满或者居住权人死亡的,居住权消灭。居住权消灭的,应当及时办理注销登记。”居住权期限届满或者居住权人死亡后,房屋所有权人收回房屋,居住权合同解除,房屋所有权人应向登记机构撤销登记。如果不撤销,居住权人的继承人继续居住,不符合居住权设立的目的。

第371条规定:“以遗嘱方式设立居住权的,参照适用本章的有关规定。”以遗嘱方式设立居住权的,属于继承编调整的内容,实践中也存在这种情形。参照物权编的规定,能避免重复,符合立法体例。

添附制度及其适用

《民法典》第 322 条规定："因加工、附合、混合而产生的物的归属，有约定的，按照约定；没有约定或者约定不明确的，依照法律规定；法律没有规定的，按照充分发挥物的效用以及保护无过错当事人的原则确定。因一方当事人的过错或者确定物的归属造成另一方当事人损害的，应当给予赔偿或者补偿。"这条规定标志着我国法律正式确立了添附制度，让今后裁判案件有了法律依据。然而，确立这一条规定经历十多年的争论。

添附，是指不同所有人的物结合在一起而形成的不可分离的物或者具有新物性质的物。如果恢复原状事实上不可能或者经济上不合理，需要确认新物的归属问题。添附制度是大陆法系国家物权法中规定取得财产权的重要方法和制度。《民法通则》《侵权责任法》没有涉及添附制度，因此实践中极少采用添附规则裁决案件。在 2007 年制定《物权法》过程中，对是否设立添附制度存在争论。反对的理由为：添附制度可以被侵权行为所替代，无论是善意还是恶意利用他人财产添附，均构成对他人财产的侵害。财产被添附的一方有权基于侵权请求权主张排除妨害、恢复原状、赔偿损失。因此，涉及添附问题，不需要重新确权。肯定的理由为：添附制度不能为侵权请求权、物权请求权和不当得利返还请求权制度所代替，添附制度具有独立存在的价值。添附不以过错为前提，通过确认新物归属实现一物一权的方式保护物权，是确权规则,体现了物尽其用、避免财产损失浪费的原则。添附制度通过添附物归属者依不当得利给予对方适当补偿来保持当事人利益平衡,体现了公平原则。大陆法系国家都规定添附制度,但为慎重起见,我国《物权法》最终没有确立添附制度。

然而,实际生活中添附的例子大量存在,例如,在租赁他人的房屋里装修,增加房屋的舒适性,提高房屋的价值;在他人的土地上建造房屋或者在他人房屋上加盖房屋;在他人的画作上添写书法,使画作增添价值,等等。如果用侵权责任规则裁决,很难从法理上阐述清楚。如果用添附规则处理,很容易说清楚。而且,添附规则符合物尽其用的效率原则、公平原则以及诚信原则等民法基本原则。在编纂民法典时,大多数专家学者肯定了添附制度的价值和作用,最终设立了添附制度。

《民法典》确立了加工、附合、混合 3 种添附形式。加工是指一方使用他人财产加工改造为具有更高价值的新的财产,如在原材料、半成品上利用技术和其他产品加工成更高价值的新产品。附合是指不同所有人的财产紧密结合在一起形成的新财产,虽未达到混合程度但非经拆除不能恢复原来状态。附合有 3 种状态:一是动产与动产的附合,如水泥与沙子的附合成为泥灰。二是动产与不动产的附合,如在土地上种植庄稼、用建筑材料建筑房屋。三是不动产与不动产的附合,如在租来的房屋是加盖一层楼房。

混合,是指不同所有人的不同财产互相渗合,难以分开并形成新财产。混合发生在动产之间,如在大米里掺杂小米做的食物、糖与水混合在一起成为糖水。混合与附合的区别在于:混合是数个动产于一体,事实上不能也不易区别;而附合的数个动产在形体上可以识别、分割,只是分离后损害附合物的价值,出于利用价值考虑不许分割。

关于添附归属的规则,大陆法系国家民法确立了动产归不动产、动产中价值小的归价值大的、价值相当的协商决定的规则。对加工物所有权的归属，法国、日本民法典规定：以加工物属于材料所有人为原则，例外情形是加工增加的价值大大超过材料价值时，属于加工人所有，意在着重保护材料所有人的权益。《德国民法典》则相反，其第950条规定："加工于他人动产者，以由加工人取得加工物所有权为原则，在加工的价值显然少于材料的价值时，由材料所有人取得加工物所有权为例外。"意在鼓励创新，创造价值。

我国司法实践中做法与法国、日本相同，着重保护原物所有人的权益，加工物的所有权原则上归原物所有人，给加工人以相应补偿，但是当加工物增加的价值大于材料价值时，加工物可以归加工人所有，给原物所有人补偿。对于附合，动产与动产的附合，价值小的归属价值大的，价值相当的协商解决。我国司法实践中，动产与动产的附合，如果可以区别主物和从物的，或者一方动产的价值显然高于他方的动产，应由主物或者价值较高的物所有人取得新物的所有权，给对方相应补偿。动产与不动产的附合，由不动产所有人取得新物的所有权，给动产所有人相应补偿。对不动产与不动产附合，实践中常见的是承租人、借用人在租来的房屋上加盖一、二层楼层或者兴建一、两间房屋，增建的房屋与原不动产价值悬殊时，附合物归属于原不动产所有人，如价值相当，双方协商解决。对于混合，由于实践中与附合很难区别，各国民法典规定准用附合的规定。

实践中存在添附与侵权的竞合，如未经他人同意的错误装修，因装修发生添附，使房屋增值。但是，装修具有很强的主观性，各人的审美情趣和偏好并不一样，有时装修并不能满足个人的爱好，反而因为不合业主的喜好而成为损害，业主有权要求排除妨碍、恢复原状、赔偿损失。只要是没有经过被添附人意愿的装修，就有发生侵权的可能。这种情况下，发生添附和侵权的竞合。由于我国法律没有明确规定添附制度，司法实践中采用侵权损害赔偿方法，保护原物所有权人的利益，添附人的利益得不到保护，不符合公平原则和物尽其用原则。

虽然法律没有明确规定添附制度，但司法解释对添附问题有规定。《民通意见》第86条规定："非产权人在使用他人的财产上增添附属物，财产所有人同意增添，并就财产返还时附属物如何处理有约定的，按约定办理；没有约定又协商不成，能够拆除的，可以责令拆除；不能拆除的，也可以折价归财产所有人，造成财产所有人损失的，应当负赔偿责任。"这条规定从侵权损害赔偿角度制定的，体现了侵权损害赔偿精神，没有约定的要责令拆除，造成损失的要负赔偿责任。这没有体现物尽其用原则和过错归责原则以及没有保护无过错方权益。

《民法典》第322条规定对司法解释的规定进行改造，从物权角度立法，体现物尽其用原则和公平原则，保护无过错方的合法权益。该条不鼓励拆除，随意损坏新物，对因添附发生的财产归属，明确了3条规则：当事人有约定的按照约定处理；没有约定的按照法律规定处理；法律也没有规定的，按照充分发挥物的效用原则和保护无过错方原则处理。这与传统的民法规则有很大不同。物权法的基本原则是物权法定原则，法律没有规定的不予保护，如所有权、用益物权和担保物权，皆有法律规定。添附属于取得物权的一种制度，理应遵循物权法定原则。但是民法典对添附归属问题，首先采用债权法中的意思自治原则，尊重当事人意愿，有约定的按照约定，没有约定的按照法律规定。这里有个前提，当事人的约定不能违反法律、行政法规的强制性规定，如果违反，约定无效。之所以这样规定，是因为立法者鼓励民事主体干事创业，发挥聪明才智创新产品，为社会创造财富。法律没有规定的，按照传统民法规则处理，充分发挥物的效用，处理不动产和动产的归属。在发生加工、附合、混合过程中，优先保护无过错方的合法权益。添附还存在善意与恶意之分，一般情况都是善意，极少情况下存在恶意，如为了占有他人房屋,利用租赁或者照看他人房屋之机,加盖房屋或者装修,以此要挟房主。在此种情况下,法律保护无过错方合法权益,制裁违法行为,不能根据价值大小确定房屋归属。在确定新物归属过程中,一方受益,另一方当事人权益受到损害的,应得到赔偿。

合同编

《民法典》合同编的创新与发展

《合同法》起草制定时正值我国加入 WTO、融入国际贸易体系之际,此法制定强调学习大陆法系和英美法系的立法经验,借鉴《联合国国际货物销售合同公约》和《国际商事合同通则》,促进我国社会主义市场经济体系的建立和发展,因此,具有一定的前瞻性。二十多年的实践证明,《合同法》在促进商品和要素自由流动、实现公平交易、保护市场主体合法权益、维护经济秩序方面发挥了重要作用。该法的结构体系、基本原则、基本制度以及主要内容是经得起检验的,是一部成功的法律。但随着社会经济不断发展,也出现了许多新情况、新问题,需要通过合同法调整指引。故在编纂《民法典》合同编时,创新发展了大量的法律规定。《合同法》共 23 章 428 条,《民法典》合同编共 29 章 526 条,占条文总数的 2/5 以上,新增 6 章 98 条,在所有编中是修改内容最多的一编。内容上,其完善合同编体系和债法规则,增加电子合同签订履行规则,新增预约合同、悬赏广告、情势变更、合同的保全、保证合同、保理合同、物业服务合同、合伙合同等,完善格式条款、利益第三人合同,强调保护弱势群体的合法权益,删除了与民法典总则重复的撤销合同、无效合同、代理、附条件附期限合同等。另外,由于全国人大决定涉外民事法不列入民法典,因此,合同编删除有关涉外合同的法律规定。

一、完善合同编体系和债法一般规则

《合同法》分总则和分则两大部分。《民法典》合同编中涉及的债权基本原则,如平等、自愿、公平、诚实信用、合法等原则,总则中已有规定,合同编不再重复。《民法典》由于不设债法总则,无因管理、不当得利等债权内容,参考法国、日本等国立法经验,冠名为“准合同”。最终合同编的体系变为通则、典型合同、准合同3部分。在通则部分,增加了债法的一般规则,如对合同条款争议解决、无名合同和非合同产生的债权债务适用作出规定。第466条规定:“当事人对合同条款的理解有争议的,应当依据本法第一百四十二条第一款规定,确定争议条款的含义。合同文本采用两种以上文字订立并约定具有同等效力的,对各文本使用的词句推定具有相同含义。各文本使用的词句不一致的,应当根据合同的相关条款、性质、目的以及诚信原则等予以解释。”这是法律解释方法在合同中的运用。第467条规定:“本法或者其他法律没有明文规定的合同,适用本编通则的规定,并可以参照适用本编或者其他法律最相类似合同的规定。”民事诉讼中有一条规则,法院不得拒绝受理民事纠纷,对典型合同,法律有规定好办,对法律没有规定的无名合同,也得审理,这个条文就对无名合同审理给出了指引。第468条规定:“非因合同产生的债权债务关系,适用有关该债权债务关系的法律规定;没有规定的,适用本编通则的有关规定,但是根据其性质不能适用的除外。”这是对无因管理、不当得利以及悬赏广告等产生的债权债务关系给出的指引。

《民法典》在准合同部分,规定了无因管理、不当得利两类准合同。《民法通则》规定比较简单,只有2个条文,《民法典》合同编用8个条文对无因管理和不当得利分别作出详细规定。需要指出的是过去教科书和法律均把不当得利放在前,无因管理放在后,《民法典》作了修改,把无因管理放在前,不当得利放在后。这样修改的理由是什么?不当得利与无因管理是紧密相连的,如捡到走失的动物,主动照顾,并及时与主人相联系,这是无因管理,如果不归还,就变成了不当得利,无因管理往往是前提,不当得利则是后果。因此,《民法典》予以调整。

二、增设电子合同订立、履行规则

随着互联网经济迅猛发展,电子商务大量使用,出现许多纠纷,亟须调整规范。《民法典》顺应时代要求,规定了电子合同的相关规则,内容借鉴《电子签名法》以及合同法司法解释规定,用3个条文分别调整规范电子合同的签订和履行。第469条第3款规定:“以电子数据交换、电子邮件等方式能够有形地表现所载内容,并可以随时调取查用的数据电文,视为书面形式。”以电子数据交换、电子邮件等方式签订合同,视为书面形式。实践中还有采取微信订立合同的方式,也应包括在“等”里面。实践中关键是注意收集、固定保存证据,如截取屏面,便于发生纠纷时使用。第491条规定:“当事人采用信件、数据电文等形式订立合同要求签订确认书的,签订确认书时合同成立。当事人一方通过互联网等信息网络发布的商品或者服务信息符合要约条件的,对方选择该商品或者服务并提交订单成功合同成立,但是当事人另有约定的除外。”对合同的成立,我国法律采用意思到达主义,有利于保护交易安全。第492条规定:“承诺生效的地点为合同成立的地点。采用数据电文形式订立合同的,收件人的主营业地为合同成立的地点;没有主营业地的,其住所地为合同成立的地点。当事人另有约定的,按照其约定。”以承诺生效地确定为合同成立地,符合合同成立理论;把收件人的主营业地和住所地确定为合同成立地,是贯彻意思到达主义的必然结果。第512条规定:“通过互联网等信息网络订立的电子合同的标的为交付商品并采用快递物流方式交付的,收货人的签收时间为交付时间。电子合同的标的为提供服务的,生成的电子凭证或者实物凭证中载明的时间为提供服务时间;前述凭证没有载明时间或者载明时间与实际提供服务时间不一致的,以实际提供服务时间为准。电子合同的标的物为采用在线传输方式交付的，合同标的物进入对方当事人指定的特定系统且能够检索识别的时间为交付时间。电子合同当事人对交付商品或者提供服务的方式、时间另有约定的，按照其约定。”这条确定商品、服务、在线传输方式3类标的的合同交付时间，符合交易惯例。

三、强化对债权实现的保护力度

针对实践中出现的不信守合同、欠债不还等现象，为保障债权顺利实现，防范因违约可能导致的债务风险，《民法典》完善了合同保全、借款合同、融资租赁合同等相关规则，增设“保证合同”章。合同的保全主要指代位权和撤销权，《合同法》第73～75条规定比较简单，《合同法司法解释（一）》分两节作出详细规定。《民法典》借鉴了司法解释的内容，把合同保全扩展成1章8个条文，比较详细地加以规范。第535条规定：“因债务人怠于行使其债权以及与该债权有关的从权利，影响债权人的到期债权实现的，债权人可以向人民法院请求以自己的名义代位行使债务人对相对人的权利，但是该权利专属于债务人自身的除外。代位权的行使范围以债权人到期债权为限。债权人行使代位权的必要费用，由债务人负担。相对人对债务人的抗辩，可以向债权人主张。”债务人不行使或者延期行使自己的到期债权，直接影响债权人的债权实现。债权人不能使用扣押人质、扣押财产等方法强行要求债务人偿还债权，也就是说不能采取私力救济，只能通过公力救济。法律给债权人追偿债权的渠道，就是通过法院给予解决。债权人以自己的名义起诉债务人和相对人，请求法院判决相对人偿还债权，但是专属债务人的自身债权不能主张，如基于扶养关系、抚养关系、赡养关系、继承关系产生的给付请求权和劳动报酬、退休金、养老金、抚恤金、安置费、人寿保险、人身伤害赔偿请求权等权利，是为了保证债务人的基本生活。第538

条规定："债务人以放弃其债权、放弃债权担保、无偿转让财产等方式无偿处分财产权益，或者恶意延长其到期债权的履行期限，影响债权人的债权实现的，债权人可以请求人民法院撤销债务人的行为。"法律赋予债权人撤销权，以保证债权的实现。撤销权的行使范围以债权人的债权为限，如果超过此范围则不受法律保护。债权人行使撤销权的必要费用如诉讼费、律师费等，由债务人负担。债务人以明显不合理的低价转让财产、以明显不合理高价受让财产或者为他人的债务提供担保，影响债权人的债权实现，债务人的相对人知道或者应当知道情形的，债权人可以请求法院撤销债务行为。如果债务人和相对人恶意串通进行不当交易，损害债权人的合法权益，理应撤销不当交易。如果相对人不知道，则属于善意取得，要保护善意相对人的合法权益，债权人不能主张撤销。关于撤销权的行使期限，第 541 条规定相对期限为 1 年，绝对期限为 5 年。

我国《担保法》规定了保证、抵押、质押、留置和定金 5 种担保类型。按照《民法典》的体系结构，物权编包含了抵押、质押、留置 3 种物和权利的担保，由于保证属于人的担保，因此在合同编中规定保证合同，定金是合同订立时钱的担保，规定在合同编中。《民法典》基本上沿袭了《担保法》关于保证的内容，只不过变成"保证合同"，设专章调整规范。《担保法》涉及保证的共 27 条，《民法典》有 22 条。担保法关于内容的规定比较成熟，《民法典》基本上采纳了《担保法》的规定，仅删除总则中已有的部分，修改个别地方。第 683 条第 2 款规定："以公益为目的的非营利法人、非法人组织不得为保证人。"这条规定整合了《担保法》第 9 条关于"学校、幼儿园、医院等以公益为目的的事业单位、社会团体不得为保证人"的规定，与《民法典》总则编规定相衔接，并且扩大了不得担保范围。除上述机构外，不得担保的范围还包括社会团体、基金会、社会服务机构以及个人独资企业、合伙企业、不具有法人资格的专业服务机构等。第686条第2款规定:“当事人在保证合同中对保证方式没有约定或者约定不明确的,按照一般保证承担保证责任。”这彻底否定了《担保法》第9条规定,与总则编相衔接。第689条规定了“保证人可以要求债务人提供反担保”,第690条规定可以订立最高额保证合同,参照最高额抵押权规定,这些内容都是参考借鉴了《担保法司法解释》的规定。

四、加大对合同中弱势当事人的保护

水、电、气、暖等公共资源以及银行、保险、证券等公共服务,与人们密切相关。一方是非常专业、实力强大的部门,另一方是没有专业知识的个人,相比较,个人总处于弱势地位,强调实现公平正义的法律必须对弱势个人加大保护力度。《民法典》在格式条款定义中强调“当事人预先拟定,未与对方协商”,揭示出格式条款的本质特征。第496条增加规定了“提示义务、说明义务”,如果未履行提示或者说明义务,致使对方没有注意或者理解与其有重大利害关系条款的,对方可以主张该条款不成为合同的内容。如果发生纠纷,法院或者仲裁机构应作出不利于提供格式条款一方的解释。格式条款与非格式条款不一致的,应当采用非格式条款。关于格式条款无效,增加了“减轻其责任”情形,提供格式条款的一方不仅不合理免除其责任、加重对方责任、限制对方主要权利可以认定无效,而且不合理减轻自身责任也可以认定无效。如何认定“不合理”,留给司法解释解决。

为了落实国家租购同权住房要求、保护承租人利益、促进住房租赁市场健康发展,《民法典》增加了住房承租人的优先承租权。第734条增加第2款规定:“租赁期间届满,房屋承租人享有以同等条件优先承租的权利。”这是“买卖不破租赁”法言的延伸。

五、修改合同效力、合同履行、合同变更转让、合同解除和违约责任等规则

《合同法》中涉及合同效力的条文有 16 条,《民法典》合同编中关于合同效力的条文为 7 条,减少了 9 个条文,原因在于合同效力的规定在总则部分已经有了,不必在合同编中重复。一般合同自成立时生效,特殊合同如涉及不动产、自然资源、外商投资等合同,成立后需要批准才生效。登记不是生效要件,只是履行的程序,故《民法典》删除《合同法》中关于登记的规定。第 502 条规定:"依法成立的合同,自成立时生效。但是法律另有规定或者当事人另有约定的除外。依照法律、行政法规的规定,合同应当办理批准等手续的,依照其规定。未办理批准等手续影响合同生效的,不影响合同中履行报批等义务条款以及相关条款的效力。应当办理申请批准等手续的当事人未履行义务的,对方可以请求其承担违反该义务的责任。依照法律、行政法规的规定,合同的变更、转让、解除等情形应当办理批准等手续的,适用前款规定。"该条借鉴了国有土地使用权合同案件、环境资源合同案件的司法解释,对"批准"的效力作了实事求是的规定,并对不生效和无效作出区分,未办理报批手续的仅是合同不生效,经报批没有批准的合同才无效,并且把"报批"规定为当事人的义务,否则承担责任。这样规定有利于合同成立后当事人积极履行合同。

第 503 条规定:"无权代理人以被代理人的名义订立合同,被代理人已经开始履行合同义务或者接受相对人履行的,视为对合同的追认。"这条来自《合同法司法解释(二)》,以实际行动履行合同或者接受履行,就理应承认,规定为"追认"符合实际,也是对总则编第 140 条意思表示中"默示"的解释。第 504 条规定:"法人的法定代表人或者非法人组织的负责人超越权限订立的合同,除相对人知道或者应当知道其超越权限外,该代表行为有效,订立的合同对法人或者非法人组织发生

效力。"这条是对《合同法》第 50 条的修正,调整了表见代表行为。《合同法》规定为"该代表行为有效",没有规定对合同的效力,指向不明确。该条规定的是超越权限后对合同的效力,明确了表见代表对合同的效力。第 505 条规定:"当事人超越经营范围订立的合同效力,应当依照本法总则编第六章第三节和本编有关规定确定,不得仅以超越经营范围确认合同无效。"这条借鉴了《合同法司法解释(一)》第 10 条的规定。一般情况下企业超越经营范围签订的合同应认定有效,但是违反限制经营、特许经营和禁止经营的应认定无效。第 507 条规定:"合同不生效、无效、被撤销或者终止的,不影响合同中有关解决争议方法的条款的效力。"该条与《合同法》第 57 条相比,增加了"不生效"情形,涵盖更全面完整。

合同变更转让部分,《合同法》有 14 条,《民法典》也是 14 条,条文数虽没有增减,但内容还是作了个别修改,内容来自合同法相关司法解释,对债权债务转让进行了修正。第 545 条增加规定:"当事人约定非金钱债权不得转让的,不得对抗善意第三人。当事人约定金钱债权不得转让的,不得对抗第三人。"对金钱债权转让的要求更严,第 550 条规定:"因债权转让增加的履行费用,由让与人负担。"第 551 条增加一款规定:"债务人或者第三人可以催告债权人在合理期限内予以同意,债权人未作表示的,视为不同意。"这是对《民法典》总则中意思表示立法解释的延伸。

合同履行部分,《合同法》有 17 条,合同编有 26 条,增加了 9 条,增加了绿色原则、连带债务人债权人份额、情势变更、政府监督等。第 509 条第 3 款规定:"当事人在履行合同过程中,应当避免浪费资源、污染环境和破坏生态。"这是宣示性条款,是原则性要求。第 533 条规定:"合同成立后,合同的基础条件发生了当事人在订立合同时无法预见的、不属于商业风险的重大变化,继续履行合同对当事人一方明显不公平的,受不利影响和当事人可以与对方重新协商;在合理期限内协商不成的,当事人可以请求人民法院或者仲裁机构变更或者解除合同。”这是关于情势变更原则的规定,源于《合同法司法解释(二)》第26条规定,删除了“非不可抗力造成”,也就是说不可抗力造成的后果也可以适用情势变更原则。学者们认为合同法中的不可抗力规定不是法定免责理由,而是任意性规范,当事人可以通过约定排除、限制或者扩张。如果当事人没有约定或者约定不明时,可作为补充性规范,弥补当事人意思表示的缺漏。合同法上不可抗力产生何种效力,关键看它对合同义务履行的影响程度。如果导致无法履行或者不能履行时,可免除违约责任,此时不可抗力属于免责事由;如果可以履行,但履行结果导致显失公平,可以向法院或者仲裁机构申请变更或者解除合同,此时不可抗力属于情势变更的事由。立法者最终采纳学者们的观点,将《合同法司法解释(二)》第26条修改成《民法典》第533条规定。

合同解除部分,合同法有16条,合同编有20条,增加了4个条文,内容来自《合同法》和《担保法司法解释》,对数个债务履行、债务清偿顺序、不定期合同解除、合同解除后担保人的责任等问题作出明确规定。第561条规定债务清偿顺序为实现债权的有关费用、利息、主债务。第563条规定:“以持续履行的债务为内容的不定期合同,当事人可以随时解除合同,但是应当在合理期限之前通知对方。”第566条增加规定:“合同因违约解除的,解除权人可以请求违约方承担违约责任,但是当事人另有约定的除外。主合同解除后,担保人对债务人应当承担的民事责任仍应当承担担保责任,但是担保合同另有约定的除外。”

违约责任部分,合同法有16条,《民法典》合同编有18条,增加了2个条文,内容来自《合同法司法解释(二)》。主要对损失赔偿数额确定、定金数额等作出规定。第584条规定:“当事人一方不履行合同义务或者履行合同义务不符合约定的,造成对方损失的,损失赔偿数额应当相当于因违约所造成的损失，包括合同履行后可以获得的利益；但是，不得超过违反合同一方订立合同时预见到或者应当预见到的因违反合同可能造成的损失。”这是对实践中争议很多的赔偿数额问题作出的大的框架规定，体现了公平正义精神。具体如何确定，有待于司法解释进一步明确。

六、增加预约合同、保理合同、物业服务合同、合伙合同等规定

关于预约合同，《合同法》没有涉及。在签订土地、矿产资源出让转让合同、房地产开发转让合同中，常常预先签订意向书、预订书或者备忘录等，明确双方合作意愿或者合作框架；在房屋买卖合同中要求预交一部分定金。虽然没有正式签订合同，但双方意思表示一致，也符合合同的构成要件，称为预约合同，如果违约，则要承担违约责任，过去称为缔约过失责任。违约责任比缔约过失责任要重，缔约过失责任不能请求赔偿违约金，《民法典》对此有明确规定。《民法典》第 495 条规定：“当事人约定在将来一定期限内订立合同的认购书、订购书、预订书等，构成预约合同。当事人一方不履行预约合同约定的订立合同义务的，对方可以请求其承担预约合同的违约责任。”

随着经济深入发展，实践中出现了保理合同纠纷，《合同法》没有涉及。保理是指保付代理业务，简称保理，是银行购买供货企业因赊销产生的短期应收账款债权，货款由银行预先支付给卖方企业，然后银行作为债权人代理卖方再向买方企业催收。银行参与到买卖双方，在性质上属于债权转让。保理分为商业保理、国内保理和国际保理。保理的优势在于融资功能，如贸易融资、应收账款的催收以及信用风险与坏账担保等。实践中保理业务形成一些惯例、规则，《民法典》把成熟有效的规则确定下来，设 1 章 9 个条文调整规范保理合同。第 761 条规定：“保理合同是应收账款债权人将现有的或者将有的应收账款转让给保理

人,保理人提供资金融通、应收账款管理或者催收、应收账款债务人付款担保等服务的合同。”保理人可以是银行,也可以是公司企业,保理人接受应收账款债权后,成为新的债权人,有权请求法院或者仲裁机构主张应收账款,只需通知债务人即可。保理人为债权人提供资金、账款管理、催收等业务。第 763 条规定对债权人与债务人虚构应收账款、再与保理人签订的保理合同不受法律保护,要保护保理人的合法权益,除非保理人明知虚构。应收账款债务人收到转让通知后,应收账款债权人与债务人无正当理由协商变更或者终止基础交易合同的,从而损害保理人的合法权益的,对保理人不发生效力。第 766 条赋予了保理人追索权,既可以向应收账款债权人追索融资款利息或者回购应收账款债权,也可以向应收账款债务人追索债权,这样规定有利于充分保护保理人的合法权益。如果没有约定追索权的,保理人只能向应收账款债务人主张。对于同一应收账款订立多个保埋合同情形的,第 768 条规定确立了 4 种受偿顺序:已登记的先于未登记的;均已登记的按照登记顺序;均未登记的由最先到达债务人的转让通知书中载明的保理人受偿;既未登记也未通知的,按照比例清偿。这个清偿顺序也与担保物权的清偿顺序相一致。第 769 条明确了本章没有规定的,适用债权转让规定。

关于物业服务合同,国务院制定的《物业管理条例》中已有规定,各地也都有实施细则,实践中积累了成熟经验。《民法典》职责就是将其上升为法律条文,作为共同遵守的准则。物业服务合同涉及事项很多,《民法典》高度浓缩为 1 章 14 个条文。第 937 条规定了其内涵和外延。物业服务人在物业服务区域内为业主提供建筑物及其附属设施的维修养护、环境卫生和相关秩序的管理维护等物业服务,业主支付物业费。合同内容包括服务事项、服务质量、服务费用的标准和收取办法、维修资金的使用、服务用房的管理和使用、服务期限以及服务交接等条款。

第 939 条明确了建设单位与物业服务人订立的前期物业服务合同，以及后来业主委员会与业主大会依法选聘的物业服务人员订立的物业服务合同，均对业主具有法律效力。在订立前期物业服务合同时，业主还不存在，房地产开发商只能自己选定，通常是格式合同，对业主同样具有法律效力，除非明显不公平。第 943、944 条分别规定了双方的义务：物业服务人的主要义务是应当定期将服务的事项负责人、质量要求、收费项目、收费计算标准、履行情况，以及维修资金使用情况、业主共有部分的经营与收益情况等以合理方式向业主公开或者向业主大会、业主委员会报告；业主的主要义务是支付报酬。物业服务人已经按照约定和有关规定提供服务的，业主不得以未接受或者无须接受相关物业服务为由拒绝支付报酬。业主如果逾期不支付报酬的，物业服务人可以催告，逾期仍不支付的，有权提起诉讼或者申请仲裁。法条对业主装修房屋也作了规定：装修房屋应当事先告知物业服务人，遵守合理注意事项，配合必要检查。业主转让、出租物业专有部分、设立居住权或者依法改变共有部分用途的，要及时将相关情况告知物业服务人。

关于合伙合同，《民法通则》已有原则性规定，《民法总则》没有规定，《合伙企业法》作出具体规定。《民法典》把合伙合同提炼成 1 章 12 个条文。合伙合同是两个以上合伙人为了共同的事业目的，订立的共享利益、共担风险的协议。实践中合伙企业、律师事务所、会计师事务所等均签订合伙合同。合伙人应当按照约定的出资方式、数额和缴付期限，履行出资义务。一个或者数个合伙人不履行出资义务的，其他合伙人不能因此拒绝出资。第 969 条对合伙财产作出明确规定：合伙人的出资、因合伙事务依法取得的收益，属于合伙财产。合伙合同终止前，合伙人不得请求分割合伙财产。第 972 条对合伙人内部利润分配和亏损分担作出规定，遵循四原则：首先按照合同约定；没有约定或者约定不明确的，由合伙人协商决定；协商不成的，按照实缴出资比例分配、分担;无法确定出资比例的,平均分配、分担。合伙人之间互负连带责任。第976条规定把合伙合同分为定期合同和不定期合同。对不定期合伙合同定义为合伙期限没有约定或者约定不明确,期限届满,合伙人继续执行合伙事务,其他合伙人没有提出异议,原合伙合同继续有效,但是合伙期限为不定期。合伙人可以随时解除合伙合同,但是应当在合理期限之前通知其他合伙人。

七、完善买卖合同、租赁合同、建设工程合同、利益第三人合同的具体规则

关于买卖合同,《合同法》共46条,《民法典》有53条,增加了7个条文。《合同法》对买卖合同从出卖人和买受人的权利义务以及货物交付的时间、地点、方式等作出详细成熟的规定。《民法典》根据新出现的情况和问题加以补充完善,增加的内容主要来自买卖合同的司法解释,分别从标的物风险负担、标的物瑕疵、标的物检验、所有权保留以及特种买卖等方面加以完善。

关于租赁合同,《合同法》有25条,《民法典》共32条,增加了7条,主要是完善了转租、解除合同、承租人优先购买权、优先承租权行使等规定,内容来自城镇房屋租赁合同案件相关司法解释。第706条规定:"当事人未依照法律、行政法规规定办理租赁合同登记备案手续的,不影响合同效力。"这是特意增加的一条规定,是落实合同通则中登记仅仅是履行手续、不影响合同效力的立法精神。第718条规定:"出租人知道或者应当知道承租人转租,但是在六个月内未提出异议的,视为出租人同意转租。"这是对民法典总则中关于不作为视为默示的落实。默示只有在法律规定、当事人约定或者符合当事人之间的交易习惯时,才可以视为意思表示。第719条规定:"承租人拖欠租金的,次承租人可以代承租人支付其欠付的租金和违约金,但是转租合同对出租人不具有法律约束力的除外。"这是代位偿还的规定。第724条规定:"有下列

情形之一，非因承租人原因致使租赁物无法使用的，承租人可以解除合同：（一）租赁物被司法机关或者行政机关依法查封、扣押；（二）租赁物权属有争议；（三）租赁物具有违反法律、行政法规关于使用条件强制性规定的情形。”这是实践经验的总结，租赁合同的标的物受到限制、无法使用时，只能解除合同。

关于建设工程合同，《合同法》共 19 条，《民法典》合同编共 23 条，增加了 4 条，把司法解释成熟的条文增加进来，对合同无效如何处理、工程未竣工验收发包人擅自使用如何处理、对实际竣工日期有争议的如何认定，以及转包、违法分包是否可以解除合同等作出规定。

利益第三人合同是指合同双方当事人约定其中一方向合同以外的第三人为给付的合同。该种合同不是传统意义上的双方结构，而是三方结构，这意味着对合同相对性的突破，因此备受争议。第三人处于什么地位？是否享有独立请求权？《合同法》第 64 条规定：“当事人约定由债务人向第三人履行债务的，债务人未向第三人履行债务或者履行债务不符合约定，应当向债权人承担违约责任。”这条规定了第三人处于被动接受的地位，没有向债务人主张债权的独立请求权。实践中向第三人履行的合同很多，如在花店订花、指定送给第三人，在蛋糕店订生日蛋糕指定送给第三人等。如果店家没有如期送或迟延送，订花人、订蛋糕人不主张权利，第三人权利如何保护？对此，《民法典》第 524 条修改为：“债务人不履行债务，第三人对履行该债务具有合法利益的，第三人有权向债权人代为履行；但是，根据债务性质、按照当事人约定或者依照法律规定只能由债务人履行的除外。债权人接受第三人履行后，其对债务人的债权转让给第三人，但是债务人和第三人另有约定的除外。”该条明确规定了第三人可以向债权人代为履行，从而享有独立请求权。

而民间借贷合同、国有土地使用权转让合同、矿产资源使用权转让合同等实践中经常使用的合同，《民法典》没有涉及，实为遗憾。

用法治思维编纂《民法典》合同编

如何把握好国家公权力对自然人、法人和非法人组织权利的干预度，是治国理政的重要内容，也是立法者面临的重大课题。公权力对不同内容法律的干预度是不能一视同仁的，应该有所差别。人格权、人身权、财产权对人的重要性是不同的，一般而言，人格权、人身权高于财产权，知识产权属于智力财产，带有很强的人身属性，财产权是纯粹的物质财产，婚姻自主权、继承权带有很强的人身属性，也不同于财产权。因此，法律对自然人和法人、非法人组织权利的干预度从强到弱依次为人格权、人身权、知识产权、婚姻家庭权、继承权、财产权等，表现在法律制定上为刑法、行政法、知识产权法、民商法等。在民商法中，法律对人格权、物权、婚姻自主权、继承权、债权（包括侵权责任、合同引起的债权）干预度亦不一样，根据对自然人和法人、非法人组织的重要性由大到小，依次为人格权、婚姻自主权、继承权、物权、侵权、合同债权。由此可见，法律对人格权、人身权保护力度最大，在刑法的制定方面表现为：针对近年来侵犯公民权利的违法犯罪状况，全国人大常委会先后制定了 10 个刑法修正案，加大了对公民、法人、非法人组织权利的保护力度。其次是行政法，加大了对行政违法行为的处罚力度，表现在治安管理处罚法、行政处罚法、行政许可法、行政强制法等方面。

法律对合同的干预度在各项法律中应该是最弱的。为什么这样讲？因为合同是市场主体使用自己的财产与其他市场主体进行交易，目的是获取更大的利益。即使破产了,过几年也有翻本的可能,很少涉及人身权、人格权。制定合同法的目的就是极大地调动市场主体干事创业的积极性,为社会创造更多的财富。反观《合同法》是20世纪末制定的,带有较强的计划经济色彩,法律对合同的干预度很强,表现在合同的订立、履行、变更、效力等方面。如今改革开放再出发,国家鼓励改革创新、大众创业、万众创新、奋发有为、创造更多的社会财富。在编纂《民法典》合同编时,应该对合同法进行法治思维的审验,尽量减少法律的干预度,去掉计划经济色彩的条文,增加体现市场经济的条文:

(1)在"合同的订立"章中,《民法典草案》(二审稿)第269条规定:"有下列情形之一的,要约失效:(一)要约被拒绝;(二)要约依法被撤销;(三)承诺期限届满,受要约人未作出承诺;(四)受要约人对要约的内容作出实质性变更。"实践中要约被依法撤销的情形很少,该条体现出法律对市场主体要约的干预,刚发出一个要约也被依法撤销,容易挫伤经商积极性。这种极少存在的情形,与普遍存在的市场主体行为并列,显得不伦不类。

(2)在"合同效力"章中,《民法典草案》(二审稿)第294条规定:"依法成立的合同,自成立时生效,但是法律另有规定或者当事人另有约定的除外。法律、行政法规规定应当办理批准等手续生效的,依照其规定。未办理批准等手续的,该合同不生效,但是不影响合同中履行报批等义务条款以及相关条款的效力。应当办理申请批准等手续的当事人未履行该义务的,对方可以请求其承担违反该义务的责任。法律、行政法规规定合同的变更、转让、解除等情形应当办理批准等手续生效的,依照前款规定处理。"该条第2款规定了经批准才生效的合同和合同生效后报批履行义务两种情形,这是国家对特殊合同的干预,而且对不同内容的合同规定了两种情形,在但书中又规定但书,规定有些烦琐,理解混淆,建议删除这一条款。第3款是关于合同的变更、转让、解除情形的,办理批准手续才生效,依照第 2 款规定处理,基于同样理由建议删除。

第 297 条规定:"当事人超越经营范围订立的合同的效力,应当依照总则编第六章和本编的规定确定,不得仅以超越经营范围确认合同无效。"这条属于典型的滥用立法权,用国家公权力随意干预市场主体的私权利。超越经营范围订立的合同是否无效,留给司法解释作认定为宜,而不应由立法者认定。

第 299 条规定:"合同不生效、无效、被撤销或者终止的,不影响合同中有关争议解决方法的条款的效力。"鉴于实践情形比较复杂,一律认定不影响效力,比较武断,建议删除。

(3)在"合同的履行"章中,第 300 条第 2 款规定:"当事人在履行合同过程中,应当避免损害生态环境和浪费资源。"这一条本意是贯彻民法总则中的绿色原则,但是规定得过于笼统,有点像基本原则,与分则体例不符合。在合同中如何体现绿色原则,需要再具体研究,如果没有具体可行的条文,还是不规定为宜。

(4)在"违约责任"章中,第 374 条规定:"当事人一方不履行合同义务或者履行合同义务不符合约定,给对方造成损失的,损失赔偿额应当相当于因违约所造成的损失,包括合同履行后可以获得的利益,但是不得超过违反合同一方订立合同时预见到或者应当预见到的因违反合同可能造成的损失。"该条立法者管得过宽过细,严重束缚了市场主体的手脚,不利于干事创业,不利于主动交易。第 375 条对违约金的规定比较科学,建议参照修改。

在编纂《民法典》时应准确把握合同类型

合同是市场主体经济活动中最常见的法律表现形式。民法典合同编(二审稿)用了500多个条文,调整规范合同的订立、效力、履行、保全、变更转让、权利义务终止和违约责任,并规定了19类合同,占整个民法典近一半的篇幅。综观《民法典》合同编草案,二审稿比一审稿有了明显进步,吸收了专家学者以及社会各界的意见建议,体例结构更趋合理,增加了保证合同、保理合同、物业服务合同、合伙合同,增加了格式条款、情势变更规定,完善了合同权利的行使。但是仍然存在一些问题,如合同的分类。现在的合同分类是20世纪末制定《合同法》时作出的,如今20年过去了,社会经济生活发生了很大变化,需要对合同进行更加科学的分类,更好满足经济生活需要。

关于合同的分类,从宏观方面来讲,分为民事合同、商事合同、行政合同、劳动合同等。由于我国实行民商合一体制,民商事合同混在一起,对民事商事合同没有作出严格区分,1999年制定《合同法》时笼统地用合同概括了各类合同,既有商事合同,如买卖合同、借款合同、租赁合同、建设工程合同等;又有民事合同,如赠与合同、保管合同、委托合同等。关于行政合同,2014年修订的《行政诉讼法》明确规定了政府特许经营协议和土地房屋征收补偿协议两类典型行政合同,实践中大量出现的国有土地使用权出让合同、矿业权出让合同等国土自然资源合同作为行政合同,由人民法院行政审判庭审理,但由于有争论,法律没有明确规定。对于政府采购合同、BOT(建设经营转让)合同,实践中大都作为民事合同对待,发生纠纷由人民法院民事审判庭审理,或者按约定条款由仲裁机构仲裁。劳动合同由于涉及人身权利义务,由《劳动合同法》专门调整规范。婚姻、收养、监护等有关身份关系的协议,由《婚姻法》《收养法》等专门法律调整规范。

从微观方面来说,合同按性质可以分为有偿合同和无偿合同、单务合同和双务合同、要式合同和不要式合同、有名合同和无名合同、主合同和从合同等。《合同法》规定了15类有名合同,没有规定的合同为无名合同,参照最相类似的有名合同规定。合同按内容可以分为聘用合同、借调合同、停薪留职合同、技术转让合同和技术开发合同等。聘用合同、借调合同、停薪留职合同属于劳动合同范畴,由《劳动合同法》调整规范。《合同法》没有对技术合同进行分类,笼统地规定了“技术合同”一章,《民法典》合同编二审稿则把技术合同具体分为技术开发合同、技术转让合同和技术许可合同、技术咨询合同和技术服务合同。

《合同法》规定了15类合同,对民事商事合同没有加以区分,按照实践中常见度排列的,依次是买卖合同、供用电水气热力合同、赠与合同、借款合同、租赁合同、融资租赁合同、承揽合同、建设工程合同、运输合同、技术合同、保管合同、仓储合同、委托合同、行纪合同、居间合同。这个分类及排序基本上反映了当时的经济发展状况。20年来,我国社会经济发展发生很大变化,经济生活中出现了大量新类型的合同,如医疗服务合同、信用卡合同、服务合同、个人信息合同、和解合同等,有的学者建议在合同编中增加这些类型合同,同时,还有国有土地使用权出让转让合同、矿业权出让转让合同、政府采购合同、建设经营转让合同、保险合同、扶贫合同、招标投标合同等,需要法律调整规范。国有土地使用权出让合同、采矿权出让合同为行政特许合同,转让合同为民事合同,可以考虑把国有土地使用权、采矿权出让转让合同一分为二,出让合同规定为行政合同,转让合同规定为民事合同。政府采购合同、扶贫合同虽然是不平等主体之间签订的合同,但政府行使职能并不明显,不属于典型的行政合同,实践中也是作为民事合同对待的,发生纠纷由民事审判庭审理或者约定仲裁,把政府采购合同、扶贫合同规定为民事合同也符合实际。招标投标合同在实践中也是作为民事合同对待的,发生纠纷由民事审判庭审理。保险合同属于典型的商事合同,理应受合同法调整规范。建设经营转让合同在高速公路建设中大量使用、非常普遍,而且属于商事合同,建议列入合同编。

基于上述考虑,笔者建议,在《民法典》合同编中,采用通则、典型合同、准合同的 3 个分编体例比较科学合理,典型合同与非典型合同相对应,合同编中罗列的是实践中常见的合同类型。“典型合同”表述不规范不准确,去掉“典型”两字,直接称为“合同”即可,与后面的“准合同”相对应。关于合同类型排序基本上按照合同法的顺序,按照常见度进行排列,在 19 类合同基础上增加实践中运用比较多的合同类型,如信用卡合同、保险合同、医疗服务合同、国有土地使用权转让合同、矿业权转让合同、政府采购合同、招标投标合同、建设经营转让合同等。关于合同的名称,“借款合同”表述不规范,只反映了借款一方,没有反映贷款一方。因此,建议将“借款合同”改为“借贷合同”为宜。同时,实践中还存在大量的民间借贷合同,最高人民法院制定了专门的司法解释,用以指导规范民间借贷纠纷案件的审理。民间借贷合同与借款合同并不完全相同,虽然法律关系相同,但主体不同,国家对两类合同的干预度不同,属于大同小异。如果在“借款合同”章后再规定“民间借贷”章,有重复啰唆之嫌,因此,建议在“借款合同”章中对民间借贷合同罗列几条,作为特别规定。

在编纂《民法典》时应准确设定合同效力

合同效力是法律赋予依法成立的合同产生的约束力。合同效力涉及价值判断，是否有效要看法律如何规定，要看是否违反国家利益、社会公共利益和第三人利益等应予保护的法益、是否有批准程序。而合同成立仅涉及事实判断，对合同是否客观存在进行确认。只要当事人就交易事项形成一致的意思表示，订立书面、口头或者电子协议，合同就成立了。合同成立不需要考虑法律评价问题。合同成立是市场主体私权利的行使，合同效力是国家公权力的行使，实质上是国家公权力对市场主体私权利的干预。在不同时期这种干预度是不一样的，例如，计划经济时期，国家干预度很大，很多领域是否订立合同由经济管理部门决定；在市场经济时期，绝大多数合同是由市场主体决定的。合同是市场经济活动中最常见的法律表现形式，最能体现自然人、法人和非法人组织的经济活动。如今改革开放再出发，国家鼓励大众创业、万众创新，降低市场准入门槛，减税降费，激发广大市场主体干事创业的积极性。在编纂《民法典》合同编时，要充分体现出这一立法精神，尽量减少国家公权力的干预，准确设定合同效力，保护市场交易安全，促进经济活动有序进行。

我国法律对合同效力的设定有一个认识的过程。1986 年制定的《民法通则》第 58 条，把限制民事行为能力人独立实施的民事行为、欺诈、胁迫、乘人之危使对方在违背真实意思的情况下所为的行为等设定为无效民事行为;第 59 条把重大误解和显失公平两种行为设定为可变更、可撤销的民事行为。这样的规定不利于市场主体发挥积极性:限制民事行为能力人独立实施的民事行为,有可能对其有利,一律设定无效未免绝对化了;因欺诈、胁迫、乘人之危订立的合同,一律设定无效未免绝对化,如果赋予当事人变更权、撤销权,有利于合同继续履行,促进经济活动开展。1999 年制定的《合同法》第 47 条,对限制民事行为能力人订立的合同设定为效力待定合同,经法定代理人追认,可认定合同有效,否则无效;第 54 条把欺诈、胁迫、乘人之危使对方在违背真实意思情况下订立的合同,设定为可变更、可撤销合同;第 52 条把以欺诈、胁迫的手段订立的合同,损害国家利益的,设定为无效合同,把违反法律、行政法规的强制性规定设定为无效合同;同时,第 44 条把登记作为合同的生效要件。

2017 年制定的《民法总则》继承了合同法成熟的立法经验,更进一步,第 145 条对限制民事行为能力人进行的民事活动分为纯获利的民事行为、与其年龄、智力、精神健康状况相适应的民事行为、其他民事行为 3 类,对前两类民事行为设定为有效,对后一类行为设定为效力待定。这样规定更符合实际,更科学。第 148 条至第 151 条分别对欺诈、胁迫、利用对方处于危困状态缺乏判断能力致使显失公平的情形设定为可撤销行为。第 153 条继续把违反法律、行政法规的强制性规定的民事行为设定为无效,但没有区分效力性和管理性强制性规定,是其不足,同时,其增加规定了违背公序良俗的民事法律行为无效。

综观《民法通则》《合同法》《民法总则》关于合同效力的规定,有明显进步,划分越来越细,更加符合实际情况,设定更加准确,但是,还存在一些问题和不足。如《合同法》第 44 条把登记作为合同生效的要件不准确,登记仅仅是物权变动的程序,批准才是合同生效的要件,把登记和批准作为合同生效要件不科学。《民法总则》没有把强制性规定区分为效力性和管理性强制性规定，把违反公序良俗的民事行为规定为无效，太笼统，不利于实践中执行。法律条文要具体明确、有针对性，才便于运用。

《民法典草案》(二审稿)关于合同效力，第 294 条删除了登记作为合同生效的要件，仅把批准作为合同生效的要件，并规定当事人有报批义务，不履行的承担违约责任。这是一个进步，但对强制性规定仍然没有加以区分。第 297 条规定不得仅以超越经营范围确认合同无效。这条规定本意是违反管理性强制性规定不得认定无效，但是以否定性语言规定无效，不符合立法规定，从立法技术来看是失败的。

合同效力可分为有效、效力待定、可变更可撤销、无效 4 个层次，《民法典》对合同效力的设定，笔者认为应遵循以下原则：严格保护生效合同，合理界定效力待定合同、可变更可撤销合同，尽量减少无效合同的情形，保护交易安全，促进经济发展。

一、严格保护生效合同

依法成立的合同，自成立时生效，受法律保护。这是基本原则，二审稿仅加了“依法成立的合同，自成立时生效”，缺少“受法律保护”5 个字。只要符合《民法总则》第 143 条规定的三要件，就是合法的民事行为，受法律保护。

二、合理界定效力待定合同

对限制民事行为能力人签订的合同，对无权代理、超越代理权、代理权终止后仍然实施代理签订的合同，设定为效力待定合同。对无权处分人签订的合同宜设定为效力待定合同，为判断第三人是否善意留下空间。

三、合理界定可变更、可撤销合同

对重大误解、欺诈、胁迫、利用对方处于危困状态缺乏判断能力致使显失公平的合同,设定为可变更、可撤销合同,由当事人向人民法院或仲裁机构申请变更或者撤销。如果双方当事人同意,也可以自行变更或者撤销,但不得损害国家利益、社会公共利益或者第三人合法利益。

四、尽量减少无效合同情形

对无民事行为能力人签订的合同、以虚假意思表示签订的合同,设定为无效合同。对违反强制性规定的合同可区分为效力性强制性和管理性强制性合同两类,对违反效力性强制性规定的设定为无效合同,对违反管理性强制性规定的,由人民法院根据具体情况认定是否无效。应继续保留第289条格式条款无效的3种情形。对《民法总则》第153条"违背公序良俗的民事法律行为无效"规定,由于规定太笼统、不明确具体、没有针对性、不具有可执行性,建议删除。

预约乎？本约乎？

从理论上来讲，预约与本约的区别是明显的。因履行预约合同而成立的合同为本合同，预约属于本约的准备阶段。但在实践中，时常难以辨别一项合同是预约还是本约。如为了购买商品房，双方签订一个合同，约定了房屋的位置、面积、价款、付款方式、交付价款期限等内容，但没有约定交付房屋的期限。此项合同究竟是预约合同还是本合同？合同的效力如何？不履行后承担什么责任？

《民法通则》《民法总则》《合同法》均未明确规定预约合同。但是，实践中存在大量的预约合同现象，如土地使用权转让、商品房买卖、房屋租赁、赠与过程中，常常是双方当事人预先达成意向，约定双方主要权利和义务，具备了合同的主要内容，等到条件成熟时再签订正式合同。最高人民法院在《商品房买卖合同司法解释》中规定有预约合同的条款，法律层面没有明确规定，发生纠纷后，各地处理情况不同，造成裁判标准不统一。立法者起草制定《民法典》过程中，在专家学者研究和司法实践基础上，对此予以明确。这是我国法律首次明确规定预约合同，为准确认定预约合同、保护当事人合法权益，提供了法律依据。

预约合同，是指当事人商定为将来订立本约合同而订立的合同。实践中，当事人因为法律或者事实上的原因不能订立本约合同，又不想错失交易机会，因此事先订立一个合同，对当事人具有法律约束力，以保证将来本约合同的订立。预约合同最早存在于买卖合同、使用借贷、消费借贷等个别契约中,后被有些国家扩及于所有契约。不同国家对预约合同的立法模式是不同的。

从民法史上看,预约合同起源于要物契约,是为了弥补"物之交付"方能成立合同的弊端。在罗马法上,虽有要物契约和诺成契约的区别,但并无预约合同的概念。《法国民法典》最早确认预约合同,规定"双方当事人就标的物及其价金相互同意时,买卖预约即转化为买卖",同时承认买卖预约中设立定金担保的效力。《德国民法典》第610条规定:"合同另一方的财产状况明显受损害而危及返还请求权的,在发生疑问时,约定贷款的人可以撤回其约定。"其承认消费借贷预约。《日本民法典》则吸收了法、德两国民法典经验,既规定买卖预约,又规定消费借贷预约。我国台湾地区"民法"债编在1999年修正时,对使用借贷和消费两项要物契约作出修改,增加了预约规定。上述立法例把预约合同限制在买卖合同和要物契约等个别契约范围内,另一些国家采取不同的立法例,如《俄罗斯民法典》《葡萄牙民法典》《秘鲁民法典》《瑞士民法典》以及我国《澳门民法典》,承认预约具有一般契约的属性,将预约编排在债编总则中,规定了预约的一般条款。

从上述两种立法例可以看出,预约合同的本质仍是契约,除因其特性不能适用于预约合同外,应适用一般契约的规定。既然是一种契约,法律上应尊重当事人之间形成的合意,赋予一样的法律效力。预约合同不具有类型化交易性质,是与典型合同相关的订约程序,是本约的预约,因此,不能作为典型合同规定在债法分则中。我国民法典采用此种做法,没有把预约合同规定在合同分则中,而是规定在合同总则中"合同订立"章中,充分说明预约合同不是典型合同,只是合同订立的准备阶段。

预约合同有以下几个特征:一是当事人意思表示取得初步一致,对双方的主要权利义务达成合意,如房屋买卖中订购书、预订书,房地产合作开发中签订的意向书等。二是从时间上是将来订立合同的行为,现在仅仅是预约，以将来订立合同为准，性质上只能是诺成合同，不是实践合同。三是预约合同的形式与一般合同一样，可以采取口头、书面或者其他形式订立。四是不履行的要承担违约责任，适用民事责任的规定。如有定金的，违约方已交定金的不得要求返还，收取定金的则双倍返还。有的国家将实际履行纳入预约合同民事责任范畴，有违公平原则。因为预约合同仅处于订立阶段，一切才刚刚开始，如果在这阶段违约，就要求实际履行，有点强人所难，让人不敢做生意了。

从阶段上来区分，预约合同可以分为初期和成熟两个阶段，其法律效力也是不同的。初期阶段，双方尚需对部分或者全部实质性条款进行磋商，承担的义务是进一步磋商，如果协商不成，没有达成协议，不承担违约责任。成熟阶段，双方已经对全部实质性条款达成了共识，已无进一步磋商的必要，只等待签订合同，承担义务是缔结正式合同。如果一方无正当理由拒绝订立合同，则须承担违约责任。

预约合同违约责任与缔约过失责任不同，主要有以下几个区别：一是从责任形成条件方面，违约责任是违反有效合同产生的责任，以合同存在为前提条件，缔约过失责任是适用于合同订立中、合同不成立、无效和被撤销的情形，区分两者的一个重要标准，是看合同关系是否成立，如果存在的是合同关系，则适用违约责任，否则考虑适用缔约过失责任。二是从违反债务的性质和类型方面，违约责任是违反合同义务，属于约定义务。而缔约过失责任是违反先合同义务，属于法定义务，核心是附随义务。

《买卖合同司法解释》第2条规定："当事人签订认购书、订购书、预订书、意向书、备忘录等预约合同，约定在将来一定期限内订立买卖合同，一方不履行订立买卖合同的义务，对方请求其承担预约合同违约责任或者要求解除预约合同并主张损害赔偿的，人民法院应予支持。"这条规定仅适用于商品房买卖合同纠纷案件，对其他类型的预约合同纠纷,则适用《合同法》第 107 条的规定。该条规定:“当事人一方不履行合同义务或者履行义务不符合约定的,应当承担继续履行、采取补救措施或者赔偿损失等违约责任。”对于具有磋商义务的预约合同,如果一方拒绝磋商或者怠于磋商,守约方有权请求违约方继续履行。但由于磋商义务的预约合同并不以最终缔约为目标,因此请求继续履行义务的意义不大。守约方可以要求赔偿损失,以实际发生的损失和费用为限。对于具有缔约义务的预约合同,如果一方无正当理由拒绝缔约的,守约方能否请求违约方继续履行?合同法基本原则之一是意思自治,不能强迫当事人履行合同。法院视情况而定,如果合同目的不能实现,或者继续履行没有实际意义,法院不能判决违约方继续履行合同,但可以要求违约方赔偿损失,范围以守约方实际发生的损失和费用以及缔结合同后能够得到的利益为限,但不能超过订立合同时预见到的或者应当预见到的因违反合同可能造成的损失。

《民法典》对预约合同作出规定,第 495 条规定:“当事人约定在将来一定期限内订立合同的认购书、订购书、预订书等,构成预约合同。当事人一方不履行预约合同约定的订立合同义务的,对方可以请求其承担预约合同的违约责任。”这条规定吸收借鉴了上述司法解释第 2 条的规定,但是在承担民事责任上有所不同,司法解释规定违约方承担违约责任、解除合同、赔偿损失 3 项内容,《民法典》仅规定承担违约责任,没有规定可以解除合同并赔偿损失。立法者的目的还是希望当事人能履行合同的继续履行合同,不希望随意解除合同,避免市场交易秩序的混乱。如果没有继续履行的可能或者合同的目的不能实现,则解除合同,承担因此造成的损失。

司法实践中,审理预约合同案件注意把握以下几点:

(1)界定当事人之间订立的合同是预约还是本约,不能简单孤立地仅凭订立的协议加以认定,应该综合审查相关协议的内容、当事人为达成交易进行的磋商、有关履约行为等事实，从中探寻当事人真实意思，据此对当事人之间法律关系的性质作出准确界定。

（2）一方当事人违反预约合同的约定，不与对方签订本约合同或者无法按照预约的内容与对方签订本约合同，应当向对方承担违约责任。判断商品房买卖中的认购、订购、预订等协议是预约合同还是本约合同，最主要的是看是否具备《商品房销售管理办法》规定的主要内容，如当事人姓名或者名称、商品房的基本情况（房号、建筑面积、总价或者单价、付款时间、方式、交付条件及日期），满足以上内容同时出卖人已经按照约定收受购房款的，就可以认定具备本约的条件，反之，则认定为预约合同。如果双方当事人在协议中明确约定在具备商品房预售条件时还需重新签订买卖合同的，该协议应认定为预约合同。

（3）商品房买卖必须签订正式合同，因此，商铺认购书即使符合买卖合同的基本特征，也不能简单地认定为本约合同。《商品房销售管理办法》第16条规定：商品房销售时，房地产开发企业和买受人应当订立书面商品房买卖合同，明确交易的主要内容。商铺认购书对所出售商品房的坐落、面积、单价、总价款等核心条款作出约定，符合买卖合同的基本特征，但又同时约定另行签订正式商品房买卖合同，因此，商铺认购书应认定为预约合同。

（4）认购意向书的签订是建立在将来商品房买卖合同基础上，目的是享有房屋优先购买权，因此，其性质为预约合同。预约合同生效后，双方当事人应当按照约定履行自己的义务，一方当事人违反意向书约定的义务致使商品房买卖合同的谈判、磋商不能进行的，构成违约，依法承担相应违约责任。

（5）对于双方在公平、诚信原则下进行了磋商，由于各自利益考虑，无法就其他条款达成一致，使正式合同不能订立的，则属于不可归责于双方的原因，不构成预约合同所指的违约情形，预约合同应当解除，已付的定金应当返还。

悬赏广告属于合同吗?

《资治通鉴》记载“立木取信”的故事。秦国改革家商鞅为了推出新法令,树立威信,下令在都城南门外立一根3丈长的木头,当众许诺:谁能把木头搬到北门,赏金10两。众人不信,没人出手一试。于是,商鞅将赏金提高到50金,终于有人将木头扛到北门。商鞅立即兑现承诺。这一举动在老百姓心中树立政府威信,变法很快在全国推开了。这可能是我国有史记载以来最早的“悬赏广告”。悬赏广告广泛存在于政府和民间:政府为了招商引资,发布文件作出的奖励承诺;民间个人明码标价悬赏捡到钱包和重要资料的人,等等。悬赏广告历史悠久,大量存在,但是,法律却恰恰没有明文规定。《民法通则》《民法总则》《合同法》均没有规定,学术界多有争议,司法实践中处理起来甚感棘手,出现同案不同判的问题:有的判决支付悬赏广告,兑现酬金;有的判决按照《民法通则》第79条第2款规定,判定捡到失物及时归还。

在《民法典》起草过程中,立法者响应时代呼声,专条对悬赏广告作出规定。《民法典》第499条规定:“悬赏人以公开方式声明对完成特定行为的人支付报酬的,完成该行为的人可以请求其支付。”这是我国法律层面首次明确规定了悬赏广告,并列入合同编总则中。虽然只有一条规定,但对于指导审判实践提供了法律依据。

悬赏广告,是指以广告方式公开对于完成一定行为的人给予报酬的意思表示,有两层含义:一是指悬赏广告的意思表示;二是指意思表示与指定行为的完成结合而成立的法律行为,广告方发声明对完成一定行为的人给予报酬的意思表示,基于意思表示,悬赏人对完成指定行为的人负有给付报酬的义务。悬赏广告具有以下 3 个特点:一是有偿性,用出钱或奖赏的办法公开请求别人的帮助,完成自己难以完成的事项,行为人完成后,有权获得奖赏。二是行为人的不特定性,悬赏广告是向社会上不特定的人或者组织发出的,普通合同是针对特定人或组织签订的。三是注重结果性,发布悬赏广告是为追求一定结果的实现,至于行为人如何完成,他是不关心的。行为人如果没有完成指定行为,即使付出再大的努力,都得不到报酬,发布人也没有支付报酬的义务。

对悬赏广告法律性质的认定,理论界有两种观点:一种是单独行为说,也即单方法律行为说,悬赏广告是悬赏人单方的意思表示,只要悬赏人发出广告的意思表示,悬赏广告即告成立。行为人按照悬赏广告完成一定行为不是针对要约作出的承诺,而是履行悬赏广告确定的义务。悬赏人发出广告即受其约束,不管完成行为的人是否知道悬赏广告,都不影响其报酬请求权,如限制行为能力人和无行为能力人只要完成指定的行为,都可以享有报酬请求权。相对人完成指定行为属于事实行为,只要完成行为即享有报酬请求权,不会产生承诺的效力问题。另一种是契约说,认为悬赏广告是对不特定人发出的要约,必须与完成指定行为人的承诺相结合,契约才能成立。完成广告行为的人享有报酬请求权,悬赏广告人负有按悬赏广告的约定支付报酬的义务。

司法实践中,契约说更容易为大众接受,因此采用契约说。认为悬赏广告是一种契约,是为了唤起不特定的人与之订立合同。一旦有人完成广告指定的行为,合同即告成立。

其实,悬赏广告是单方民事行为,就像赠与一样,虽然主要是单方作出的意思表示,但是需要相对人配合,完成一定行为,合同才能成立。悬赏广告需要相对人完成指定的行为,而赠与合同成立需要相对人接受的意思表示。悬赏广告有 3 个构成要件:一是以公开方法对社会上不特定的人或者组织作出意思表示。公开的方法既包括文字广告,也包括图像、声音广告,不仅包括传统的在广告栏、电线杆、公共车辆、广播、电视,而且包括微博、微信群、网络等新媒体。二是给付数量明确的报酬。实践中经常看到“如有捡到钱包必有重谢”。这是不确定的意思表示,不构成悬赏广告,只是一般广告。悬赏广告必须有明确悬赏金额,如捡到钱包奖励 5000 元,或者奖励 5000 元至 8000 元,有一定范围。三是必须完成指定行为。如捡到钱包,送到指定地点等。

当悬赏广告合同成立后,广告人和行为人之间产生了相应的权利和义务。广告人的权利有两项:一是接受行为人的成果。合同标的注重的是悬赏行为的结果,而不是悬赏行为的过程。行为人在完成悬赏行为时,必须将成果交付给广告人。广告人接受成果时有权查验成果的完整性,对于不符合要求的有权提出异议。衡量成果的标准,应以悬赏广告的内容为准。悬赏广告没有明确标准的,按照正常人理解的标准确认。二是广告人享有撤销权。悬赏广告既然为广告人发出,就有权撤销,但是必须在行为人完成成果以前行使,悬赏行为完成以后表示撤销的,悬赏广告仍然有效。如果广告人明确表示撤销后,再完成指定成果的则广告无效。

广告人的义务也有两项:一是给付行为人报酬。悬赏报酬一般是财产或者财产利益,如果悬赏广告的内容是精神鼓励或者精神利益,亦未尝不可。悬赏报酬应当是确定的。如果数人完成悬赏行为,可以确定完成行为的先后顺序,应归于首先完成的人;如果数人同时完成的,各得一份;如果数人合作完成的,考虑各人所起作用,按公平原则分配。二是赔偿撤销广告的义务。广告人对于悬赏要约负有信守义务,一经发出必须信守。除广告已经被撤销外,不得随意撤销。如果撤销造成行为人损失,要承担赔偿责任。

行为人的权利有两项：一是悬赏报酬的请求权。行为人按照要求完成指定的工作后，就享有请求权，要求广告人支付相应报酬。这种权利是实体权利，行为人可以直接向广告人行使，如果不履行，有权向法院起诉，由法院判决广告人承担支付报酬的责任。如果是两人以上合作完成的，行为人是连带债权，任何一个行为人都可以起诉，也可以共同起诉。二是损害赔偿请求权。如果广告人在悬赏广告发布后，恶意撤销广告，给行为人造成损失的，行为人则享有损害赔偿请求权。行为人要承担损害赔偿的举证，否则败诉。行为人的义务也有两项：一是完成悬赏行为的义务。由于悬赏广告的特殊性，行为人的承诺行为和履行义务是一致的，完成悬赏行为，既是悬赏广告合同的承诺，又是履行合同义务的行为。法律要求的不是过程的完整性，而是行为的后果。行为人应将悬赏行为的成果交付于广告人，使广告人因此实现悬赏的目的。二是不得扣押悬赏行为的成果。这是指行为人不能行使同时履行抗辩权，行为人在完成悬赏行为后，不能因为广告人不履行悬赏报酬义务就扣押悬赏行为的成果，如捡到钱包后，不能因为悬赏人不兑现酬金就不还给悬赏人。这与《民法通则》第 79 条第 2 款的规定相悖，也与捡到失物要归还的社会道德要求相矛盾。如果悬赏广告人不兑现酬金，行为人可以请求法院司法救济，以公权力强制兑现。

在审理悬赏广告纠纷案件中，注意把握以下几点：

(1)对于不知晓悬赏广告内容的行为人，完成指定行为后，同样要保护行为人的合法权益。不能因为完成指定行为人不知道悬赏内容，而不履行悬赏的承诺。

(2)对于无民事行为能力人和限制民事行为能力人完成悬赏指定行为，同样保护他们的合法权益。不能因为主体资格不完整，就拒绝履行悬赏承诺。在纯受益的民事法律行为中，不受民事行为能力限制，犹如赠与合同一样。

(3)行为人不享有同时履行抗辩权,应享有悬赏报酬请求权。如果行为人享有同时履行抗辩权,对悬赏广告人不支付报酬就拒绝归还遗失物,势必与《民法通则》第79条第2款规定相冲突。救济办法是赋予行为人报酬请求权,通过公权力来救济行为人,向法院起诉,请求判决悬赏广告人兑现报酬的承诺。

(4)完成悬赏广告指定的行为,应认定合同成立有效。至于承诺时间,则不必太较真。只要发出悬赏广告后,无论行为人是在发出悬赏广告前,还是发出悬赏广告之后完成指定行为的,都应认定有效。

利益第三人合同的完善及适用

生活中存在许多利益第三人合同,包括指定受益人的人身保险合同,指定他人收货的买卖合同,为子女签订的房屋买卖合同等。我国法律并没有明确规定利益第三人合同。

《合同法》第 64 条规定:“当事人约定由债务人向第三人履行债务的,债务人未向第三人履行债务或者履行债务不符合约定,应当向债权人承担违约责任。”据此,许多学者认为我国法律确认了利益第三人合同。该条虽然规定利益第三人合同一些内容,但是没有突破合同相对性原则。由于没有规定利益第三人的履行请求权和债务人对第三人的抗辩权,因此并不完整。

《保险法》第 18 条规定:“受益人是指人身保险合同中由被保险人或者投保人指定的享有保险金请求权的人。投保人、被保险人可以为受益人。”这条规定赋予了受益人保险金请求权。据此,一些学者认为《保险法》以民事特别法的方式突破了合同相对性原则。

《民法典》第 522 条在《合同法》的基础上对利益第三人合同予以完善,规定:“当事人约定由债务人向第三人履行债务,债务人未向第三人履行债务或者履行债务不符合约定的,应当向债权人承担违约责任。法律规定或者当事人约定第三人可以直接请求债务人向其履行债务,第三人未在合理期限内明确拒绝,债务人未向第三人履行债务或者履行债务不符合约定的,第三人可以请求债务人承担违约责任;债务人对债权人抗辩,可以向第三人主张。”这条增加规定了利益第三人有权拒绝,但必须在合理期限内明确表示、第三人履行请求权和债务人对第三人的抗辩权,突破了合同相对性原则,引起了许多争论。那么如何认识和适用利益第三人合同?这得从头说起。

利益第三人合同,又称利他合同,是指双方当事人约定由一方向第三人给付的合同,债务人负有向第三人给付的义务,债务人如果不履行义务,第三人对债务人享有履行请求权。合同是当事人之间意思表示一致的结果,合同效力一般不涉及第三人,这就是合同相对性原则。利益第三人合同最初在罗马法没有得到承认。罗马法基于“任何人不得为他人缔约”原则,认为为第三人利益达成的契约原则上无效。《法国民法典》受罗马法的影响,坚持这一原则,仅在特定情况下允许为第三人设定利益。《法国民法典》第1165条规定,契约仅在诸缔约当事人之间发生效力。此种契约不损害第三人,并且仅在该法典第1121条规定的情形下,才能使第三人享受利益。第1121条规定,在为第三人利益订立契约是为本人订立契约的条件,或者是向他人赠与财产的条件时,亦可以为第三人利益订立契约;如果第三人表明愿意享有该契约之利益,订立契约人不得撤销之。法国民法没有承认利他合同,而是将利他合同严格限制在一定范围内。德国民法改变法国民法的做法,将第三人利益条款独立化。《德国民法典》在第2编“债的关系”第2章“因合同而产生的债关系”中专设一节,详细规定了第三人履行给付的约定,建立了完备的利他合同制度。该法第328条规定,当事人得以契约订立向第三人为给付,并使第三人有直接请求给付的权利。此后,大陆法系国家均对利他合同作出规定。《意大利民法典》第1141条规定,当对契约人有利的情况下,为第三人利益订立的契约有效。除有相反约定外,第三人就契约的效力获得对抗承诺人的权利。但是,该契约在第三人作出希望取得契约利益的表示前,被缔约人撤销或者变更。《日本民法典》第537条规定,依契约相约,当事人一方应对第三人实行某给付时,该第三人有直接对债务人请求给付的权利。

英国法中,因受合同相对性原则的影响,没有承认利他合同的一般规则,只在某些涉及第三人利益的合同诉讼中判决第三人胜诉。而美国法院很早就承认利他合同,纽约上诉法院于1859年审理的劳伦斯诉福克斯一案被认为第一个承认第三人诉权的判例。《美国合同法重述》详细规定了利他合同,将第三人分为受赠受益人、债权受益人和意外受益人三类。前两种受益人可以依合同取得法律上强制执行的权利,意外受益人不能依合同取得任何权利。

从上述规定可以看出,利益第三人合同主要有以下几个特征:一是突破了合同相对性原则。合同具有相对性,在当事人之间约定权利义务,不能为他人设定权利或者义务,但可以转让债权债务,转让债权通知债务人,转让债务必须经债权人同意。大多数国家法律规定利益第三人合同突破了合同相对性原则,允许合同当事人为第三人设定权利,权利是纯受益的、不能设定义务,《法国民法典》就是这样规定的。二是第三人享有履行请求权。如果债务人不履行约定的义务,第三人有权请求债务人履行义务。德国、意大利、日本民法典有明确规定,我国《合同法》没有规定第三人履行请求权,《民法典》有明确规定。三是债务人对债权人的抗辩权可以转移到第三人,也就是债务人对第三人享有抗辩权。《合同法》同样没有涉及,《民法典》有明确规定。

综上所述,司法实践中注意把握以下几点:

(1)利益第三人合同不是一类合同,而是合同履行过程中遇到的问题。各国民法典均把利益第三人合同规定在合同履行中,没有规定为典型合同。

(2)利益第三人合同虽然突破了合同相对性原则,涉及第三人利益,但有限制,只能为第三人设定权利,不能设定义务,增加第三人负担。

(3)第三人有权拒绝,但必须在合理期限内作出明确拒绝的意思表示,否则,视为接受权利。

(4)债权人在第三人作出明确意思表示前有权变更、撤销合同内容。如果第三人接受后,债权人不能变更、撤销。

(5)第三人享受履行请求权。债务人不履行约定义务,第三人享有履行请求权,要求债务人向自己履行义务,否则,有权向法院起诉。

(6)债务人对第三人享有抗辩权。债务人对债权人的抗辩权转移到第三人身上,债务人因此享有对第三人的抗辩权。这符合权利义务相一致的原则。

阴阳合同效力如何认定？

——以《民法典》第 146 条规定为研究视角

阴阳合同，又称黑白合同，是指合同当事人就同一事项订立两份以上内容不相同的合同，一份对内，另一份对外，其中对外的一份并不是双方真实意思表示，而是以逃避监管、不缴或者少缴税款等为目的，对内的一份则是双方真实意思表示。阴阳合同在招投标、建筑工程、房屋买卖合同中大量存在。在建筑合同中，建设单位、施工单位按照《招标投标法》的规定，依照招标投标文件签订的经过备案的合同，为阳合同；与之相反，为规避建设主管部门监管、逃避税款，双方私下又签订一份体现真实意思的合同，为阴合同。对此，《建设工程司法解释》第 21 条规定："当事人就同一建设工程另行订立的建设施工程合同与经过备案的中标合同实质性内容不一致的，应当以备案的中标合同作为结算工程价款的根据。"该条款经常被视为认定建设工程黑白合同效力的依据，但是，实践中，经过备案的中标合同没有体现真实意思表示，当事人不积极履行，出现很多问题。在房屋交易过程中，阴阳合同也大量出现。阴合同显示买卖双方真实的成交价格，而阳合同则根据使用需要有所不同，一种是把虚高的房价合同交给银行，以便申请更多的按揭贷款；另一种是把填低房价的合同交给房地产交易中心，以便少交税款。实际交易中，买卖双方为达到避税目的，向有关部门登记时用一份合同，通过少报价格或者少报面积的方式，降低买卖合同标的数额，报低价格少纳税,称为阳合同,买卖双方另签订一份合同,作为实际支付交易金额的合约并实际履行,称为阴合同。

阴阳合同不仅使国家税收蒙受损失,而且动摇社会对诚信经营、履约和纳税的信心,扰乱市场经济秩序,具有一定社会危害性。对此类合同,税收法律仅从税收的角度规定给予行政处罚,情节严重的构成犯罪予以打击。对阴阳合同的效力,民事法律及司法解释均未作出明确规定,法官根据有关法律精神进行裁判,结果有多种多样:有的认定阴合同是当事人的真实意思表示,只要不违反法律强制性规定,就应认定合同有效,受法律保护;有的认为阴合同规定避税收,应认定无效;还有的认为阳合同部分无效,部分有效,价款因为不是当事人的真实意思表示应认定无效,其他应认定有效。

为什么出现上述情况呢?笔者认为是阴阳合同体现的理论基础没有搞清楚。《民法通则》第 58 条仅规定了以合法形式掩盖非法目的的民事法律行为无效,对虚假行为、隐藏行为以及伪装行为没有进行全面明确规定。以合法形式掩盖非法目的仅仅是伪装行为的一种,《合同法》第 52 条也仅重复了《民法通则》的规定,没有加以全面规定。最高人民法院仅对建筑工程合同中阴阳合同效力作出规定,对房屋买卖合同、土地使用权转让合同中阴阳合同效力没有明确规定。这就造成了处理阴阳合同没有法律依据的状况。

实践中虚伪行为包括虚假行为、隐藏行为和伪装行为 3 种。虚假行为,是指行为人与相对人以虚假的意思表示实施的民事法律行为。有 4 个特征:一是行为人与相对人有表示行为,表示行为形成表面一致;二是行为人与相对人的表示行为与真实意思不一致,如果有一方是真实意思表示,则构成欺诈行为;三是行为人与相对人都是明知的,如果不知情,则可能构成错误、误解;四是是否通谋在所不问,这是虚假行为与通谋虚伪行为之间的区别。

隐藏行为是指隐藏于虚伪表示中依其真实意思发生的行为，行为人和相对人的意思是真实的，但表示出来的行为是虚假的。

伪装行为是指由虚假行为作表面以掩盖隐藏行为的复合行为。其有5个特征：一是有表面行为，行为人与相对人有表示行为，且表示行为表面一致；二是表面行为系虚假行为，表示行为与真实意思不一致；三是有隐藏行为，且是真实意思；四是表面的虚假行为用于掩盖隐藏行为；五是隐藏行为是否违法在所不问。隐藏行为可能违法，也可能不违法。如果隐藏行为符合法律规定的生效要件，则为有效的民事行为。以合法形式掩盖非法目的的行为就是典型的伪装行为，《民法通则》和《合同法》均作了明确规定。

《民法典》总结了处理阴阳合同纠纷的实践经验，从民法行为理论的角度对处理阴阳合同纠纷作出高度概括。第146条规定："行为人与相对人以虚假的意思表示实施的民事法律行为无效。以虚假的意思表示隐藏的民事法律行为的效力，依照有关法律规定处理。"第1款规定的行为人与相对人以虚假的意思表示实施的民事法律行为，就属于虚假行为，由于其行为并不是行为人和相对人的真实意思表示，因此属于无效行为。第2款规定的以虚假的意思表示实施的民事法律行为属于伪装行为，由虚假行为和隐藏行为两个行为构成，阴阳合同就属于典型的伪装行为。隐藏行为往往是行为人和相对人的真实意思表示，只要具有相应的民事行为能力，并且不违反法律、行政法规的强制性规定，不违背公序良俗，就应认定有效，而虚假行为则认定无效。由虚假行为和隐藏行为结合为一体的伪装行为，由于情况比较复杂，其效力不能一律认定无效，需要具体情况具体分析，因此规定其效力依照法律规定处理，这也就是阴阳合同纠纷为什么处理结果多种多样的原因。阴阳合同是由属于虚假行为的阳合同和属于隐藏行为的阴合同组成，属于伪装行为。阳合同由于不是当事人的真实意思表示，理应认定无效。如建设工程中备案的中标合同,并不是当事人的真实意思表示,因此应认定为无效合同。但是,《建设工程司法解释》第21条规定以备案的中标合同作为结算工程价款的依据,显然是不妥的,不符合民法精神。鉴于隐藏行为已被伪装行为所吸收,因此《民法典》没有再规定隐藏行为。虚假行为无效仅限于行为人和相对人之间,对第三人的效力没有规定。在原《民法典》第146条第1款规定了但书:"行为人与相对人以虚假的意思表示实施的民事法律行为无效,但是双方均不得以此对抗善意第三人。"后来考虑到现实情况复杂,不宜在《民法典》总则中作出统一规定,在《民法典》分则各编以及特别法作出规定更加有针对性,因此,《民法典》总则最终去掉但书规定。

根据上述讨论分析,对阴阳合同的效力可分为以下几种情况来认定:

(1)关于阳合同的效力,基于其没有体现当事人的真实意思,依据《民法典》第143条的规定,应认定为无效合同。

(2)关于阴合同的效力,因体现了当事人的真实意思表示,只要内容合法,不违反法律、行政法规强制性规定,应认定有效合同,受法律保护。

(3)如果利用阴阳合同实施违法行为,或者以合法的形式掩盖违法的目的,则不仅伪装的阳合同无效,被伪装的阴合同也因内容违法而无效。

(4)在土地房屋交易过程、建设工程施工过程中存在许多阴阳合同,因其违反税收规定,税收部门查实后:如果属于一般偷税行为,给予罚款、拘留等行政处罚;如果偷税数额较大、次数较多,则可能构成犯罪。

因疫情引发合同纠纷如何认定

——适用不可抗力和情势变更

一场突如其来的新冠肺炎疫情打乱了人们正常的工作生活节奏，也打乱了社会经济秩序。体现在经济活动中，表现为大量已经签订的合同迟延履行或者不能履行，需要变更或者解除合同，承担违约责任。那么，这场疫情是属于不可抗力还是情势变更？如何区分两者关系？司法实践中如何认定和适用不可抗力、情势变更？准确处理好这些问题，有利于分清责任、化解纠纷、稳定社会关系、促进经济顺利发展。

一、新冠肺炎疫情的法律属性

疫情尚未结束，纠纷已经出现。近日，宁波市海曙区法院网上受理了1起租赁合同纠纷案件。1名网约车司机与某车辆租赁公司于2019年11月签订租赁合同，期限为1年，租金每月3000元。网约车司机于2020年2月15日诉至法院，称因新冠肺炎疫情影响，市政府采取小区封闭政策，该情形构成不可抗力，请求解除租赁合同，退还押金9400元。租赁公司辩称原定于2月10日复工，希望与司机继续履行合同，表示若正常复工，愿意减免10日租金，若延期复工，与司机协商租金减免事宜。经法官调解，司机最终接受公司方案，继续履行合同，共同承担因疫情影响减少的租金损失，并撤回起诉。

像这样的受疫情影响不能正常履行合同的纠纷很多，如买卖合同、借款合同、旅游合同、建设工程施工合同、承包合同、租赁合同以及其他合同。随着时间推移，纠纷更多。法院在审理这类纠纷时，对疫情的法律性质有不同认识。是属于不可抗力还是情势变更？据统计，因2013年“非典”疫情起诉到法院的案件，大多数认定为不可抗力，少数认定为情势变更。学术界大多数观点认为是不可抗力，只有少数人认为是情势变更。不可抗力是指不能预见、不能避免、不能克服的客观情况，分为自然灾害和社会灾难两种，前者如地震、台风、水灾、火灾、旱灾、瘟疫等，后者如战争、罢工、交通事故等。此次疫情就像地震、台风、水灾一样，同样属于自然灾害，人们无法预见、无法预防、无法克服，符合不可抗力的构成要件。需要做的是反应迅速，积极应对，采取措施尽可能减少损失。

实践中情势变更经常与不可抗力相混淆。情势变更原则是合同法中的一项原则，是指合同签订后，由于双方当事人以外的原因，构成合同基础的情势发生重大变更，致使合同继续履行将导致显失公平，则当事人可以请求变更和解除合同，如国家政策、产业政策调整、价格暴涨暴跌等属于情势变更。与不可抗力相比，它是人为行为，属于主观情形。对情势变更造成合同显失公平的，允许当事人协商解决。情势变更原则实质上是诚实信用原则在合同履行中的具体运用，目的在于消除合同因情势变更所产生的不公平后果。

情势变更与不可抗力的区别，归纳起来，主要有以下几点：

（1）情势变更是解决合同履行过程中发生问题时遵循的原则，情势变更属于人为造成的情形；不可抗力是客观发生的自然灾害和社会灾难。

（2）不可抗力属于法定免责事由，当事人只要举证证明因不可抗力导致合同履行不能，即可获得免责，法官对于是否免责无自由裁量余地；情势变更不是法定免责事由，当事人享有请求变更或者解除合同的请求权,法官享有自由裁量权。

(3)不可抗力的效力系当然发生,而情势变更的效力,由法官根据发生的情势作出自由裁量。

(4)不可抗力是从违约角度出发,解决是否承担责任的问题,而情势变更从合同履行角度出发,解决是否继续履行合同的问题。

二、如何认定和适用不可抗力情形

让我们看一个案例——孙某艳与沈阳新中城房产开发公司(以下简称新中城公司)房屋买卖合同纠纷上诉案。法院认为:新中城公司提出的非典疫情属于不可抗力,不应免除新中城公司违约责任。虽然2003年春夏之间我国暴发"非典"疫情,但新中城公司在与孙某艳签订《协议书》时(2003年6月21日)应当预见"非典"疫情可能对其正常施工造成影响,仍然在《协议书》中约定在2003年9月底将商品房交付孙某艳,且新中城公司自认"2003年9月初,工程基本完工,只差验收",其在2003年9月28日与孙某艳签订的《商品房买卖合同》亦约定"交房日期为2003年9月30日前",表明"非典"疫情并未对其交付房屋造成影响,故在本案中不能免除新中城公司承担全部逾期交房的违约责任。通过本案提炼的观点为:签订合同时各方已知晓"非典"疫情,延期交房不能适用不可抗力免责。

再看一例——华垦国际贸易公司(以下简称华垦公司)与山西伦达肉类工业公司(以下简称伦达公司)买卖合同纠纷上诉案。法院认为,关于华垦公司上诉所称的因为2003年发生"非典"这一不可抗力事件应予免责问题:根据双方合同的约定和《合同法》第118条规定,因不可抗力不能履行合同的应当及时通知对方,并应该在合理期限提供证明。本案中,华垦公司并未举证证明通知伦达公司不能履行合同,且"非典"期间并未封锁交通、限制货物交易,故对华垦公司这一上诉理由,本院不予采纳。华垦公司应承担逾期供货违约金。通过本案提炼的观点为:“非典”未影响合同履行,且“非典”发生后当事人一方未履行通知及提供证明的义务,不可主张免责。

这两个案例对如何认定和适用不可抗力情形,提供了一些启示。我国法律对不可抗力的适用已作出明确规定。《民法典》第180条规定:“因不可抗力不能履行民事义务的,不承担民事责任。法律另有规定的,依照其规定。不可抗力是指不能预见、不能避免且不能克服的客观情况。”《合同法》第117条规定:“因不可抗力不能履行合同的,根据不可抗力的影响,部分或者全部免除责任。”即根据不可抗力的影响程度,判断是否免除违约责任。《合同法》第118条规定:“当事人一方因不可抗力不能履行合同的,应当及时通知对方,以减轻可能给对方造成的损失,并应当在合理期限内提供证明。”这个条文规定当事人负有通知义务,应及时通知对方,并承担举证责任,主动减少损失。《民法典》第590条沿袭了《合同法》的规定,增加了一款规定:“当事人迟延履行后发生不可抗力的,不免除其违约责任。”这是对审判经验的总结提炼。法院在认定是否适用不可抗力情形时,应着重考察不可抗力情形对合同履行的影响程度、履行结果以及因果关系3个因素。实践中注意把握以下几点:

(1)不可抗力属于客观情况,对当事人来说不是由于本身的过失或者疏忽造成的,而是无法预见、无法预防、无法避免的事件。

(2)不可抗力情形必须发生在合同签订后、合同履行完毕前,签订合同时对后来发生的不可抗力情形不可能知道。如果不可抗力情形发生前签订的合同,不适用不可抗力,如地震、台风、瘟疫发生后,签订合同时,应当预见合同迟延履行或者不能履行的情形可能造成的后果。

(3)发生不可抗力情形后,当事人不能履行合同时,负有通知义务,应当及时通知对方,减轻可能给对方造成的损失,否则对造成的扩大损失部分承担责任。

(4)当事人在迟延履行后发生不可抗力情形的,要承担违约责任。因为当事人有过错,根据过错责任原则,不能免除违约责任。

(5)根据民事诉讼法规定,发生不可抗力情形的适用诉讼时效中止。在诉讼时效期间的最后6个月内,发生的不可抗力情形,中止诉讼时效,待情形结束后,重新计算诉讼时效。

(6)在诉讼过程中,当事人对主张不可抗力的诉讼请求负有举证责任,要在合理期限内承担举证责任,提供有关证明,否则,承担举证不能的后果。

(7)因不可抗力不能履行合同的,根据不可抗力的影响程度,部分或者全部免除违约责任。法官根据当事人的举证、质证情况,准确判断不可抗力与合同履行的因果关系,是否存在因果关系以及影响程度的轻重。根据实际情况,能履行的要继续履行,或者变更合同后继续履行,保持合同的连续性和稳定性,维护正常经济秩序;如果没有履行的可能或者继续履行没有实际意义,则判决解除合同,违约方不承担责任。

三、如何认定和适用情势变更原则

关于情势变更问题,《合同法》没有涉及。《合同法司法解释(二)》第26条规定:"合同成立后客观情况发生了当事人在订立合同时无法预见的、非不可抗力造成的不属于商业风险的重大变化,继续履行合同对于一方当事人明显不公平或者不能实现合同目的,当事人请求人民法院变更或者解除合同的,人民法院应当根据公平原则,并结合案件的实际情况确定是否变更或者解除。"2009年4月27日,最高人民法院发布的《关于正确适用〈中华人民共和国合同法〉若干问题的解释(二)服务党和国家工作大局的通知》,指出:"如果根据案件的特殊情况,确需在个案中适用的,应当由高级人民法院审核。必要时应提请最高人民法院审核。"司法实践中,对适用情势变更原则严格把握,中、基层法院不能自行决定适用,应逐级报高级法院审核。

随着经济活动日益活跃,大众对适用情势变更的呼声越来越高。《民法典》第533条在总结司法解释的基础上,对适用情势变更原则作出宽松的规定,“合同成立后,合同的基础条件发生了当事人在订立时无法预见的、不属于商业风险的重大变化,继续履行合同对于当事人一方明显不公平的,受不利影响的当事人可以与对方重新协商;在合理期限内协商不成的,当事人可以请求人民法院或者仲裁机构变更或者解除合同。人民法院或者仲裁机构应当结合案件的实际情况,根据公平原则变更或者解除合同”。这条规定与《合同法司法解释(二)》第26条规定相比,最明显变化是在情势变更适用范围上不再排除不可抗力,也就是说,发生不可抗力情形,可能适用情势变更原则,对适用情势变更的程序没有作出明显的限制。《民法典》为什么这样规定?我们知道,合同法中的不可抗力规定不是法定免责理由,而是任意性规范。当事人可以通过约定排除、限制或者扩张。如果当事人没有约定或者约定不明的,可作为补充性规范,弥补当事人意思表示缺漏。合同法上不可抗力产生何种效力,关键看它对合同义务履行的影响程度;如果导致无法履行或者不能履行,可免除违约责任,此时不可抗力属于免责事由;如果可以履行,但履行结果导致显失公平,可以向法院或者仲裁机构申请变更或者解除合同,此时不可抗力属于情势变更的事由。

司法实践中,对情势变更原则的适用注意把握以下几点:

(1)情势变更,既不同于不可抗力,也不同于商业风险,是指国家政策、产业政策的变化、价格暴涨暴跌等事件。

(2)情势变更必须是在签订合同后出现的。出现变更的情势后,法律赋予当事人变更或者解除合同的请求权,可以与对方协商;协商不成,有权起诉到法院请求解决。

(3)当事人在庭审过程中对主张的情势变更承担举证责任,举证不能承担败诉后果。

(4)法官在审理中有自由裁量权,应依据公平原则,结合案件的实际履行以及举证、质证情况,作出判断,并且层报高级人民法院乃至最高人民法院批准,才能判决变更、解除合同。

在先的债权不能对抗已登记的物权

案　情

上诉人(原审被告):晋城市住房保障和城乡建设管理局

上诉人(原审第三人):晋城市城区房地产开发总公司

上诉人(原审第三人):林某健

被上诉人(原审原告):杨某梅

本案诉争的是晋城市城区房地产开发总公司(以下简称房地产公司)开发建设的商品房。2010年,林某健与房地产公司就该房签订了商品房买卖合同,同年4月10日交付了住宅维修基金后,拿到售房发票,4月16日交纳了房屋买卖契税。10月26日,房地产公司和林某健向晋城市住房保障和城乡建设管理局(以下简称住建局)申请房屋所有权转移登记。12月8日,住建局对此房进行了勘查,12月22日为林某健颁发了(2010)晋建房S0016036号房屋所有权证书(以下简称16036号房产证)。

2003年9月23日,杨某梅与房地产公司就诉争房产签订了一份商品房买卖合同。合同主要内容为:房地产公司(出卖人)将该房出售与杨某梅(买受人),房屋总价款为3,138,780元,买受人首次付款40%;经银行同意可办理房屋总价款60%的银行按揭贷款;如无特殊情况出卖人应在2003年12月31日将本合同约定的商品房交付,规定了买受人逾期付款的违约责任及出卖人逾期交房的违约责任。2005 年,双方因房款交付、房屋交付等事项发生纠纷,杨某梅提起民事诉讼后,晋城市中级人民法院二审判决判令“房地产公司交付房屋并赔偿因未交付房屋给杨某梅所造成的损失”。房地产公司对此判决不服提起申诉。山西省人民检察院于 2007 年 8 月 9 日向山西省高级人民法院提出抗诉,山西省高级人民法院将此案移交晋城市中级人民法院审理。晋城市中级人民法院于 2010 年 6 月 30 日作出(2010)晋市法民再终字第 5 号民事判决,判决如下:(1)撤销晋城市城区人民法院(2009)城民初字第 118 号民事判决;(2)合同有效,双方继续履行合同;(3)驳回杨某梅的其他诉讼请求。2010 年 11 月 23 日,杨某梅向晋城市城区法院执行庭交纳了 35 万元的房款,同年 12 月 28 日该院向房地产公司发出《通知书》,告知其到该院领取房款并协助原告办理过户手续,但并未执行。

审　判

晋城市中级人民法院一审认为:(1)晋城市中级人民法院民事判决已对杨某梅与房地产公司的房屋买卖合同的效力及双方应尽合同义务作了确认和判定,本案所涉及的房屋产权登记的合法性及效力与该案的裁判结果有直接关联,应受该判决的羁束;(2)房地产公司在既未解除合同也未通知对方的情况下,在民事诉讼期间将作为合同标的物的房屋卖与他人并进行产权变更登记的行为违反了合同约定的卖方合同义务,违反了《合同法》关于解除合同的相关规定;(3)房屋登记机关在进行房屋权属审查时对该房存在的产权异议和纠纷缺乏必要的调查核实,未尽到审慎的注意义务和严格审查的职责。鉴于上述理由及相关民事法律规定,住建局为林某健所颁房屋所有权证主要证据不足。依据《行政诉讼法》第 54 条第 2 项之规定,判决“撤销晋城市住房保障和城乡建设管理局 2010 年 12 月 22 日颁发的(2010)晋建房 S0016036 号房屋所有权证书”。

住建局上诉称：(1)原判认定事实错误，判决结果缺乏明确法律依据。原判对上诉人提供证据的真实性、合法性、有效性未予以否定，却判决认定颁发房屋所有权证主要证据不足且违反法定程序是缺乏法律依据的。(2)原审的判决理由未说明与上诉人颁证的行政行为之间有法律关系。因此请求撤销晋城市中级人民法院(2011)晋市法行初字第6号行政判决，驳回杨某梅的诉讼请求。

房地产公司上诉称：(1)在住建局进行房屋行政登记之前，上诉人始终享有该房屋的财产所有权，具有独立的房屋处分权，杨某梅骗取了诉争房产的按揭贷款，我公司在代其清偿其欠的全部贷款本息后，有权依法处置房屋，杨某梅丧失对此房的所有权，因此上诉人在2010年4月以市场价格将房产出卖给林某健合理合法。且我方依法到住建局与林某健办理了商品房交易过户，住建局按照法律规定程序和职权依法办理房屋过户手续程序公正、事实清楚、适用法律准确。(2)判决撤销房屋登记缺乏事实根据，没有法律依据。(3)房地产公司与杨某梅的合同纠纷与本案无关。诉争房屋完成房屋行政登记后，民事案件才判决房地产公司与杨某梅履行合同，且没有明确履行的内容，对住建局没有约束力，一审判决将违反合同履行义务的民事行为引用到行政案件中没有任何法律依据的。因此请求人民法院依法撤销晋城市中级人民法院(2011)晋市法行初字第6号行政判决，驳回杨某梅的诉讼请求。

林某健上诉称：(1)一审判决结果侵犯了上诉人的合法权益。诉争房产是本人于2010年4月以市场价在房地产公司购买的，并依法在住建局进行了登记。在购买和登记房屋时，上诉人不知道该房存在纠纷，上诉人购买房屋属于善意取得。(2)一审判决混淆了民事债权债务纠纷与物权登记行政行为的本质区别，将民事债权的债务法律规定强加到物权转移登记的行政法律关系中，超越了行政诉讼案件审理的范围。

本案的房屋登记生效后，杨某梅的合同纠纷还在诉讼过程中，尚未确定的债权债务关系，不能对抗具有法定效力的物权法律关系；(3)一审判决没有引用行政实体法律及物权法律的具体条文规定作出判决，属于适用法律错误。故请求依法撤销晋城市中级人民法院(2011)晋市法行初字第6号行政判决，驳回杨某梅的诉讼请求。

杨某梅答辩称：一审判决认定事实清楚，住建局适用的是无效的行政法规。根据最高人民法院《关于审理房屋登记案件若干问题的规定》，应先行解决民事争议，原判依民事判决结果，确认了房产归本人，确认了住建局的违法行政行为。故请求驳回上诉，维持原判。

山西省高级人民法院经审理认为：本案当事人争议的焦点有3个：

(1)关于林某健和住建局是否知道所争议的房屋涉诉的问题。法庭查明，林某健缴纳的房款是正常的市场价，没有低于市场价。杨某梅按揭贷款购房之后，没有进行预告登记，也没有提出异议登记，法院作出民事判决之后，没有向登记机关申明，也没有通知房屋登记机关协助办理过户手续。没有证据证明林某健和住建局知道诉争房产涉诉。

(2)关于住建局的房屋登记是否合法有效的问题。林某健与房地产公司在申请房屋所有权转移登记时，提供了登记申请书、身份证、商品房买卖合同及相关的销售发票、契税完税证明、住宅维修基金票据，房地产公司提供了企业法人营业执照、资质证书、国有土地使用证、建设工程规划许可证、晋城市计委的批复文件、建筑工程施工许可证等相关材料。住建局对该房的权属来源及房屋交易相关的材料进行了审查，尽到了审慎注意的义务，对房屋进行登记并颁发房屋所有权证书，符合《房屋登记办法》的规定。该登记行为合法有效，受法律保护。

(3)关于晋城市中级人民法院的民事判决对本案是否有羁束力的问题。《物权法》第9条第1款规定："不动产物权的设立、变更、转让和消灭，经依法登记，发生效力；未经登记，不发生效力，但法律另有规定的除外”。第 15 条规定：“当事人之间订立有关设立、变更、转让和消灭不动产物权的合同，除法律另有规定或者合同另有约定外，自合同成立时生效；未办理物权登记的，不影响合同效力”。本案中，林某健依据商品房购买程序，一次性支付完购房款，缴纳了有关税款，办理房屋行政登记，取得了完全的物权。杨某梅与房地产公司签订的商品房买卖合同成立生效，并被晋城市中级人民法院的生效民事判决确认，应受法律保护，但当与林某健的物权发生冲突时，物权效力应优于债权效力，应优先保护林某健的物权。杨某梅的债权可通过其他途径寻求法律保护。晋城市中级人民法院的生效民事判决对本案的房屋登记不具有羁束力。

综上所述，一审法院认定事实清楚，但适用法律明显错误，应当改判。依据《行政诉讼法》第 61 条第 2 项、最高人民法院《关于执行〈中华人民共和国行政诉讼法〉若干问题的解释》第 56 条第 4 项和最高人民法院《关于审理房屋登记案件若干问题的规定》第 10 条之规定，判决：(1)撤销山西省晋城市中级人民法院(2011)晋市法行初字第 6 号行政判决；(2)驳回杨某梅的诉讼请求。

评　析

一、背景情况介绍

本案是一起由于“一房二卖”而引发的房屋行政登记案件，原来的商品房买卖纠纷经历一审、二审民事诉讼后，经山西省人民检察院抗诉重新一审、二审，在二审尚未结束时，又出现了同一标的商品房的买卖及房屋行政登记，民事终审判决对本案的房屋登记是否具有羁束力的问题成为本案的争议焦点所在，也就是在先的债权效力能否对抗在后的物权效力。

在商品房买卖合同中，依据合同产生的法律关系是债权债务关系，建立的基础是双方当事人的意思表示。在双方当事人就订立商品房买卖合同的意思达成一致时,合同即产生约束力,即债权法上的约束力。而不动产物权变动只能在登记后才能生效,物权的变动必须在公示之后,才能发生对世的效果,以保障交易安全。可见,商品房买卖合同所涉及的债权变动和物权变动是建立在完全不同的法律基础之上的,是两个不同的法律事实,生效要件完全不同。当债权效力与物权效力发生冲突时,债权效力明显低于物权效力,债权效力不能对抗物权效力。

二、确立裁判要旨的理由

民事判决对本案的房屋登记是否具有羁束力,应从债权法和物权法的特点分析:第一,债权法以合同法为主,合同之债都是当事人根据自己的意愿约定的,因而债法规范多为任意性规范,即为任意法。物权法实行物权法定主义,不允许当事人依其协议排斥法律的适用,物权法规范大都为强制性规范。就整体而言,物权法是强行法,而强行法优于任意法,强行性效力优于约定性效力,物权当然优于债权。第二,债权法解决的是社会局部的财产关系,是调整债权人与债务人之间利益关系的法律规范,具有很强的私人性。物权解决的是财产归谁所有、由谁支配,关系着社会资源的分配和全体社会成员的生活保障条件。物权法一方面要维护物权人对其财产的正常支配利益,另一方面也要对物权进行适当的限制,防止物权的滥用以维护他人的利益和社会的公共利益,具有公共性。而私人利益要服从国家利益、社会利益,物权理应优于债权。第三,依据合同产生的法律关系是债权债务关系,建立的基础是双方当事人的意思表示。在双方当事人就订立商品房买卖合同的意思达成一致时,合同即产生约束力,即债权法上的约束力。但是,这种权利只是一种相对权、对人权,是平等主体之间的意思表示,不具有排他的效力。而物权变动只能在登记或交付后才能生效,因为物权的本质是支配权、绝对权、对世权,关乎第三人之外的利益、社会公共利益和交易安全,物权的变动必须在公示之后,才能发生对世的效果,目的是使世人了解到物权的变动,知道物权的变动对世人的排他性作用,以保障交易的安全。尤其对于不动产来说,是登记后发生物权变动。《物权法》第10条第1款明确规定:“不动产登记,由不动产所在地的登记机构办理。”且在该法第16、17条中明确规定了不动产登记的效力,由此可见,不动产登记簿所记载的权利推定为真正的权利,被赋予公信力,基于登记的公信力,即使登记错误或遗漏,因相信登记正确而与登记名义人进行交易的善意第三人,所得利益仍将受到法律的保护,这样才能发生对世的效果。综上所述,物权效力优于债权效力,债权不能对抗登记的物权。

至于杨某梅与房地产公司的商品房买卖合同,《合同法》第107条规定:“当事人一方不履行合同义务或者履行合同义务不符合约定的,应当承担继续履行、采取补救措施或者赔偿损失等违约责任”。民事终审判决作出“合同有效,双方继续履行合同”符合法律规定。同时,该法第110条第1项规定了当事人一方不履行非金钱债务或者履行非金钱债务不符合约定时的除外情形“法律上或者事实上不能履行”。由此可以看出,民事终审判决是相对于杨某梅与房地产公司的商品房买卖合同来说双方所应承担的一种违约责任,法律同时规定了例外的情形就是履行不能。《物权法》第9条第1款规定:“不动产物权的设立、变更、转让和消灭,经依法登记,发生效力;未经登记,不发生效力,但法律另有规定的除外”。第15条规定:“当事人之间订立有关设立、变更、转让和消灭不动产物权的合同,除法律另有规定或者合同另有约定外,自合同成立时生效;未办理物权登记的,不影响合同效力”。在本案中,后来的房屋行政登记对于杨某梅与房地产公司的商品房买卖合同来说,已经出现了履行不能的情形。杨某梅的债权应通过其他途径寻求法律保护。

本案中，还有一种观点认为，杨某梅与房地产公司有商品房买卖合同，虽然该合同被生效的民事判决认定为有效，但这只是一种债权，最高人民法院《关于审理房屋登记案件若干问题的规定》第4条中明确规定了债权人不服房屋登记机构办理房屋转移登记提起诉讼时人民法院应当依法受理的情形。由第1项“以房屋为标的物的债权已办理预告登记的”、第3项“人民法院依债权人申请对房屋采取强制执行措施并已通知房屋登记机构的”及第4项“房屋登记机构工作人员与债务人恶意串通的”规定可以看出，杨某梅没有办理预告登记，未对房屋登记机构通知强制执行，无证据证明房屋登记机构工作人员与买房人恶意串通，因此，不具备原告主体资格，根据《最高人民法院关于执行〈中华人民共和国行政诉讼法〉若干问题的解释》第44条第2项之规定，驳回杨某梅的起诉。

保理合同及其适用

《民法典》在合同编中用1个专章9个条文规定了保理合同,分别从保理合同的内涵和外延、虚构应收账款、转让通知效力、追索权保理、重复转让等多个方面作出明确规定。这是我国法律首次明确规定保理合同,对于今后调整规范保理合同,破解小微企业融资难、融资贵,促进实体发展经济具有重要作用。

保理,全称保付代理,又称托收保付,是一个金融术语,指卖方将其现在或者将来基于与买方订立的买卖合同产生的应收账款转让给保理商,由保理商提供资金融通、买方资信评估、销售账户管理、信用风险担保、账款催收等一系列综合金融服务业务。它是商业贸易中以托收、赊账方式结算货款时,卖方为了强化应收账款管理、增强流动性而采取的委托第三方即保理商管理应收账款的商业金融行为。保理业务基于真实的贸易背景,依托供应链核心企业的信用转移,是风险相对较小的融资产品,适合成长型的中小企业。保理分为国内保理和国际保理。国内保理根据国际保理发展而来的,是指保理商通过收购债权向出口商提供信用保险或者坏账担保、应收账款的代收或者管理、贸易融资中至少两种业务的综合性金融业务服务,核心业务是通过收购债权提供出口融资。国内保理则是保理商、保理申请人、商务合同各方均为国内机构。

保理业务是从出口代理交易方式演变而来的,起源于14世纪英国毛纺织工业,在寄售基础上委托专业代理代销。代理商向国外买主出售商品,并向出口商担保买主的商业信誉。到 18 世纪,美国的一些代理商逐步以高效率和雄厚资金掌握了国内市场的信贷管理,逐步由以前被委托代理人的身份演变成独立的经济实体,从而成为保理商。保理商根据保理合同专门为商业企业提供信贷和信用管理服务。现代保理商已能提供"一揽子"服务,如向卖方提供买方资信调查、商业风险担保、应收账款催收、管理和资金融通等。近年来,在国际贸易中随着买方市场的形成,赊销结算方式日渐盛行,基本上取代信用证成为主流结算方式。在赊销贸易中,企业对应收账款的管理和融资需求正是保理业务发展的基础。保理业务能够很好地解决赊销中出口商面临的资金占压和进口商信用风险的问题,因而在欧美、东南亚市场日渐流行。

我国保理业务起步较晚,发展相对缓慢,现处于金融创新阶段。近年来,随着上海浦东新区、天津滨海新区商业保理试点业务的推进、国家对商业保理业务的鼓励和支持,我国保理业务迎来了快速发展时期。据统计,截至 2017 年,我国注册商业保理公司超过 8000 多家,其中开业的商业保理公司 1500 多家,业务量达 1 万亿元,融资额 2500 多亿元,银行保理业务也出现快速增长。同时,保理业务中虚构基础交易、伪造应收账款转让通知、以金融创新为名过度扩张信用等乱象频出,保理纠纷案件数量呈逐年递增态势。2014 年以来,全国法院审理的保理纠纷案件超过 1 万件。然而,保理行业处于立法真空期,缺乏专门的法律规制,法院审判相关案件几乎无法可依。国际上有国际统一私法协会公布的《国际保理公约》等。国内目前规范性文件,只有银监会颁布的《商业银行保理业务管理暂行办法》、商务部发布的《关于商业保理试点有关工作的通知》、银行业协会发布的《中国银行业保理业务规范》等,法律层面上没有明确规定。各地要求规范保理业务的呼声日渐高涨,立法者顺应时代要求,在《民法典》合同编中设专章对保理合同予以调整规范,使之有法可依。

第 761 条规定:“保理合同是应收账款债权人将现有的或者将有的应收账款转让给保理人,保理人提供资金融通、应收账款管理和催收、应收账款债务人付款担保等服务的合同。”在我国,保理分为银行保理和商业保理两种。银行保理是债权人转让应收账款给商业银行,把应收账款催收和管理、坏账担保、融资集于一体的综合性金融服务的业务。以应收账款为质押的贷款不属于保理业务范围。商业保理是指保理人为商业公司,以受让企业因销售货物、提供服务产生的应收账款为前提,向债权人提供贸易融资、销售分户账管理、应收账款催收、信用风险控制与坏账担保等综合性信用服务。无论是银行保理还是商业保理,可以广泛渗透企业业务运作、财务运作等各方面。只要有贸易和赊销,保理就存在,适用于各种类型企业。从法律性质上分析,保理合同存在债权人、保理人、债务人三方当事人,四个法律关系,即债权人与债务人之间的基础贸易合同关系、债权人与保理人之间的债权转让关系和贷款合同法律关系、保理人与债务人新债权债务关系。保理合同属于双务合同,债权人转让给保理人现有或者将来的应收账款,从而获得贸易融资、账款催收和管理、信用风险控制、坏账担保等利益,保理人提供服务的对价是赚取贷款利息、保理费、手续费等。

第 762 条规定:“保理合同的内容一般包括业务类型、服务范围、服务期限、基础交易合同情况、应收账款信息、保理融资款或者服务报酬及其支付方式等条款。保理合同应当采用书面形式。”保理业务一般包括资金融通、应收账款催收和管理、付款担保至少 3 项,有的还包括买方资信调查、信用风险担保等业务。基础交易合同包括货物买卖合同、服务贸易合同。应收账款的催收,是指保理商根据应收账款的账期,主动或者应债权人要求,采取电话、函件、上门催款直至使用法律手段对债务人催收。应收账款的管理是指保理人根据债权人要求,定期或者不定期向其提供应收账款的回收情况、逾期账款情况、对账单等各种财务、统计报表,协助其进行应收账款管理。付款担保,是指债权人与保理人签订保理协议后,由保理人为债务人核定信用额度,对债务人无商业纠纷的应收账款,提供约定的付款担保,以应收账款合法、有效转让为前提的银行融资服务。

第763条规定:"应收账款债权人与债务人虚构应收账款作为转让标的,与保理人订立保理合同的,应收账款债务人不得以应收账款不存在为由对抗保理人,但是保理人明知虚构的除外。"保理合同中应收账款转让实际上属于债权转让,受债权转让法律规定的调整。《民法典》第146条规定:"行为人与相对人以虚假的意思表示实施的民事法律行为无效。以虚假的意思表示隐蔽的民事法律行为的效力,依照有关法律规定处理。"债权人为了谋取非法利益,与债务人串通,签订虚假的买卖合同,骗取保理人信任、获得贷款,属于虚假的意思表示,债权转让行为理应无效,债务人不得对抗保理人。保理人被骗,没有过错,应受法律保护。如果保理人事先知道债权人与债务人签订的买卖合同是虚假的,保理人主观上存在过错,则不受法律保护。2012年3月,上海罗依莱公司路用材料分公司(以下简称罗依莱公司)向农行上海普陀支行提出以对上海第一市政公司享有的应收账款债权转让给农行普陀支行为前提条件,申请保理融资款。同年3月26日,第一市政公司在《应收账款债务人签收确认》上加盖公章及法定代表人章。罗依莱公司负责人顾某娟将确认函交至农行普陀支行。3月31日,普陀支行与罗依莱公司签订三份国内保理合同,约定普陀支行受让罗依莱公司对第一市政公司享有共计5442万元应收账款债权,并向罗依莱公司发放保理融资款4300万元。同日,普陀支行分三次向罗依莱公司支付4300万元的融资款,并在人行征集中心应收账款质押登记系统进行了登记。4月6日,顾某娟前往第一市政公司取得重新盖章确认的确认函,并交给普陀支行。4月20日,普陀支行经办人员与顾雪娟一同前往第一市政公司,重新取得一份确认函。后因顾某娟涉及犯罪致使普陀支行损失实际发生,普陀支行请求法院判令第一市政公司因侵权产生的财产损失本金4300万元及利息。法院经审理认为,第一市政公司在确认函上盖章确认的行为直接影响普陀支行对于保理融资款的审核和发放,应对普陀支行的损失承担赔偿责任,同时,普陀支行作为专业金融机构理应具备保理业务交易经验和相关专业知识,应当遵守合理的商业准则和管理规范,并履行审慎经营义务,应审查基础债权是否真实存在,包括审查罗依莱公司与第一市政公司之间交易合同是否真实、合同所对应应收账款的具体金额,以此作为发放融资款的依据。然而,普陀支行在保理融资款发放前,未亲自向第一市政公司核实相关合同、应收账款的真实性,对损失的发生存在一定过错。因此,适当减轻第一市政公司的责任。法院结合双方当事人责任大小,判决第一市政公司赔偿普陀支行的损失80%,即赔偿3440万元及利息。

第764条规定:“保理人向应收账款债务人发出应收账款转让通知的,应当表明保理人身份并附有必要凭证。”保理合同是买卖合同、债权转让合同、借款合同3个合同叠加在一起,债权人把债权转让给保理人,应适用债权转让的规定,通知债务人即可,保理人接受债权后,通知债务人承接债务,因此,必须提供身份证明、债权转让合同等书面材料以此证明。债务人对债权人的抗辩,转移到保理人身上,因此,债务人可以向保理人主张抗辩权。

第765条规定:“应收账款债务人接到应收账款转让通知后,应收账款债权人与债务人无正当理由协商变更或者终止基础交易合同,对保理人产生不利影响的,对保理人不发生效力。”债务人接到转让通知后,没有正当事由,不能与债权人再商量变更、终止基础交易合同,否则,容易损害保理人的合法利益。法律规定如果变更、终止基础合同,对保理人产生不利影响的，对保理人不发生效力。

第766条规定：“当事人约定有追索权保理的，保理人可以向应收账款债权人主张返还保理融资款本息或者回购应收账款债权，也可以向应收账款债务人主张应收账款债权。保理人向应收账款债务人主张应收账款债权，在扣除保理融资款本息和相关费用后有剩余的，剩余部分应当返还应收账款债权人。”保理人对债权人的追索分为有追索权和无追索权两种，有追索权保理是指保理人仅提供融资服务，不负有为债务人核定信用额度和提供坏账担保的义务。应收账款无论因何种原因不能收回，保理人都有权向债权人索回已付的融资款，并且拒付尚未收回的差额款项。在有追索权的保理业务中，保理人仅有资金融通和应收账款催收管理两项业务，没有核定债务人信用额度和坏账担保等业务。发生纠纷以后，有追索权的保理人权利比较多，既可以向债权人追索融资款本息或者要求债权人回购应收账款债权，也可以向债务人主张应收账款的债权。2014年9月，广运公司与胜美公司签订《国内保理融资服务协议》，约定：胜美公司将其应收账款及相关权利转让给广运公司，广运公司为其提供额度1200万元、附期限的公开型有追索权的保理融资服务；若应收账款对应的买方未按时足额向广运公司还款，则胜美公司须在回购期内回购仍未足额清偿的全部应收账款，并支付对应的保理费、手续费及罚息。随后，广运公司多次受让胜美公司转让的应收账款，并按时发放保理融资款。广运公司同时向应收账款对应的买方公证送达了转让通知，各方在中国人民银行征信中心中登网办理转让登记手续。后来，广运公司并未收到买方归还的剩余款项，于是起诉到法院，请求判令胜美公司支付融资款、保理费、罚息等。法院经审理认为，广运公司办理的应收账款转让业务登记符合人行公布的《应收账款质押登记办法》第4条规定，提供的证据证明基础合同项下的首笔应收账款已形成，故广运公司未违反法律法规的禁止性规定，应属有效,受法律保护。广运公司向胜美公司发放的融资款性质应视为保理融资款本金。案涉保理协议系有追索权的保理合同,只要对应买方未按期支付应收账款,则广运公司有权要求胜美公司立即偿付保理预付款本金、保理费及罚息。依照保理协议约定的计算标准,保理费、账户管理费及手续费的总和,未超过年利率的24%,应予以支持。故判决支持广运公司的诉讼请求。

第767条规定:"当事人约定无追索权保理的,保理人应当向应收账款债务人主张应收账款债权,保理人取得超过保理融资款本息和相关费用部分,无需向应收账款债权人返还。"无追索权的保理人只能向债务人行使追索权,不能向债权人行使追索权。保理人取得超过保理融资款本息和相关费用部分,也不需要向债权人返还了。

第768条规定:"应收账款债权人就同一应收账款订立多个保理合同,致使多个保理人主张权利的,已经登记的先于未登记的取得应收账款;均已登记的,按照登记的先后顺序取得应收账款;均未登记的,由最先到达应收账款债务人的转让通知中载明的保理人取得应收账款;既未登记也未通知的,按照保理融资款或者服务报酬的比例取得应收账款。"中国人民银行颁布的《应收账款质押登记办法》对此作出明确规定。应收账款质押是根据《物权法》第223条规定的应收账款出质,为担保债务的履行,债务人或者第三人将其合法拥有的应收账款出质给债权人,债务人不履行到期债务或发生当事人约定的实现质权情形,债权人有权就该应收账款及其利息优先受偿。应收账款包括下列权利:(1)销售、出租产生的债权,包括销售货物,供应水、电、气、暖,知识产权的许可使用,出租动产或者不动产等;(2)提供医疗、教育、旅游等服务或者劳务产生的债权;(3)能源、交通运输、水利、环境保护、市政工程等基础设施和公用事业收益权;(4)提供贷款或者其他信用活动产生的债权;(5)其他以合同为基础的具有金钱给付内容的债权。在同一应收账款上设立多个权利的,质权人按照登记的先后顺序行使质权。如果发生纠纷,按照抵押登记的办法处理,已登记的优先,都登记的按照登记的先后顺序受偿,都没有登记的,按到达主义认定,谁的转让通知先到达债务人,谁就优先受偿。既没有登记也没有通知的,按照比例受偿。

第769条规定:“本章没有规定的,适用本编第六章债权转让的有关规定。”前文已讲过,保理合同实际上是基础交易合同、债权转让合同、贷款合同3个合同叠加在一起的综合合同。有保理规定的是特别规定,优先适用保理规定,如果没有规定的,适用债权转让规定。

公司法人规范的冲突及适用

——以《民法典》和《公司法》为视角

公司法人是指依照公司法设立的,有独立的财产,能够依自己的名义享有民事权利和承担民事义务,并以自己的全部财产承担民事责任的企业组织。公司法人包括有限责任公司和股份有限责任公司两种。我国《公司法》对公司法人作了全面详细规定,最高人民法院为适用好《公司法》先后作出 4 个司法解释。《民法典》对法人重新进行分类,包括营利法人、非营利法人和特别法人 3 种,公司归属于营利法人。《民法典》专门用一节对公司法人进行提取公因式的规定,并对公司法人制度进行创新与发展,其中一些条文的规定与《公司法》及司法解释不一致,有的规定甚至发生冲突。主要表现在几个方面:

一、关于法人实际情况与登记事项不一致

《民法典》第 65 条规定:"法人的实际情况与登记的事项不一致的,不得对抗善意第三人。"《公司法》第 32 条第 3 款规定:"公司应当将股东的姓名或者名称向公司登记机关登记;登记事项发生变更的,应当办理变更登记。未经登记或者变更登记的,不得对抗第三人。"对比两者规定,有以下不同:一是范围上,《公司法》仅限于股东姓名和名称,《民法典》则宽泛得多,规定为法人的实际情况,不仅包括股东姓名和名称,还包括实际控制人、董事、监事、高级管理人员。在实践中,法人登记的

实际情况涵盖面非常广，股东姓名和名称仅仅是其中的一项，因此法律规定理应更准确。二是要求上，《公司法》规定未经登记或变更登记的，不得对抗第三人，对第三人没有加以限制，包括善意第三人和恶意第三人，《民法典》仅规定善意第三人。根据民法理论和实际情况，法律应保护没有过错的善意第三人，对有过错的恶意第三人则不应保护。《民法典》是在总结《公司法》以及实践经验基础上规定的，更符合实际情况。

二、关于法人代表越权效力和追偿

《民法典》第 61 条规定："依照法律或者法人章程的规定，代表法人从事民事活动的负责人，为法人的法定代表人。法定代表人以法人名义从事的民事活动，其法律后果由法人承受。法人章程或者法人权力机构对法定代表人代表权的限制，不得对抗善意第三人。"第 62 条规定："法定代表人因执行职务造成他人损害的，由法人承担民事责任。法人承担民事责任后，依照法律或者法人章程的规定，可以向有过错的法定代表人追偿。"《公司法》对此没有规定。《民法典》规定为以法人名义从事民事活动和执行职务，不仅包括订立合同、公司合并分立、增加减少注册资本、发行债券、解散清算等民事活动，而且还包括执行职务造成他人损害的情形，只要是法定代表人的职务行为，都要代表公司承担责任，公司承担责任后，再向有故意和重大过失的法定代表人追偿。《民法典》明显加重了法人的责任，对法人的要求更高了。

三、关于公司设立人的责任承担

《民法典》第 75 条规定："设立人为设立法人从事的民事活动，其法律后果由法人承受；法人未成立的，其法律后果由设立人承受，设立人为二人以上的，享受连带债权，承担连带债务。设立人为设立法人以自己的名义从事民事活动产生的民事责任，第三人有权选择请求法人或者设立人承担。”《公司法》第 94 条仅对股份有限公司的发起人责任承担作了规定，未对有限责任公司作出规定。第 94 条规定：“股份有限公司的发起人应当承担下列责任：(一)公司不能成立时，对设立行为所产生的债务和费用负连带责任；(二)公司不能成立时，对认股人已缴纳的股款，负返还股款并加算银行同期存款利息的连带责任；(三)在公司设立过程中，由于发起人的过失致使公司利益受到损害的，应当对公司承担赔偿责任。”《公司法司法解释(三)》第 1~5 条，分别对发起人的认定、发起人以自己的名义、设立中公司的名义对外签订合同的责任、公司未成立时发起人对公司设立时产生的费用和债务承担连带责任作了详细的规定。从上述规定发现有不同之处：一是范围不同，《公司法》仅规范了股份有限公司的发起人，没有规范有限责任公司的发起人。《公司法司法解释(三)》将有限责任公司的股东责任纳入发起人的范畴，并区分了自己名义和设立中公司的名义，更加详细。《民法典》则笼统规定为法人，包括有限责任公司和股份有限公司，范围涵盖更全面。二是承担责任不同，《公司法》规定公司不能设立时，发起人对债务和费用承担连带责任，若有过失要承担赔偿责任。《民法典》笼统规定法人未成立时，设立人享有连带债权，承担连带债务，没有规定若有过失要承担赔偿责任，与《公司法》相比，设立人不仅承担连带债务，而且可享有连带债权，弥补了《公司法》的不足，更加全面。《民法典》还规定，设立人为设立公司以自己名义从事民事活动产生的民事责任，第三人有选择权，被要求承担者可以是法人也可以是设立人，但选择以后不能再变更。这条是吸收了《公司法司法解释(三)》的规定，比《公司法》更符合实际情况。

四、关于公司决议的效力

《民法典》第 85 条规定：“营利法人的权力机构、执行机构作出决议的会议召集程序、表决方式违反法律、行政法规、法人章程,或者决议内容违反法人章程的,营利法人的出资人可以请求人民法院撤销该决议。但是,营利法人依据该决议与善意相对人形成的民事法律关系不受影响。"《公司法》第22条第1款规定:"公司股东会或者股东大会、董事会的决议内容违反法律、行政法规的无效。"第2款规定:"股东会或者股东大会、董事会的会议召集程序、表决方式违反法律、行政法规或者公司章程,或者决议内容违反公司章程的,股东可以自决议作出之日起六十日内,请求人民法院撤销。"《公司法司法解释(四)》第3条规定:"原告请求确认股东会或者股东大会、董事会决议不成立、无效或者撤销决议的案件,应当列公司为被告。对决议涉及的其他利害关系人,可以依法列为第三人。"对比以上规定,有以下不同:一是划分对象上,《民法典》和《公司法》对公司决议效力划分为无效和撤销两种,《公司法司法解释(四)》增加了不成立,划分为3种,并对不成立和撤销作了区分,第5条规定未召开会议、未进行表决、表决权不符合公司法或公司章程、表决结果未达到规定的通过比例等情形的公司决议不成立,更加符合实际情况。二是认定无效和撤销上,《公司法》规定决议内容只要违反法律、行政法规的一律认定无效,违反公司章程的可以撤销,召集程序和表决方式违反法律、行政法规、公司章程的可以撤销。《民法典》对决议内容违反法律、行政法规的如何认定,没有特别规定,应适用《民法典》第153条的规定,认定无效。三是对外效力上。《民法典》规定被撤销或者认定无效,与善意相对人形成的民事法律关系不受影响,《公司法》则没有规定。《公司法司法解释(四)》弥补了此不足,第6条明确规定了被确认无效或者撤销后,公司依据该决议与善意相对人形成的民事法律关系不受影响,与《民法典》第85条规定相呼应。

五、关于公司清算后剩余财产的分配

《民法典》第72条第2款规定:"法人清算后的剩余财产,根据法人章程的规定或者法人权力机构的决议处理。法律另有规定的,依照其规定。”《公司法》第 186 条第 2 款规定:“公司财产在分别支付清算费用、职工的工资、社会保险费用和法定补偿金,缴纳所欠税款,清偿公司债务后的剩余财产,有限责任公司按照股东的出资比例分配,股份有限公司按照股东持有的股份比例分配。”对比以上规定,可以发现,《公司法》对剩余财产处理规定得非常具体,而《民法典》把财产的分配权交给了公司章程和权力机构。为什么呢?一般而言,法人清算后剩余财产的处理,主要是个私法自治问题,法律不宜干预过多,原则上应当尊重法人成员、设立人的意志,根据法人章程或者权力机构的决议处理,但基于一些法人的特殊属性,允许立法设置例外规范。因此,《民法典》规定了法律另有规定的依照其规定。值得注意的是,这里仅规定了法律,没有包括行政法规,意味着只有全国人大及其常委会才有权制定剩余财产的分配规定。

六、关于法人分支机构承担的责任

《民法典》第 74 条规定:“法人可以依法设立分支机构。法律、行政法规规定分支机构应当登记的,依照其规定。分支机构以自己的名义从事民事活动,产生的民事责任由法人承担;也可以先以该分支机构管理的财产承担,不足以承担的,由法人承担。”《公司法》第 14 条规定:“公司可以设立分公司。设立分公司,应当向公司登记机关申请登记,领取营业执照。分公司不具有法人资格,其民事责任由公司承担。”对比以上规定,可以发现,《民法典》规定,对分支机构的民事责任,既可以由法人承担,也可以先由分支机构承担,不足的部分再由法人承担,而《公司法》规定分公司的民事责任只能由公司承担。实践中,商业银行、政策性银行、保险机构以及一些规模大的公司企业,在全国各地都有分支机构,如果均有公司法人承担责任,由公司总部充当当事人,不方便诉讼,也不方便审判。事实上,上述公司法人的分支机构在一般情况下,也都可以以自己管理的财产承担民事责任。因此,《民法典》添加了一款规定,分支机构的民事责任,先以自己管理的财产承担责任,不足部分再由法人承担,这样的规定更加符合我国的实际情况。

对《民法典》的规定与《公司法》、公司法司法解释不一致的,司法实践中如何适用呢?《民法典》属于基本法,与《公司法》相比属于新法,而《公司法》属于部门法,又属于旧法,因此,根据我国《立法法》上位法优于下位法、新法优于旧法的原则,如发生冲突,应优先适用《民法典》,《民法典》没有规定的,则适用《公司法》,《公司法》与司法解释相冲突的,适用《公司法》,如《公司法》没有规定的,才适用《公司法》的司法解释。

人格权编

《民法典》人格权编的“新”在哪里？

《民法通则》没有人格权的概念，仅有人身权，作为一节规定在所有权、债权、知识产权之后，这反映了当时法治理念和社会经济发展水平。《民法总则》虽然没有人格权的概念，但把人格权的内容规定在民事权利里，而且放在物权、债权、知识产权的前面，表明立法者充分认识到人格权的重要性。在起草《民法典》分编时，立法者进一步体现立法精神，人格权虽然内容较少，但独立成编，与物权编、合同编、婚姻家庭编、继承编、侵权责任编并列于《民法典》分编中，而且放在合同编之后、婚姻家庭编之前，与《民法通则》体例保持一致。这是《民法典》的最大特色。一些学者认为人格权内容较少，而且大多条文是宣示性条款，与侵权责任编重合，不应独立成编。还有一些学者认为既然独立成编，根据对人的重要性，人格权高于物权、债权，人格权编应该放在分编中最前面。综观各国民法典，绝大多数国家没有把人格权独立成编，我国属于极少数之一。这样的体例结构，是我国立法创新，反映了以人为中心的思想，顺应广大公民对人格权保护的迫切需求。强化人格权的保护，是对互联网和信息化时代所作的回应，是遏制网络谣言、网络诈骗、信息泄露等社会问题的必要应对，是人们解决温饱后、每个人活得更有体面更有尊严时人们对幸福美好生活的向往。内容上，人格权编吸收学者们的研究成果，借鉴最高人民法院的司法解释，规定了生命权、身体权、健康权、姓名权、名称权、肖像权、名誉权、荣誉权、隐私权和个人信息。条文上,共 45 条,在 7 编中最少。

一、规定人格权的一般规则

人格权是民事权利中最基本也是最重要的权利。没有人格权,物权、债权、知识产权、婚姻自主权、继承权没有任何意义。人格权必须受到法律最严格的保护。人格权编第 1 章从多方面规定对人格权的保护、民事主体的人格权受法律保护,任何组织或者个人不得侵害;人格权不得放弃、转让、继承,民事主体可以将自己的姓名、名称、肖像等许可他人使用,但是依照法律规定或者根据其性质不得许可的除外;死者没有人格权,只有人格利益,法律同样保护死者的人格利益。《民法典》第 994 条规定:"死者的姓名、肖像、名誉、荣誉、隐私、遗体等受到侵害的,其配偶、子女、父母有权依法请求行为人承担民事责任;死者没有配偶、子女且父母已经死亡的,其他近亲属有权依法请求行为人承担民事责任。"这条赋予了其他近亲属也就是第二顺序继承人以请求权,以最大限度地保护死者的人格利益。这也是从实践案例中总结出来的教训。

对侵害人格权承担的民事责任,人格权编没有规定在具体条文中,而是采用概括规定的方法。第 995 条规定:"人格权受到侵害的,受害人有权依照本法和其他法律规定请求行为人承担民事责任。受害人的停止侵害、排除妨碍、消除危险、消除影响、恢复名誉、赔礼道歉请求权,不适用诉讼时效规定。"这个条文遭到许多专家学者反对,被认为与侵权责任编体例不协调。对侵害人格权需要承担民事责任的,本条仅提供了指引,法官依据本编规定判决,如果没有规定的可依据侵权责任编以及司法解释规定判决。本条同时规定侵犯人格权和侵犯物权一样,不受诉讼时效的限制,这也体现了最严格保护人格权的立法精神。第 996 条规定:"因当事人一方的违约行为,损害对方人格权并造成严重精神损害,受损害方选择请求承担违约责任的,不影响请求精神损害赔偿。”这意味着侵害人承担违约责任后同时要承担精神损害赔偿。人格权编没有规定侵害人格权是否承担精神损害赔偿，从立法本意理解，侵害人格权理应承担精神损害赔偿。

第1章“一般规定”还明确了新闻报道、舆论监督与保护人格权的原则界限。第999条规定：“为公共利益实施新闻报道、舆论监督等行为的，可以合理使用民事主体的姓名、名称、肖像、个人信息等；使用不合理侵害民事主体人格权的，应当依法承担民事责任。”何为“合理使用”？由于我国至今没有出台新闻法，没有具体规定，司法解释也没有明确，造成实践中很难认定，有待于今后立法或司法解释具体明确。

二、规定生命权、身体权和健康权

《民法通则》仅规定“生命健康权”，《侵权责任法》第2条规定生命权和健康权，没有身体权。《人身损害赔偿司法解释》第1条才区分生命、健康、身体概念。《精神损害赔偿司法解释》第1条明确生命权、健康权、身体权。《民法典》加以借鉴，把身体权放在健康权前面。生命权是以自然人的性命维持和安全为内容的人格权。生命是公民作为权利主体而存在的物质载体，一旦被剥夺，其他权利无从谈起，生命权是公民最根本的人格权。健康权是公民依法享有的身体健康不受非法侵害的权利。身体健康是公民参加社会活动和从事民事活动的重要保障，保护健康权就是保障公民身体的机能和器官不受非法侵害。身体权是自然人保持身体组织完整并支配肢体、器官不受他人违法侵犯的权利。身体是生命的物质载体，是生命得以产生和延续的基本条件，身体权与生命权、健康权密切相关，侵害自然人的身体往往导致对自然人健康的损害。区分3种权利具有很强的实践意义。第1006条规定：“完全民事行为能力人有权依法自主决定无偿捐献其人体细胞、人体组织、人体器官、遗体。任何组织和个人不得强迫、欺骗、利诱其捐献。完全民事行为能力人依照前款规定同意捐献的,应当采用书面形式,也可以订立遗嘱。自然人生前未表示不同意捐献的,该自然人死亡后,其配偶、成年子女、父母可以共同决定捐献,决定捐献应当采用书面形式。"这条是关于身体权的规定。法律保障身体组织的完整性和身体器官的支配权,只有完全民事行为能力人能依法自主并且无偿捐献自己的细胞、组织、器官,任何组织和个人不得强迫、欺骗、利诱本人捐献。第 1007 条规定:"禁止以任何形式买卖人体细胞、人体组织、人体器官、遗体。"这是强制性规定,任何以人体细胞、组织、器官以及遗体为标的的买卖合同均是无效合同,不受法律保护。对健康权的保护体现在第 1008、1009、1010 条规定。为研制新药、医疗器械或发展新的预防和治疗方法,进行临床试验,应当经相关主管部门批准并经伦理委员会审查同意,告知试验目的、用途和可能产生的风险等详细情况,并经受试者或者监护人书面同意。法律对此设定了非常严格条件,目的就是保护公民的健康权不受侵犯。从事与人体基因、人体胚胎等有关的医学和科研活动,必须遵守法律规定,不得危害人体健康,不得违背伦理道德,不得损害公共利益。性骚扰是日常生活中侵犯健康权的一种形式,法律必须制止,第 1011 条规定:"违背他人意愿,以言语、文字、图像、肢体行为等方式对他人实施性骚扰的,受害人有权依法请求行为人承担民事责任。机关、企业、学校等单位应当采取合理的预防、受理投诉、调查处置等措施,防止和制止利用职权、从属关系等实施性骚扰。"法律为人员密集的机关、企业、学校设定了更多的义务,积极采取各种措施防止和制止性骚扰。虽然这条规定备受诟病,但立法本意是明确的。

三、规定姓名权和名称权

《民法通则》对姓名权和名称权已有规定,但比较简单,《民法典》进一步丰富完善相关内容。第 1015 条规定自然人的姓氏应当随父姓或者母姓，也可以在父母姓外选取姓氏，如选取其他直系长辈血亲的姓氏、选取扶养人姓氏，这是实践中审判姓名权案例的总结。少数民族自然人的姓氏遵从本民族文化传统和风俗习惯。第 1017 条规定：“具有一定社会知名度，被他人使用足以造成公众混淆的笔名、艺名、网名、译名、字号、姓名和名称的简称等，参照适用姓名权和名称权的有关规定。”随着互联网和信息时代发展，笔名、艺名和网名更具有知名度和社会经济价值，也是人们宝贵的精神财富。过去鲁迅、茅盾、巴金等作家是现代文学的象征，现在金庸、琼瑶、海子等是当代文学的标志，对具有一定社会知名度的笔名、艺名、网名等给予保护，有利于促进文化繁荣发展。

四、规定肖像权

肖像权和姓名权一样，是自然人的外部特征，只不过一个是文字特征，另一个是形象特征。法律保护自然人的肖像权，不保护法人和非法人组织的肖像权。《民法通则》仅规定公民享有肖像权，未经本人同意，不得以营利为目的使用公民的肖像，内容也比较简单。《民法典》扩展为 6 个条文，对肖像权从正反两方面加以具体保护。第 1019 条规定：“任何组织或者个人不得以丑化、污损，或者利用信息技术手段伪造等方式侵害他人的肖像权。未经肖像权人同意，不得制作、使用、公开肖像权人的肖像，但是法律另有规定的除外。未经肖像权人同意，肖像作品权利人不得以发表、复制、发行、出租、展览等方式使用或者公开肖像权人的肖像。”此条针对网络侵犯肖像权普遍现象特意作出规定，以期遏制。第 1020 条对合理使用肖像作出明确界限，限于：为个人学习、艺术欣赏、课堂教学或者科学研究，在必要范围内使用肖像权人已经公开的肖像；为实施新闻报道，不可避免地制作、使用、公开肖像权人的肖像；为依法履行职责，国家机关在必要范围内制作、使用、公开肖像权的肖像;为展示特定公共环境,不可避免地制作、使用、公开肖像权人的肖像;为维护公共利益或者肖像权人合法权益,制作、使用、公开肖像权人的肖像的其他行为。由此可见,合理使用他人肖像的范围相当广泛,目的是保障社会教育文化活动正常开展。第 1021、1022 条对肖像许可使用采取订立合同的方式,使双方处于平等地位,有利于保护肖像权人的经济权利。第 1023 条对姓名、自然人声音保护采取了肖像权规定办法,加强对自然人姓名、声音的保护。

五、规定名誉权和荣誉权

这两种权利在传统民法中属于身份权,不是与生就有的,而是后来加到人身上的。现在强调人格权,不使用人身权的概念,因此,把名誉权和荣誉权放到人格权里。名誉是对民事主体的品德、声望、才能、信用等的综合社会评价。实践中对名誉权的侵害体现在捏造事实、歪曲事实,对他人提供的失实内容未尽到合理核实义务,使用侮辱性言词贬损他人名誉。情节严重的构成侮辱罪、诽谤罪,情节较轻的,则属于民法调整的范畴,采取民事审判方式解决。在审判中如何认定“尽到合理核实义务”,是一大难点。第 1026 条对此作出明确规定,要求法官考虑下列因素:内容来源的可信度、对明显可能引发争议的内容是否进行了必要调查、内容的时效性、内容与公序良俗的关联性、受害人名誉受贬损的可能性、核实能力和核实成本,行为人应当就其尽到合理核实义务承担举证责任。对文学艺术作品涉及的真人真事是否侮辱诽谤,第 1027 条规定:“行为人发表的文学、艺术作品以真人真事或者特定人为描述对象,含有侮辱、诽谤内容,侵害他人名誉权的,受害人有权依法请求该行为人承担民事责任。行为人发表的文学、艺术作品不以特定人为描述对象,仅其中的情节与该特定人的情况相似的,不承担民事责任。”报刊、网络等媒体报道的内容失实,侵害他人名誉权的,受害人有权请求该媒体及时采取更正或者删除等必要措施。媒体不及时采取措施的,受害人有权请求法院责令该媒体在一定期限内履行。

《民法典》对信用权作出规范。信用权属于名誉权的一种,是社会对自然人的评价,含有巨大的经济利益。担保法中的保证就是基于对人的信用采取的担保方式。有信用的人拥有良好的社会声誉,经商、贷款、为人处事非常方便。第1029条规定:“民事主体可以依法查询自己的信用评价;发现信用评价不当的,有权提出异议并请求采取更正、删除等必要措施。信用评价人应当及时核查,经核查属实的,应当及时采取必要措施。”信用评价人是指市场监管、公安、税务、海关、人民银行、商业银行以及一些独立中介组织等,这些部门和组织对人们社会经济生活产生直接影响。第1031条规定:“民事主体享有荣誉权。任何组织或者个人不得非法剥夺他人的荣誉称号,不得诋毁、贬损他人的荣誉。获得的荣誉应当记载而没有记载的,民事主体可以请求记载;获得的荣誉称号记载错误的,民事主体可以请求更正。”这条对荣誉权作出规定,明确了没有记载、记载错误的,赋予民事主体请求权,民事主体有权请求有关部门更正,以维护合法权益。

六、规定隐私权和个人信息保护

随着互联网的普及、信息时代的来临,人们的隐私保护更加迫切了。几经征求意见、讨论论证,立法者终于确立了隐私权科学概念,把隐私概括为自然人的私人生活安宁和不愿为他人知晓的私密空间、私密活动和私密信息,包括私人生活安宁和私密空间、私密活动、私密信息。第1033条规定了6个方面侵犯隐私权的内容,可以说相当广泛。如以短信、电话、即时通讯工具、电子邮件、传单等方式侵扰他人的私人生活安宁;进入、窥视、拍摄他人的住宅、宾馆房间等私密空间;拍摄、窥视、窃听、公开他人的私密活动;拍摄、窥视他人身体的私密部位;处理他人的私密信息;以其他方式侵害他人的隐私权。

《民法典》对个人信息保护,没有上升到权利方面,实为遗憾。《民法典》对个人信息保护规定了 6 个条文,许多方面没有涉及,期待个人信息保护法加以全面调整。第 1035 条对个人信息内涵和外延予以明确,包括自然人的姓名、出生日期、身份证件号码、生物识别信息、住址、电话号码、电子邮箱地址、健康信息以及行踪信息等 9 个方面,涵盖范围很广。个人信息比私密信息范围更广,收集、处理自然人个人信息的,应遵守合法、正当、必要原则,不得过度收集、处理。这对疫情期间个人信息被广泛采集的情况下,具有重要意义。商家、银行对采集到的个人信息不得随意转让,谋取利益。第 1036 条对合理使用个人信息作出界定,如在自然人或者监护人同意范围内实施的行为;处理自然人自行公开的或者其他已经合法公开的信息,但是该自然人明确拒绝或者处理该信息侵害其重大利益的除外;为维护公共利益或者自然人合法权益,合理实施的其他行为。在这些情形下,收集、处理个人信息不承担民事责任。第 1039 条还对国家机关、承担行政职能的法定机构及其工作人员知悉的信息作出规定,对于履行职责过程中知悉的自然人隐私和个人信息,应当予以保密,不得泄露或者向他人非法提供,如果违反,要承担民事责任。

信用权的前世今生

《民法典》第 1029 条规定:“民事主体可以依法查询自己的信用评价;发现信用评价不当的,有权提出异议并请求采取更正、删除等必要措施。信用评价人应当及时核查,经核查属实的,应当及时采取必要措施。”这条规定虽然没有明确信用权的提法,但实际上规定了信用权内容,对信用权进行调整规范。这标志着《民法典》第一次规定了信用权内容,对于保护信用权、促进信用经济发展具有重要意义。

其实,信用权是个古老的概念,早在罗马法中就已出现,但并未形成真正意义上的与信用相对应的信用权。随着商品经济的发展,信用权在近代法律中得以确立。《德国民法典》第 824 条规定:“违背真相主张或者传播适用于妨害他人的信用或者对他人的生计和前途造成不利益事实的人,即使其不明知,但应知不真实,仍应向他人赔偿由此而发生的损害。”《奥地利民法典》第 1330 条、《希腊民法典》第 920 条、《葡萄牙民法典》第 484 条、《荷兰民法典》第 167 条等法律都有类似规定。西班牙《个人名誉保护法》将信用权扩展到商业上的名誉。在意大利,法院在一般条款下塑造和论证信用权。由此可见,欧洲大陆各国对信用权进行规制,有的通过民商事法律专门规定,有的通过司法判例规定。我国台湾地区的“民法”对信用权亦进行规范,第 195 条第 1 款规定,不法侵害他人之身体、健康、名誉、自由、信用、隐私、贞操,或者不法侵害其他人格法益而情节重大者,被害人虽非财产上之损害,亦得请求赔偿名誉之适当处分。该条首次以《民法典》条文的形式将信用权作为一种独立的人格权,在信用权受到侵害时可以请求非财产损害赔偿,以区别于名誉权。

信用权在民事权利体系中是一种与所有权、债权、知识产权相区别的无形财产权,是一种具有经营资格、经营优势、经营信誉等经济能力的资信利益。信用权作为一种人格权,具有以下几个特点:一是主体是自然人、法人及非法人组织;二是信用权与人身利益联系紧密,不能转让和继承,在经济活动中转化为财产利益,或者受侵害时发生财产后果;三是客体是信用,民事主体可以持有、自由支配自己信用体现的利益,维护信用不受他人的侵害;四是属于社会评价,基于信赖利益而产生的社会评价,不能完全以经济利益来衡量。在信用经济中,信用是民事主体参与市场博弈的准入证,意味着民事主体在市场交易和竞争中所拥有的社会地位。信用高,就可左右逢源;反之,如过街老鼠,人人唯恐避之不及,终将被社会淘汰。现代信用已与财产发生了密切联系,财产的多寡在某种程度上可以决定民事主体信用的高低,进而左右在市场博弈中的胜算。信用本身的经济价值被日益开发,成为民事主体的一项无形财产利益。民事主体可以凭借良好的信用获得授信上的便利,提高市场交易和收益的能力。

在国内首先对信用权规范的是《反不正当竞争法》,其第 14 条规定:"经营者不得编造、传播虚假信息或者误导性信息,损害竞争对手的商业信誉、商品声誉。"这条被认为是对信用权的间接规定,实际上起到了保护信用权的作用。《公司法》规定:个人所负数额较大的债务到期未清偿的,不得担任公司的董事、监事、高级管理人员,对信用差的人员,限制担任高管的资格。《企业破产法》也把债务人不能清偿到期债务作为破产的原因。宣布破产是对个人信用的否定,在社会经济以及日常生活中,会受到很多限制,如银行不予以贷款,不能坐飞机、动车,不能住星级以上宾馆，不能高消费，甚至子女不能上私立学校等。在现代社会中，信用权是民事主体的一种重要权利，在建设诚信社会的今天，尤其重要。注重信用的自然人和法人组织容易赢得社会的信任，否则处处受限，不仅表现在资格限制，而且表现在经济行为受限。

《民法典》第 7 条规定："民事主体从事民事活动，应当遵循诚信原则，秉持诚实，恪守承诺。"此即民法上的诚实信用原则，对信用作了原则规定，要求民事主体诚实信用，依法从事经济活动，不欺诈、不胁迫，不做显失公平的事。为了建立征信制度，人民银行、市场监督、税务、海关、人民法院等部门建立了征信制度。《民法典》第 1029 条规定市场主体有权查询自己的信用评价，发现登记错误的，有权提出异议并要求更正或者删除，保护自己的信用权不受侵害。遗憾的是在第 990 条人格权种类中没有明确规定信用权，建议增加信用权的表述，与名誉权、荣誉权、隐私权并列，以便更好保护。同时，建议对侵害信用权的行为，纳入司法保护的范围，受害人有权请求法院保护，可以要求停止侵害、恢复名誉、赔礼道歉、赔偿损失，以强化司法保护的力度。

疫情之下，如何保护您的隐私权？

据中新网报道，山西省晋城市平某某于 2 月 16 日在疫情防控期间，违反工作纪律，私自将包含有新冠肺炎确诊人员信息的图片发送到有 27 名成员的微信家庭群内，导致该图片在网络上大量传播，严重侵犯了公民个人隐私。公安部门依法对平某某给予行政拘留 7 日处罚。

疫情期间，我们每个人尤其是传染者、疑似传染者、发热者、密切接触者 4 类人员的姓名、住址、电话、身份证号、行踪等信息都登记在案。现在推行的健康码，记载着我们每个人的健康、出行等信息。这些都属于个人隐私，如果保护不好，很容易被泄露，对个人正常生活产生意想不到的影响。

在日常生活中，不仅明星、官员等公众人物的隐私被泄露侵犯，而且我们每个人的隐私权也有可能被侵犯。住宅、入住的宾馆房间被查、被窥视，约会被拍摄、录制、窃听、公开，身体的私密部位被拍摄和窥视，住址、电话、肖像、身份证信息被收集和转让等，都是侵犯个人隐私权的表现。随着市场经济和信息化的融合，个人隐私被用于谋利和损害他人名誉权的可能性越来越大。随着法治意识的增强，人们逐渐重视对隐私权的保护，如电视画面上对传染病患者、疑似患者、犯罪嫌疑人的脸部打上马赛克，报刊对疾病患者、犯罪嫌疑人的姓名省略等。国人们开始注重不散布、传播别人隐私，社会文明程度逐渐提高。

对个人隐私权的法律保护，体现在刑法、行政法、民法诸方面。我国《刑法》对侵害个人隐私的行为没有明确规定，对非法搜查他人身体、非法侵入他人住宅、隐匿和私拆他人信件的行为，情节严重的，规定为犯罪，对情节较轻的侵害隐私权行为，加以行政处罚。《治安管理处罚法》第 42 条规定："有下列行为之一的，处五日以下拘留或者五百元以下罚款；情节较重的，处五日以上十日以下拘留，可以并处五百元以下罚款：……（六）偷窥、偷拍、窃听、散布他人隐私的。"公安部门就是以这个条款为依据，处罚平某某的。对侵犯他人隐私权的，除了对当事人行政处罚外，受害人还可以主张民事权利，要求民事赔偿。

行政法方面主要有《传染病防治法》。疾病防控机构和医疗机构对传染病者、病原携带者、疑似传染病者、密切接触者的信息，有责任加以保护，不能随意散布，不得泄露相关信息，否则要承担责任。该法第 68 条规定："疾病预防控制机构违反本法规定，有下列情形之一的，由县级以上人民政府卫生行政部门责令限期改正，通报批评，给予警告；对负有责任的主管人员和其他直接责任人员，依法给予降级、撤职、开除的处分，并可以依法吊销有关责任人员的执业证书；构成犯罪的，依法追究刑事责任：……（五）故意泄露传染病人、病原携带者、疑似传染病人、密切接触者涉及个人隐私的有关信息、资料的。"第 69 条规定："医疗机构违反本法规定，有下列情形之一的，由县级以上人民政府卫生行政部门责令改正，通报批评，给予警告；造成传染病传播、流行或者其他严重后果的，对负有责任的主管人员和其他直接责任人员，依法给予降级、撤职、开除的处分，并可以依法吊销有关人员的执业证书；构成犯罪的，依法追究刑事责任：……（七）故意泄露传染病病人、病原携带者、疑似传染病病人、密切接触者涉及个人隐私的有关信息、资料的。"这两个条文对疾病预防控制人员和医护人员，故意泄露传染病病人、病原携带者、疑似传染病病人、密切接触者个人隐私信息和资料的，轻者处以警告、批评，重者处以降级、撤职、开除等处分，对构成犯罪的追究刑事责任。但是由于没有相关配套规定，致使对泄露个人隐私的处罚很少，如对什么是隐私、隐私包括哪些内容，法律没有明确规定。

实践中大量存在的侵害隐私权行为，属于民法保护的范围。《民法典》首次从法律层面上对隐私权作出明确规定，合理界定隐私的范围，详细罗列侵犯隐私权的6种行为，对于有效保护广大公民的隐私权、维护社会正常秩序具有重要作用。

隐私权是社会经济发展到一定阶段的产物，人们的生活达到一定水平，才重视对隐私的保护。很难想象生存问题还没解决，奢谈什么隐私权的保护。在世界范围内，对隐私权的保护也只是这百多年的事情。1890年美国的法学家在哈佛大学《法学评论》上发表题为《隐私权》的文章，使用了"隐私权"一词，被公认为首次提出该概念。经过漫长的80多年学术争论，直到1970年，美国才制定了《公开签账账单法》，1974年制定《隐私法》《家庭教育及隐私权法》《财务隐私法》，标志着在法律上对隐私权加以保护。法国于1978年出台一项法律规定：资料的处理不得损害个人身份、私人生活以及个人和公众的自由。"二战"以后的德国在新宪法中规定了一般人格权，隐私权逐渐确立其地位，《德国民法典》第12、824、825条对人格权加以调整规范。《联邦数据保护法》等单行法规对人格权加以保护。

在我国，民事法律至今没有对隐私权加以明确规定，只是在司法解释层面涉及。《民通意见》第140、141条对隐私权做了间接保护的规定，涉及肖像权、名称权、名誉权等，如第140条规定："以书面、口头等形式宣扬他人的隐私，或者捏造事实公然丑化他人人格，以及用侮辱、诽谤等方式损害他人名誉，造成一定影响的，应当认定为侵害公民名誉权的行为。以书面、口头等形式诋毁、诽谤法人名誉，给法人造成损害的，应当认定为侵害法人名誉权的行为。"司法解释对名誉权和隐私权没有加以区分，笼统加以保护，法人没有隐私权，只有公民才有隐私权，因此，对法人只保护名称权和名誉权，不涉及隐私权的保护。

关于隐私权的定义，学术界有不同观点。《民法典》对此作出明确界定，第1032条第2款规定："隐私是自然人的私人生活安宁和不愿为他人知晓的私密空间、私密活动和私密信息。"比起二审稿规定的"具有私密性"，变更为"私人生活安宁和不愿为他人知晓"，保护范围更加广泛。隐私权的主体是自然人，死者不享有隐私权，但对死者生前的隐私保护涉及死者近亲属及其利害关系人的感情和名誉利益。对于死者，利益已没有意义，但死者生前的隐私与近亲属和利害关系人密切相关，构成近亲属的感情因素和名誉利益的一部分。如果揭露死者的隐私，势必使还在世的近亲属和利害关系人遭受精神痛苦，因此对死者的隐私保护，涉及对生者名誉的维护。法人和非法人组织没有隐私权，只有名称权和名誉权。对此该条第1款规定："自然人享有隐私权。任何组织或者个人不得以刺探、侵扰、泄露、公开等方式侵害他人的隐私权。"没有规定法人和非法人组织享有隐私权。隐私权的保护客体是隐私，到底有多大范围，学术界也有很大争论，《民法典》起到定分止争的作用，第1033条明确规定了6种情形：(1)以电话、短信、即时通讯工具、电子邮件、传单等方式侵扰他人的私人生活安宁；(2)进入、拍摄、窥视他人的住宅、宾馆房间等私密空间；(3)拍摄、窥视、窃听、公开他人的私密活动；(4)拍摄、窥视他人身体的私密部位；(5)处理他人的私密信息；(6)以其他方式侵害他人的隐私权。可以说，对隐私保护的范围相当广泛，不仅包括私密空间、私密活动，而且还包括个人的私密部位和私密信息。对构成侵犯隐私权的行为，受害人有权主张请求行为人承担民事责任。《民法典》第995条规定："人格权受到侵害的，受害人有权依照本法和其他法律的规定请求行为人承担民事责任。"法院据此条规定，对侵害隐私权的行为判决停止侵害、消除影响、恢复名誉、赔偿损失。

《民法典》用两个条文调整规范隐私权，实现零的突破，保护范围广泛，受到好评，但是，总体来看，保护隐私权的法律体系还没有形成。我国目前采取间接保护的模式，《宪法》第38、39、40条对人格尊严、住宅、通信自由和通信秘密进行保护，没有专门保护隐私权的条文。《刑法》第245、246、252、253条对非法搜查他人身体、住宅，非法侵入他人住宅，公然侮辱他人或者捏造事实诽谤他人，隐匿、毁弃、非法开拆他人信件的侵犯通信自由的犯罪行为进行处罚，同样没有隐私权的概念。期待不远将来，我国形成以宪法保护为纲、刑法和民法典保护为主、部门法保护为补充的隐私权法律体系，为维护人的尊严、保护人的心情舒畅、实现人的全面发展起到积极作用。

你对个人信息了解多少？

在日常生活中，每个人的姓名、出生日期、身份证件号码、住址、电话号码乃至电子邮箱、健康信息、行踪信息，都属于个人信息，因有利用价值可能被侵犯。当你在微信朋友圈分享照片、经历，获得点赞时，个人信息很可能泄露、公开；当你看医生、找工作、租房、办签证过程中因涉及病历、简历、证件信息、财产证明时，个人信息容易被窃取或者泄露；当你随手丢弃从网上购物的快递包裹单时，单子上面的个人信息很可能当作有价信息被出卖；当你在图书馆、复印社等公共场合电脑上登录个人账号、打印复印个人敏感信息时，如果不及时删除，很可能被后续使用人获取。司法实践中，将公民个人信息贩卖他人从而营利的案例已经屡见不鲜了，全面系统地保护个人信息的迫切性越来越强烈，而我国《个人信息保护法》至今没有出台。

《民法典》在人格权编对个人信息以调整规范，用 6 个条文从内涵外延、收集处理、承担民事责任以及免责事由作出明确规定，为人们生活进行规范指引。第 1034 条规定："个人信息是以电子或者其他方式记录的能够单独或者与其他信息结合识别特定自然人的各种信息，包括自然人的姓名、出生日期、身份证件号码、生物识别信息、住址、电话号码、电子邮箱、健康信息、行踪信息等。个人信息中的私密信息，适用有关隐私权的规定；没有规定的，适用有关个人信息保护的规定。"个人信息的主体是自然人，不包括法人、非法人组织，客体是信息。信息范围广泛,分为6类:(1)基本信息,为了完成大部分网络行为,服务商要求提供姓名、性别、年龄、身份证号、电话号码、邮箱、家庭地址等在内的个人基本信息,有时会包括婚姻、信仰、职业、工作单位、收入等信息;(2)账户信息,如网银账号、第三方支付账号和社交账号等;(3)隐私信息,如通讯录信息、短信记录、应用软件聊天记录、个人视频、照片等;(4)社会关系信息,如好友关系、家庭成员信息、工作单位信息等;(5)设备信息,主要指消费者所使用的各种计算机终端设备的基本信息,如位置信息、Wifi列表信息、Mac地址、CPU信息、内存信息、SD卡信息等;(6)网络行为信息,如上网时间、上网地点、输入记录、聊天记录、聊天交友、网站访问行为、网络游戏行为等信息。《民法典》仅对个人基本信息加以规范,其他信息由部门法调整,如《网络安全法》对网络上收集、处理个人信息行为进行规范。以后制定的《个人信息法》将对收集、处理个人信息进行全面详细规范,私密信息作为个人信息中的及其重要部分,需要特别保护,因此其中有规定的优先适用,没有规定的才适用个人信息的一般规定。

随着市场经济和信息化的融合,个人信息的价值逐渐重要,其收集、使用、提供、公开有了商业价值,可能被用于损害他人名誉,必须规范收集、处理信息的行为,遵循原则,明确享有哪些权利、应尽哪些义务。第1035条规定:“处理个人信息的,应当遵循合法、正当、必要原则,不得过度处理,并符合下列条件:(一)征得该自然人或者其监护人同意,但是法律、行政法规另有规定的除外;(二)公开处理信息的规则;(三)明示处理信息的目的、方式和范围;(四)不违反法律、行政法规的规定和双方的约定。个人信息的处理包括个人信息的收集、存储、使用、加工、传输、提供、公开等。”与草案相比,正式文本删除了“收集”两个字而使用“处理”。根据百度解释:“处理有处置、安排、加工等意思,快速地解决问题,也泛指低价出售。”处理并没有包含“收集”的意思,这里对“处理”作出立法扩张解释，处理包含收集、存储、使用、加工、传输、提供、公开等7项内容。“处理”表示正在进行的动作，“收集”也是一项动作，符合“处理”的含义，因此“处理”包含“收集”也有道理。

第1037条规定：“自然人可以依法向信息处理者查阅或者复制其个人信息；发现信息有错误的，有权提出异议并请求及时采取更正等必要措施。自然人发现信息处理者违反法律、行政法规的规定或者双方的约定处理其个人信息的，有权请求信息处理者及时删除。”公民个人为了办公司或者打官司，有权向市场监督、税务、公安、人民银行等机关和电信服务商、商业银行、证券、保险等企业查阅、抄录、复制他人信息，发现登记错误的，有权提出异议，并请求及时更正。在查阅过程中，如果发现有关单位有违法行为的，可以请求及时删除。与草案相比，正式文本把“要求”改为“请求”，把“信息控制者”改为“信息处理者”，更加符合实际，更加准确，把“信息收集者、控制者”统称为“信息处理者”，表述更加严谨。

如何划清处理个人信息的界限，平衡个人利益与社会利益、国家利益的关系，体现了立法者的价值观和水平。第1036条规定：“处理个人信息，有下列情形之一的，行为人不承担民事责任：（一）在该自然人或者其监护人同意的范围内合理实施的行为；（二）合理处理该自然人自行公开的或者其他已经合法公开的信息，但是该自然人明确拒绝或者处理该信息侵害其重大利益的除外；（三）为维护公共利益或者该自然人合法权益，合理实施的其他行为。”立法者坚持个人同意和自行公开原则，把保护范围划在了必须经个人同意或者个人自行公开、合法公开的，才能处理信息，对个人明确拒绝的或者侵害个人重大利益的情形，也不能处理。我国法律对个人信息保护的程度是比较高的，充分尊重个人利益，严格限制公权力对私权利的侵犯，体现了法治精神。

第1038条规定：“信息处理者不得泄露或者篡改其收集、存储的个人信息；未经自然人同意，不得向他人非法提供个人信息，但是经过加工无法识别特定个人且不能复原的除外。信息处理者应当采取技术措施和其他必要措施，确保其收集、存储的个人信息安全，防止信息泄露、篡改、丢失；发生或者可能发生个人信息泄露、篡改、丢失的，应当及时采取补救措施，按照规定告知自然人并向有关主管部门报告。”日常经济生活中，掌握着大量个人信息的公安、市场监管、税务以及银行、证券、保险等部门，负有保密义务，必须采取技术措施和其他必要措施，做好保密工作。

第1039条规定：“国家机关、承担行政职能的法定机构及其工作人员对于履行职责过程中知悉的自然人隐私和个人信息，应当予以保密，不得泄露或者向他人非法提供。”这一条是专门规范国家机关、承担行政职能的法定机构及其工作人员的保密义务，如组织、纪检监察、公安、税务、银行等机关及其工作人员在履职过程中获得他人信息，负有保密义务，不得泄露或者向他人非法提供。与草案相比，正式文本增加了“承担行政职能的法定机构”，组织、纪检部门、政协等不属于国家机关的范畴，但是掌握了大量个人信息和个人隐私信息，甚至违法犯罪信息，对这些部门也必须纳入调整范畴，承担行政职能的法定机构可以涵盖党的机构、政协机构、工青妇等组织。

个人信息与隐私并不是相同概念，两者既有交叉，又有不同。个人信息范围非常广泛，包括个人隐私信息，如涉及政治观点、宗教信仰、生理心理健康状况、性生活、子女生活以及犯罪、诉讼等信息，但是隐私中的私密空间、私密部位、私密活动等不属于信息范畴。从内容上来看，行使个人信息权是为了实现直接或者间接的财产利益，而隐私权不直接表现为财产利益；从表现方式来看，个人信息权表现为个人对信息自由支配和控制的积极权利，是基于自己的意思自由地行使权利，而隐私权表现为消极的不受侵害权利，其他人在法律规定范围内不为一定行为和义务；从行使来看，个人信息能够作为商业交易的对象，在市场经济条件下，个人信息的商业运用成为行使权利的主要途径，而隐私是与人身密不可分的，隐私权不能转让，不能作为交易的客体；从救济方式来看，个人信息采取事前防范和事后救济相结合的方式，而隐私权的保护是采取事后救济方式实现的。在实践中，注意区分个人信息与隐私权，不能随意扩大隐私权的范围，阻碍对信息的处理，不能以信息处理为名，损害隐私权，损害他人合法权益。《民法典》对隐私权保护仅规定了两个条文，都是原则性规定，内容也比较少。期待将来制定的《个人信息保护法》作为专门法律，对隐私权作出系统详细规定，调整规范隐私权，更好地保护公民个人的隐私权。

婚姻家庭编

《民法典》婚姻家庭编的亮点

《民法典》婚姻家庭编对《婚姻法》进行了较大修改，结合社会发展情况，把实践证明成熟的司法解释上升为法律条文，更加注重家庭美德建设、婚姻关系的调整、子女权益的保护、离婚程序的完善，使之更具有针对性、操作性，同时，共把《收养法》的内容吸收进婚姻家庭编，使之更完整更充实。总体来看，婚姻家庭编吸收专家学者的意见建议，采纳司法实务部门的经验做法，编纂水平较高，受到广泛好评。具体有以下几个亮点：

一、注重家庭美德建设

针对近年来过于追求物质生活、追求个人自由，造成离婚率高、不赡养老人、不抚养子女、引发社会失序等问题，《民法典》第 1043 条明确规定“家庭应当树立优良家风，弘扬家庭美德，重视家庭文明建设。夫妻应当互相忠实，互相尊重，互相关爱；家庭成员应当敬老爱幼，互相帮助，维护平等、和睦、文明的婚姻家庭关系。”这条规定体现了立法者对家庭伦理道德的引导规范，有利于鼓励人们对于优良家风的培养和社会整体风气的提升。

二、注重对婚姻关系的调整规范

《婚姻法》第 7 条规定了禁止结婚的两种情形，即直系血亲和三代以内的旁系血亲、患有医学上认为不应当结婚的疾病。第 10 条规定了婚姻无效的情形,即重婚的、有禁止结婚的亲属关系的、婚前患有医学上认为不应当结婚的疾病婚后尚未治愈的、未到法定婚龄的。第 11 条规定婚姻撤销的情形,即因胁迫结婚的,受胁迫的一方可以向婚姻登记机关或人民法院请求撤销该婚姻。《民法典》把“婚前患有医学上认为不应当结婚的疾病”从禁止结婚中删除,对这种情形作了具体分析:如果结婚后治愈的,不能禁止;如果结婚后仍然不能治愈的认定为无效情形,由法院判决离婚。同时,其他增加规定了“患有重大疾病的情形可以撤销”。第 1053 条规定:“一方患有重大疾病的,应当在结婚登记前如实告知另一方;不如实告知的,另一方可以向人民法院请求撤销婚姻。请求撤销婚姻的,应当自知道或者应当知道撤销事由之日起一年内提出。”至于重大疾病的范围,留给司法解释解决。针对婚前患有重大疾病、另一方在婚后发现的情形,法律赋予当事人撤销权:如果基于夫妻感情,互相关爱,互相帮助,可以继续共同生活;如果不想继续共同生活,有权请求法院离婚。这样规定,更加符合实际,更加富于人性。有的学者认为应规定无效,这样容易造成公权力对私权利干涉过多,不利于家庭和睦稳定。与草案相比,正式文本增加了“请求撤销婚姻的,应当自知道或者应当知道撤销事由之日起一年内提出。”法律规定提起撤销权的期限为 1 年,是对总则编撤销权规定的体现,也使婚姻撤销权的规定更加完整。

第 1054 条规定:“无效的或者被撤销的婚姻自始没有法律约束力,当事人不具有夫妻的权利和义务。同居期间所得的财产,由当事人协议处理;协议不成的,由人民法院根据照顾无过错方的原则判决。对重婚导致的无效婚姻的财产处理,不得侵害合法婚姻当事人的财产权益。当事人所生的子女,适用本法关于父母子女的规定。婚姻无效或者被撤销的,无过错方有权请求损害赔偿。”这条规定赋予了无过错方的索赔权,通过诉讼程序保证无过错方的合法利益得到实现。现行法律规定对同居期间所得财产,由当事人协议处理,协议不成的,由人民法院根据照顾无过错方的原则判决。法律赋予无过错方索赔权,借鉴了比较法上的经验,完善了我国婚姻无效和可撤销制度,有助于实现对无辜当事人的救济。司法实践中裁判的难点在于受害人受到的损失难以确定,如因胁迫结婚的一方、重婚的受害人,往往遭受严重的精神损害,也可能受到财产损害,受害人无法举证证明具体的数额。因此,需要法官运用自由裁量权酌情确定。

三、完善离婚抚养制度

《婚姻法》第 36 条规定:"离婚后,哺乳期内的子女,以随哺乳的母亲抚养为原则。哺乳期后的子女,如双方因抚养问题发生争执不能达成协议时,由人民法院根据子女的权益和双方的具体情况判决。"由于规定得笼统,实践中常常出现因抚养子女纠纷不断,影响正常生活,对此需要具体细化。《民法典》第 1084 条规定:"父母与子女的关系,不因父母离婚而消除。离婚后,子女无论由父或者母直接抚养,仍是父母双方的子女。离婚后,父母对于子女仍有抚养、教育、保护的权利和义务。离婚后,不满两周岁的子女,以由母亲直接抚养为原则。已满两周岁的子女,父母双方对抚养问题协议不成的,由人民法院根据双方的具体情况,按照最有利于未成年子女的原则判决。子女已满八周岁的,应当尊重其真实意愿。"对于离婚后父母与子女的关系,理论上早有共识,但是实践中存在很多问题,许多父母离婚后,没有抚养子女的一方不尽抚养义务,或者不给抚养费,或者不关心不照顾,使子女成长受到很大影响。对此,《民法典》特意增加规定,体现出立法者贯彻落实最有利于未成年人的原则。对子女的抚养,划分 3 个阶段:2 周岁以前原则上由母亲直接抚养;2 周岁至 8 周岁,由父母协商决定;满 8 周岁的,有一定判断辨别能力,尊重子女的真实意愿。这样的规定与草案相比,可操作性更强,便于执行。

四、进一步完善离婚程序规定

《婚姻法》对“判决不准离婚的又提起诉讼的情形”没有规定,致使实践中许多夫妻不能及时解除婚姻关系,影响正常生活。为弥补这一漏洞,《民法典》第 1079 条第 5 款规定:“经人民法院判决不准离婚后,双方又分居满一年,一方再次提起离婚诉讼的,应当准予离婚。”

五、增加最有利于被收养人的规定

《收养法》第 2 条规定“收养应当有利于被收养未成年人的抚养、成长,保障被收养人和收养人的合法权益”。但是,该条收养对象仅限于未成年人,而且没有与联合国《儿童权利公约》相衔接。《民法典》落实《儿童权利公约》中“最有利于被收养人”的原则,与总则编中“最有利于被监护人”原则相衔接。第 1044 条明确规定:“收养应当遵循最有利于被收养人的原则,保障被收养人和收养人的合法权益”,同时规定,“禁止借收养名义买卖未成年人”,以惩治实践中存在的借收养名义拐卖未成年人的现象。

由于我国已经废除独生子女政策,实行两胎政策,《民法典》删除了计划生育内容。

如何认定夫妻共同债务?

《民法典》第1089条规定:“离婚时,夫妻共同债务应当共同偿还。共同财产不足清偿或者财产归各自所有的,由双方协议清偿;协议不成的,由人民法院判决。”这条规定确立了夫妻共同债务共同偿还原则。如何认定共同债务,留给司法解释,由人民法院判决。

《夫妻债务司法解释》对夫妻共同债务的认定确定了明确标准。

《婚姻法》规定夫妻财产实行共同财产制为原则,约定财产为例外,只要没有明确约定的,婚姻关系存续期间所得的财产均为夫妻共同财产,不存在份额比例的问题。《婚姻法》第17条规定:“夫妻对共同所有的财产,有平等的处理权。”《婚姻法司法解释(一)》第17条第1款进一步作了规定:“因日常生活需要而处理夫妻共同财产的,任何一方均有权决定。”此条确立了家事代理制,对家庭日常事务,夫妻互有代理权,无须事先通知夫妻另一方。对夫妻一方为满足家庭日常生活需要所负的债务,应推定为夫妻共同债务。对非因日常生活需要所负的债务,即大额财产,需要夫妻共同同意。《婚姻法司法解释(一)》第17条第2项规定:“夫或妻非因日常生活需要对夫妻共同财产做重要决定,夫妻双方应当平等协商,取得一致意见。他人有理由相信其为夫妻共同意思表示的,另一方不得以不同意或者不知道为由对抗善意第三人。”由此可见,该司法解释对夫妻共同财产已经区分为小额财产和大额财产,但是没有明确推定制和共签制。

实践中,问题就出在第 2 款的后半句,如何认定“他人有理由相信”?在保护善意第三人与夫妻另一方的合法权益之间如何取得平衡?如何推定?如何承担举证责任?《婚姻法司法解释(二)》第 24 条就是围绕平衡善意第三人也即债权人与夫妻另一方的利益进行界定的。该条规定:“债权人就婚姻关系存续期间夫妻一方以个人名义所负债务主张权利的,应当按夫妻共同债务处理。但夫妻一方能够证明债权人与债务人明确约定为个人债务,或者能够证明属于《婚姻法》第十九条第三款规定情形的除外。”这条规定对夫妻共同债务没有加以区分,凡是夫妻一方以个人名义所负的债务,一律认定为共同债务,倒退到《婚姻法司法解释(一)》以前的状态,学者们称为“共债推定”。夫妻一方以个人名义所负的债务,只要债权人主张的,就推定为夫妻共同债务,夫妻另一方要想免责,必须承担举证责任,这就加重了夫妻另一方的举证责任。《婚姻法司法解释(二)》是 2003 年制定的,当时人们家庭财产普遍不多,倒也没有什么问题。随着经济的快速发展,人民群众的家庭财产逐渐增多,尤其是不动产的增加,夫妻债务相应数额加大,人们对夫妻共同债务实行共债推定产生了一些意见。第 24 条不区分情况笼统规定有点绝对化了,不适应社会发展的需要,同时,该条规定不举债的另一方承担举证责任,实践中这个责任对于绝大多数夫妻来讲承担不起,因此遭到人们广泛非议,尤其是对那些夫妻一方以赌债、毒资和虚假借款对外承担债务的,对夫妻另一方很不公平。为此 2017 年 2 月,最高人民法院对第 24 条增加了两款补充规定。第 1 款规定:“夫妻一方与第三人串通,虚构债务,第三人主张权利的,人民法院不予支持。”第 2 款规定:“夫妻一方在从事赌博、吸毒等违法犯罪活动中所负债务,第三人主张权利的,人民法院不予支持。”这两款规定仅对虚构的债务、赌资、毒债明确规定不算夫妻共同债务,对夫妻的共同债务仍然加以没有区分、对夫妻的举证责任仍然没有明确界定。

《夫妻债务司法解释》，回应了上述问题，对夫妇共同债务如何认定，从遵循的基本原则、夫妻共同债务的划分、夫妻的举证责任等方面作出全面具体的规定，操作性很强。

第 1 条规定："夫妻双方共同签字或者夫妻一方事后追认等共同意思表示所负的债务，应当认定为夫妻共同债务。"该条明确了共债共签的原则，夫妻要承担共同债务，必须有共同意思表示，意思表示有共同签字、事后追认两种表现形式。

第 2 条规定："夫妻一方在婚姻关系存续期间以个人名义为家庭日常生活需要所负的债务，债权人以属于夫妻共同债务为由主张权利的，人民法院应予支持。"这是对小额债务继续推定为共债、属于家事代理的范围，重申了《婚姻法司法解释（一）》第 17 条第 1 款规定。为家庭日常生活需要所负的债务，如购买家电、旅游费用、子女生活教育费用、家庭成员医疗费用、抚养、扶养及赡养费用等，这些费用均推定为夫妻共同债务。

第 3 条规定："夫妻一方在婚姻关系存续期间以个人名义超出家庭日常生活需要所负的债务，债权人以属于夫妻债务为由主张权利的，人民法院不予支持；但债权人能够证明该债务用于夫妻共同生活、共同生产经营或者基于夫妻双方共同意思表示的除外。"该条确立了共债共签制，规定了对于单方大额举债，由债权人承担举证责任，增加了债权人的举证责任，免除了夫妻另一方的举证责任。如果债权人能够有证据证明夫妻一方的借款是为了家庭共同生活、共同生产经营或者夫妻共同意思表示，夫妻则要以共同财产承担还款责任，否则，不承担责任。

综上所述，《夫妻债务司法解释》第 2、3 条是对《婚姻法司法解释（二）》第 24 条规定的细化，对夫妻共同债务区分为满足家庭日常生活需要和超出家庭日常生活需要所负债务，也即小额债务和大额债务：对小额债务继续实行共债推定制；对大额债务实行共债共签制，在大额债务诉讼中免除了不举债的夫妻一方举证责任，由债权人承担举证责任。第3条规定与《民事诉讼法》“谁主张，谁举证”的原则相吻合，符合我国目前的社情和民情。

《婚姻法》被《民法典》取代，在《民法典》正式实施后即2021年1月1日后失效。在没有出台新的司法解释之前，原有的司法解释，只要不与《民法典》规定冲突的，仍然有效，在审判中可以引用，法官可依此作出判决。

家事审判改革与民法典编纂

家事审判不仅关系个人和家庭幸福,而且关系社会和谐稳定与文明进步。婚姻关系是伦理性极强的关系,妥善处理好婚姻家庭等家事案件,是社会健康和谐发展的需要,也是全面建成小康社会的需要。过去审判实践中,把婚姻家庭案件、继承案件、损害赔偿案件、民间借贷案件以及房地产案件等统称为民事案件,适用统一的审判理念、规则和程序,强调公开审理、严格执行审判程序、快审快判,结果造成许多案件判而不了,留下大量的后遗症。近年来,经过广大专家学者的理论探索,以及一些法院的先行试点,学习借鉴国外先进的审判经验,逐步认识到家事案件与民事案件有很大的区别,审判活动中应有自己的审判理念、审判规则和审判程序。最高人民法院于 2016 年上半年决定在全国范围内进行为期两年的试点,大力推行家事审判改革,在试点法院设立家事审判庭或家事审判合议庭,适用家事审判理念、规则和程序,取得了明显效果。家事审判改革把家事案件从传统的民事案件中独立出来,强调家事审判的理念、规则和程序,这是我国把商事审判从民商事审判独立出来后的又一大进步,标志着我国民事审判朝着更加专业化、更加人性化的方向发展,是中国审判史上值得记载的一笔,必将有效促进我国社会和谐稳定发展。

家事案件包括哪些呢?家事案件,是指确定身份关系的案件以及基于身份关系而产生的家庭纠纷,通常包括 6 类案件:(1)婚姻案件及其附带案件,如离婚、婚姻无效、婚姻撤销、监护权、子女抚养费、离婚后财产分割纠纷等;(2)抚养、扶养及赡养纠纷案件;(3)亲子关系案件,如确认亲子关系、否认亲子关系纠纷案件;(4)收养关系纠纷案件;(5)同居关系纠纷案件,如同居期间的财产分割、非婚生子女抚养等;(6)继承和分家析产纠纷案件。

笔者认为,当前家事审判改革与传统的民事审判相比,主要有以下三大亮点。

一、审判理念不同

主要体现在3个方面:一是家庭是基于两性关系组成,衍生出子女的结合体,属于最亲密的人,主要讲夫妻感情、父母子女以及祖父母孙子女间的亲情,财产是基于亲情产生出来的,财产关系从属于人身关系。因此,家事审判应注重身份利益、人格利益、安全利益和情感利益;而民事案件注重讲是与非,讲财产权属。对家事案件的处理应树立家庭本位的裁判理念,对家庭财产关系的处理要以有利于家庭成员共同生活为价值追求,以人为本,发挥审判对家庭纠纷的诊断、修复、治疗的作用。二是家事审判充分发挥法官在审判活动中的能动作用。对当事人的处分权适当干预,强化法庭职权主义,多出门调查,少坐堂办案;多调解说服,少开庭审理,通过柔性的司法手段,兼顾善良风俗,追求法律效果与社会效果的最佳统一。而民事案件强调法官居中裁判,遵从辩论主义和处分原则,法官多判断,少干预当事人的处分权。三是家事审判不强调审判程序和审限,注重隐私保护、情感修复、矛盾化解,而民事案件要求严格遵守审判程序,严格适用证据规则,强调在审限内结案。

二、审判规则不同

家事审判遵循以下几个规则:

一是坚持不公开审理为原则，公开审理为例外。对离婚、亲子、收养关系等涉及当事人以及家庭生活隐私的家事案件不公开审理，更容易让当事人对相关隐私事实进行充分的举证、质证，减少思想顾虑，保证法官能够全面掌握案件事实、了解当事人的真实想法，有利于保护未成年人的身心健康。民事案件审理遵循以公开为原则，不公开为例外。

二是坚持未成年人利益最大化原则。此原则近年来已经成为国际人权公约和相关国家立法确立的一项重要原则。主要内涵包括：以未成年人为本位，从根本利益、长远利益出发分析问题和解决问题；将未成年人作为一个独立的法律个体理解，而不是作为家庭的附属物；未成年人与其他个体利益发生冲突时，优先考虑未成年人的利益；保障未成年人表达利益诉求的权利。《民法典》第 35 条首次明确规定了对被监护人的保护实行最有利于被监护人利益的原则，家事审判中也应落实好这项原则。对涉及未成年人抚养的案件，要开展全面的情况调查，必要时引入心理疏导和测评机制，对抚养权归属问题作出合理的裁判。

三是加大法官的职权干预力度。家事案件中绝大多数当事人都不懂法律，属于法律上的弱势群体，尤其是妇女、老人、孩子，法律意识普遍不强，不知道如何收集证据、固定证据，更不懂得如何举证、质证，法官主动干预就很有必要。一些试点法院聘用或者聘请家事调查官参与家事案件调查，对于当事人确实难以举证的重要事实，依职权调查取证，效果很好。

三、审判程序不同

家事案件与普通的民事案件相比，在审判程序上也有很大不同，主要体现在以下几个方面：

(1)实行调解前置程序。正如大家常说的家庭不是讲理的地方，是讲情的地方。出现家庭纠纷，往往是夫妻感情出现了问题，或者父母与子女的亲情出现了裂痕。家庭纠纷中往往没有对错,只有亲情。需要的是包容、忍让、体贴、谅解。因此,家事审判中,必须先经过调解程序,调解不成才能判决。一些法院受理家事案件后,采取先由一定经验的家事调解员进行调解,调解不成的再转给家事法官审判的办法,减少了许多离婚的发生,效果不错。

(2)实行当事人亲自到庭。家事案件涉及情感纠纷,当事人不亲自到庭,仅委托代理人出庭,就无法了解纠纷的真实原因,无法了解个人隐私,怎能彻底解决纠纷?鞋子合适不合适,只有脚知道。试点法院普遍要求当事人亲自到庭,无论什么身份,无论什么理由,都必须到庭,否则,不开庭审理案件。

(3)设置冷静期。离婚案件往往是一怒之下诉诸法院,只为出一口恶气。好多离婚案件,并没有多少原则纠纷,只是生活习惯不同、脾气性格不投、不尊重对方、不孝敬对方父母。试点法院普遍设置1~3个月的冷静期,特殊情况可延长至6个月,冷静期不计入审限,目的就是让双方都冷静下来,都反思自己的过错、多为对方考虑、多换位思考,纠纷常常就解决了。

(4)放宽家事案件的审限。普通民事案件的审限一审为6个月,二审为3个月。家事案件可以适当放宽,一些法院对一审、二审案件分别延长为12个月、6个月,而且规定调解不算审限。这样有利于给当事人充足时间,解决纠纷。试点法院对家事法官的绩效考核不考核审限、结案率,也是为了给法官充裕时间审理案件。

(5)进行财产申报。家事案件是基于身份关系的纠纷,判决离婚或者撤销婚姻、确认婚姻无效后,便涉及子女的抚养、财产的处理。因此,为了防止有的当事人转移财产、隐藏财产,实行财产申报就很有必要了。法院立案后,双方当事人必须如实向法院申报财产,有利于判后执行。

(6)推行心理疏导制度。对矛盾对抗激烈、情绪波动较大的当事人,涉及未成年人权益保护以及遭受家暴的受害人,聘请专业心理咨询辅导人员进行心理评估和心理疏导,向合议庭出具心理辅导报告,提出纠纷解决方案。

(7)推行家事调查官制度。家事法庭配备家事调查官作为审判辅助人员,通过向当事人家庭、所在单位、社区的调查走访,对当事人的婚姻状况、未成年子女抚养情况、亲属关系等特定事项,以及当事人的身心状况、家庭关系、经济状况、居住环境、个人经历、教育程度等事项进行调查,为案件处理提供依据。对涉及判决不准予离婚、子女抚养及探视、老人赡养等案件,延伸司法服务触角,由家事调查官定期判后回访和帮扶,用法、理、情扩大回访和帮扶效果。

(8)裁判文书体现柔性司法的特点。说理部分不要使用生硬的语言,注意使用柔和的语言,注意保护当事人的隐私,不要引起反感。

(9)实行离婚证明书。当事人在试点法院作出解除婚姻关系后,法院可依当事人申请出具离婚证明书,主要内容包括当事人身份信息、婚姻关系解除时间、裁判文书号、文书生效日期等必要的证明信息,不涉及案件事实,有效保护当事人的隐私,避免隐私泄露引发二次伤害。试点法院与当地婚姻登记部门互相合作,达成协议。法院出具离婚证明书的同时要向离婚姻登记部门备案,以便实现婚姻信息的互通共享。

在编纂《民法典》过程中,立法者吸收借鉴了家事审判中的成功经验,改造成法律条文。如《民法典》第35条规定对监护人保护实行最有利于被监护人的原则,第1077条规定对离婚实行30日冷静期制度,第1084条规定对离婚后子女抚养问题划定标准,第1085条规定子女抚养负担费用和期限的标准等,都是家事审判改革成功经验的提炼浓缩。

继承编

《民法典》继承编有哪些新意？

继承是人们生活中不可或缺的部分，每个人都会面临继承问题。如何合理分配遗产，对于保障亲属的合法权益、调动人们创造财富的积极性、促进社会进步具有重要作用。《民法典》在《继承法》的基础上，适应社会经济发展和家庭变化情况，对遗产的范围、法定继承人的范围、继承权的保护、遗嘱形式、遗产管理人制度等方面，进行修订完善。其中遗产管理人制度是新设立的一项制度，是一大创新，有利于遗产的合法合理分配处置。在条文方面，《继承法》共 37 条，《民法典》继承编共 45 条，增加了 8 个条文。总体来说，继承编内容更充实，结构更合理，体系更完善，反映了社会生活变化的需要。主要有以下几个新意：

一、科学规范遗产范围

《继承法》对遗产范围的界定采取概括加列举的立法模式，共列举了公民收入、房屋、储蓄、生活用品、文物、图书资料等 7 种财产形式。随着社会发展进步，财产种类日益增多，如公司股权、家庭承包经营权、宅基地使用权等，采取列举的形式很难穷尽。鉴于此，《民法典》采取概括方式，反而更容易准确界定。第 1122 条规定："遗产是自然人死亡时遗留的个人合法财产。依照法律规定或者根据其性质不得继承遗产，不得继承。"该条删除列举的 7 种财产种类，增加了但书规定，给遗产范围留有空间。

二、扩大法定继承人范围

《继承法》第 10 条规定："遗产按照下列顺序继承：第一顺序：配偶、子女、父母。第二顺序：兄弟姐妹、祖父母、外祖父母。"第 11 条规定："被继承人的子女先于被继承人死亡的，由被继承人的子女的晚辈直系血亲代位继承。"《继承法》是 20 世纪 80 年代中期制定的，基本上沿袭了《苏俄民法典》传统，继承人的顺序按照亲密程度分为两个顺序，把配偶与子女、父母归入第一顺序，把兄弟姐妹与祖父母、外祖父母归入第二顺序，剥夺了曾祖父母、外曾祖父母、叔伯、舅舅、侄子女、外甥等第三顺序的继承权。这个继承顺序是计划经济时代的反映，在人们寿命不长、经济不发达、生活不富裕的情况下，没有多少财产可供继承。改革开放四十多年来，人们生活水平明显提高，寿命延长，四世同堂屡见不鲜，甚至还有五世同堂，人们积累的财富大大增多。扩大法定继承人的范围也是大势所趋，《民法典》把侄子女、外甥纳入法定继承人的范围，成为代位继承人。第 1128 条规定："被继承人的兄弟姐妹先于被继承人死亡的，由被继承人的兄弟姐妹的子女代位继承。代位继承人一般只能继承被代位继承人有权继承的遗产份额。"这条规定符合遗产向下流转的规律，使财产更好地为后代服务。有的学者主张把曾祖父母、外曾祖父母、叔伯、舅舅也纳入法定继承人范围，这样势必造成财产向上流转或者向旁流转的现象，不符合遗产向下流转的继承规律。

三、增设继承宽宥制度

《民法典》第 1125 条对丧失继承权的情形，在《继承法》基础上增加规定"以欺诈、胁迫手段迫使或者妨碍被继承人设立、变更或者撤回遗嘱，情节严重"的情形，使之更加完整，同时规定："继承人有前款第三项至第五项行为，确有悔改表现，被继承人表示宽恕或者事后在遗嘱中将其列为继承人的，该继承人不丧失继承权。”继承本来就是亲属之间发生的财产转移，继承人如果有遗弃、虐待被继承人的行为，或者伪造、篡改、销毁遗嘱行为，或者在继承过程中有欺诈、胁迫等行为，后来有悔过表现，被继承人表示宽恕，应该给继承人机会，以保障继承人的今后正常生活，这也符合人道主义精神。

四、增设法定遗嘱形式

《继承法》规定了公证遗嘱、自书遗嘱、代书遗嘱、录音遗嘱、口头遗嘱等遗嘱形式。《民法典》在此基础上增加了打印遗嘱和录像遗嘱两种形式。第1136条规定：“打印遗嘱应当有两个以上见证人在场见证。遗嘱人和见证人应当在遗嘱每一页签名，注明年、月、日。”第1137条规定：“以录音录像形式立的遗嘱，应当有两个以上见证人在场见证。遗嘱人和见证人应当在录音录像中记录其姓名或者肖像，以及年、月、日。”这两种遗嘱形式，适应了社会生活现实和科技发展水平，具有创新性和先进性。同时法条对口头遗嘱进行了规范，规定口头遗嘱仅限于危急情况下，危急情况消失后，改为书面遗嘱或者录音录像遗嘱。第1138条规定：“遗嘱人在危急情况下，可以立口头遗嘱。口头遗嘱应当有两个以上见证人在场见证。危急情况消除后，遗嘱人能够以书面或者录音录像形式立遗嘱的，所立的口头遗嘱无效。”严格限制口头遗嘱，有利于减少纠纷，维护书面遗嘱的合法性，杜绝以口头遗嘱否定书面遗嘱的现象。

五、增设遗产管理人制度

《继承法》第24条规定：“存有遗产的人，应当妥善保管遗产，任何人不得侵吞或者争抢。”对遗产进行保管的相关法条很少，而且内容很少。随着经济发展、生活水平的提高，人们积累的财富大量增加，尤其富人们的财产规模庞大、种类繁多,需要专业人士打理,遗产管理人便孕育而生。《民法典》适应社会发展的需要,新设立了遗产管理人制度,用5个条文从遗产管理人的产生、争议确定、职责、承担民事责任以及获得报酬等方面进行调整规范,正式确立了我国遗产管理人制度。第1145条规定:"继承开始后,遗嘱执行人为遗产管理人;没有遗嘱执行人的,继承人应当及时推选遗产管理人;继承人未推选的,由继承人共同担任遗产管理人;没有继承人或者继承人均放弃继承的,由被继承人生前住所地的民政部门或者村民委员会担任遗产管理人。"这条规定确立了遗产管理人产生的4种顺序。遗产管理人先由遗嘱执行人担任。遗嘱执行人一般是被继承人生前委托处理亲朋好友,或者律师、会计师、牧师等专业人士,保证公正合理处理自己所留财产。如果没有指定遗嘱执行人的,才由继承人共同推选遗产管理人,可以是共同信得过的朋友,也可以是专业人士。如果继承人没有推选,由继承人共同担任遗产管理人。由于涉及切身利益,容易产生矛盾,如果发生纠纷,可以申请法院指定遗产管理人。第1146条规定:"对遗产管理人的确定有争议的,利害关系人可以向法院申请指定遗产管理人。"如果没有继承人或者继承人均放弃继承的,由政府兜底,民政部门或者村民委员会担任遗产管理人处理遗产。

遗产管理人对遗产负有清查管理职责,保障遗产不被遗漏,而且要采取必要措施保值增值。同时还负有清算义务,维护社会交易安全,最后才是合法合理分割遗产。第1147条规定:"遗产管理人应当履行下列职责:(一)清理遗产并制作遗产清单;(二)向继承人报告遗产情况;(三)采取必要措施防止遗产毁损、灭失;(四)处理被继承人的债权债务;(五)按照遗嘱或者依照法律规定分割遗产;(六)实施与管理遗产有关的其他必要行为。"

遗产管理人在履职过程中必须依法认真履职,如果因故意或者重大过失造成继承人、受遗赠人、债权人损害的，要承担赔礼道歉、消除影响、赔偿损失等民事责任，这也符合过错责任原则。为此，第 1148 条规定："遗产管理人应当依法履行职责，因故意或者重大过失造成继承人、受遗赠人、债权人损害的，应当承担民事责任。"

遗产管理人既然有义务，当然也应该享有权利，保证权利义务相统一。第 1149 条规定："遗产管理人可以依照法律规定或者按照约定获得报酬。"至于报酬数额，根据行业习惯确定。

侵权责任编

《民法典》侵权责任编的补充和完善

在 2009 年起草制定《侵权责任法》时，学术界对法律名称存有很大争议，是侵权法，还是侵权行为法，抑或侵权责任法？侵权包括侵权行为和侵权责任，侵权法包含范围很广。侵权行为法重在对自己行为负责，强调过错，行为人本身具有主观上过错，才承担侵权责任。侵权责任法重在强调责任，不仅对自己行为负责，而且对他人行为负责，不仅适用过错责任、过错推定责任原则，而且适用无过错责任、公平责任规则。侵权责任法与《民法通则》中规定的民事责任保持连续性和一致性，因此，立法者最终使用《侵权责任法》名称，在《侵权责任法》中列举了 7 类特殊侵权责任，分门别类详细规定，具有很强的针对性和操作性。十多年的司法实践证明，这部法律是成熟的，经得起历史检验。至此，经过三十多年的努力，民法典的框架基本建立起来，从 20 世纪 80 年代初修改后的《婚姻法》，20 世纪 80 年代中期制定《继承法》《民法通则》，20 世纪 90 年代末制定的《合同法》，再到 21 世纪初制定的《物权法》《侵权责任法》，民法典的主要内容具备了，基本适应社会经济发展的法治需要。在编纂《民法典》侵权责任编时，大多数学者专家主张不需要大修大改，补充完善即可。体系结构上，由于《民法总则》对民事责任已有原则规定，故把《侵权责任法》前 3 章整合成 1 章，增加“损害赔偿”章，保留关于责任主体的特殊规定和 7 类特殊侵权责任具体规定，同时，根据社会发展变化的情况，完善公平责任规则，扩大精神损害赔偿范围,增加网络侵权、自甘冒险、自助、免费搭乘行为等规定,明确缺陷产品召回后有关费用的负担,细化高空抛物坠物的各方责任。条文上,《侵权责任法》有 92 条,侵权责任编 95 条,增加了 3 个条文。总体来说,侵权责任编坚持问题导向,积极回应社会热点问题,体例结构更加合理,内容更加充实,受到充分肯定。

一、完善体系结构

《侵权责任法》前 3 章分别规定侵权责任的一般规定、责任构成和责任方式、不承担责任和减轻责任的情形。《民法典》中,由于总则部分对民事责任构成和承担责任方式已有规定,侵权责任编删除重复部分,把侵权责任法前 3 章整合成 1 章,同时,增加"损害赔偿"章,意在强调承担责任后赔偿损失,保证受害人合法权益的实现。其在保留责任主体的特殊规定和 7 类特殊侵权责任的同时,把"环境污染责任"改为"环境污染和生态破坏责任",强调对破坏生态承担侵权责任,把"物件损害责任"改为"建筑物和物件损害责任",增加建筑物中抛物、坠物损害责任,细化各方责任,从而形成现在的侵权责任编体例结构。

在"损害赔偿"章中,完善了公平责任规则。《侵权责任法》第 24 条规定:"受害人和行为人对损害发生都没有过错的,可以根据实际情况,由双方分担损失。"实践中,因裁判标准不明确导致适用范围过宽,社会效果不好。为进一步明确适用范围、统一裁判尺度,《民法典》将侵权责任法中"根据实际情况"修改为"依照法律规定",强调适用公平责任规则,必须有法律依据,否则不能随便适用。《民法典》第 182 条第 2 款规定:"危险由自然原因引起的,紧急避险人不承担民事责任,可以给予适当补偿。"如因地震、火灾、洪水等自然原因引起的危险,紧急避险人不承担民事责任,可以给予受害人适当补偿。这是公平责任规则在紧急避险中的体现。第 183 条规定:"因保护他人民事权益使自己受到损害的，由侵权人承担民事责任，受益人可以给予适当补偿。没有侵权人、侵权人逃逸或者无力承担民事责任，受害人请求补偿的，受益人应当给予适当补偿。”在交通事故中，肇事人逃逸或者无力承担责任，公平责任规则要求受益人给予适当补偿给受害人。第1254条规定：“禁止从建筑物中抛掷物品。从建筑物中抛掷物品或者从建筑物上坠落的物品造成他人损害的，由侵权人依法承担侵权责任；经调查难以确定具体侵权人的，除能够证明自己不是侵权人的外，由可能加害的建筑物使用人给予补偿。可能加害的建筑物使用人补偿后，有权向侵权人追偿。”公平责任并非侵权归责原则，而是损失分担规则。公平责任规则中，双方均没有过错，基于人道主义和公平正义精神，由受益人给予受害人适当补偿。根据这个理念，法律规定紧急避险、见义勇为、高空抛物坠物等情形下，适用公平责任规则。

《民法典》在损害赔偿中，扩大了精神损害赔偿范围。第1183条第2款规定：“因故意或者重大过失侵害自然人具有人身意义的特定物造成严重精神损害的，被侵权人有权请求精神损害赔偿。”该条吸收借鉴《精神损害赔偿司法解释》第4条规定，具有人格象征意义的特定纪念物品因侵权行为而永久性灭失或者毁损，物品所有人以侵权为由向人民法院起诉请求赔偿精神损害的，人民法院应当依法予以受理，如爱情信物、军功纪念章、凝聚深刻感情的信件、画像等，不仅是物品，而且凝聚着、寄托着人们的经历、感情，具有极强的精神价值。因此，毁损、灭失信物，法律赋予受害人精神损害请求赔偿权。

二、增加自甘风险规定

自甘风险，是指行为人明知存在危险状态、甘愿冒险参加的行为，如参加对抗激烈的足球、篮球运动，以及漂流、登山运动等。自甘风险行为强调风险行为的可预见性和自愿性，因此依据过责相符的公平理念,应当酌情减轻赔偿义务的责任。《民法通则》《侵权责任法》对此均没有涉及。随着生活水平的提高,人们从事大量惊险刺激的自甘冒险行为。第 1176 条规定:“自愿参加具有一定风险的文体活动,因其他参加者的行为受到损害的,受害人不得请求其他参加者承担侵权责任;但是,其他参加者对损害的发生有故意或者重大过失的除外。活动组织者的责任适用本法第一千一百九十八条至一千二百零一条的规定。”此条把承担责任的范围界定在故意或者重大过失。何为故意或者重大过失?留给司法解释解决。活动组织者的责任适用宾馆、商场、活动组织者的安全保障义务。

三、增加自助行为规定

自助行为是权利人受到不法侵害后,为保全、恢复自身权利,在情势紧迫而不能及时请求国家机关救助情况下,依靠自己力量对他人财产扣押的行为。自助行为与紧急避险、正当防卫的性质是相同的,同属于私力救济。私力救济分为自卫行为和自助行为,紧急避险和正当防卫属于自卫行为,《民法通则》《侵权责任法》均有规定,自助行为,则没有涉及。实践中存在大量自助行为,如饭店扣留吃饭不付费者的财物、交通运输公司扣留乘车不买票者的财物等。为回应社会呼声,《民法典》第 1177 条规定:“合法权益受到侵害,情况紧迫且不能及时获得国家机关保护,不立即采取措施将使其合法权益受到难以弥补的损害的,受害人可以在保护自己合法权益的必要范围内采取扣留侵权人的财物等合理措施;但是,应当立即请求有关国家机关处理。受害人采取的措施不当造成他人损害的,应当承担侵权责任。”自助行为仅限于紧急情况下、国家公力救济来不及时暂时私力救济,而且限于财物,不能限制人身自由,扣留财物后,应尽快通知公安等国家机关依法处理,如果采取措施不当造成他人损害的,要承担侵权赔偿责任。私力救济是公力救济的例外和补充，必须把私力救济限制在特定情况下，否则，社会秩序就会受到破坏。

四、完善网络侵权责任

随着网络快速发展，网络侵权行为越来越复杂，为了更好保护权利人的合法利益，平衡网络用户和网络服务提供者之间的利益，《民法典》进一步细化网络侵权责任的具体规则。《侵权责任法》对此仅有第36条规定，《民法典》扩展到4个条文，内容借鉴网络侵权司法解释。第1195条规定增加"通知"内容，网络服务提供者"应当及时将该通知转送相关网络用户"，权利人给网络服务提供者的通知"包括构成侵权的初步证据及权利人的真实身份信息"。第1196条增加规定网络用户的抗辩权，网络用户接到转送通知后，可以向网络服务提供者提交不存在侵权行为的声明，声明包括不存在侵权行为的初步证据。权利人接到声明后，有权向有关部门投诉或者向法院起诉，把行政部门和法院引入进来，有利于及时解决纠纷。第1197条规定网络服务提供者知道或者应当知道网络用户利用网络服务侵害他人民事权益，没有采取必要措施的，与网络用户承担连带责任。

五、完善机动车交通事故责任规则

针对实践中容易产生纠纷的问题，吸收借鉴《道路交通安全法》第76条和《交通事故损害赔偿司法解释》的规定，进一步完善处理交通事故责任规则。一是明确挂靠车辆引发交通事故的责任主体。第1211条规定："以挂靠形式从事道路运输经营活动的机动车，发生交通事故造成损害，属于该机动车一方责任的，由挂靠人和被挂靠人承担连带责任。"借鉴《交通事故损害赔偿司法解释》第3条的规定，挂靠车、套牌车、拼装车、报废车以及盗抢车辆等发生交通事故，属于机动车一方责任的,有过错的相关责任方承担连带责任,目的就是通过加重责任,制止违法行为和放任不管行为。二是明确机动车强制保险和商业保险的赔偿顺序。第1213条规定:“机动车发生交通事故造成损害,属于该机动车一方责任的,先由承保机动车强制保险的保险人在强制保险责任限额范围内予以赔偿;不足部分,由承保机动车商业保险的保险人按照保险合同的约定予以赔偿;仍然不足或者没有投保机动车商业保险的,由侵权人赔偿。”这条明确了实践中争议很久的赔偿顺序,先由强制保险人赔偿,不足再由商业保险人赔偿,最后才由侵权人赔偿。这样规定有利于保障受害人的权益得到及时实现。三是增加非营运机动车无偿搭乘造成损害的责任规则。第1217条规定:“非营运机动车发生交通事故造成无偿搭乘人损害,属于该机动车一方责任的,应当减轻其赔偿责任,但是机动车使用人有故意或者重大过失的除外。”为了平衡受害者合法权益与鼓励助人为乐行为之间利益关系,法律规定减轻无偿载人者的责任。

六、完善生态环境损害赔偿责任

党的十八届三中全会提出“对造成生态环境损害的责任者严格实行赔偿制度”,党的十九大要求“加大生态系统保护力度”,《生态环境损害赔偿制度改革方案》提出具体要求。为了落实中央精神,《民法典》修改完善生态环境损害赔偿制度。一是增加规定生态环境损害的惩罚性赔偿制度。惩罚性赔偿是与补偿性赔偿相对应的一种民事赔偿制度,发端于英国,盛行于美国,被英美法系国家群起效仿。惩罚性赔偿的主要目的和功能在于惩罚、制裁加害人的严重过错行为,弥补受害人遭受的损失。它是一种附加的民事责任形式,只有当补偿性赔偿金不足以惩罚侵害人的恶意侵权行为,或者不足以表明法律对这种行为的充分否定,为阻止行为再次发生,才能适用。惩罚性赔偿是民事责任的例外和补充，就像连带责任一样，必须有法律明确规定，否则不能适用，以避免法官滥用自由裁量权。我国于 1993 年颁布的《消费者权益保护法》，首次以特别法形式确定了惩罚性赔偿制度，是民事责任立法的重大突破。《侵权责任法》也规定了惩罚性赔偿，第 47 条规定："明知产品存在缺陷仍然生产、销售，造成他人死亡或者健康严重损害的，被侵权人有权请求相应的惩罚性赔偿。"《民法典》第 1232 条规定："侵权人违反法律规定故意污染环境、破坏生态造成严重后果的，被侵权人有权请求相应的惩罚性赔偿。"侵权人明知故犯，性质恶劣，而且造成严重后果的，才能给予惩罚性赔偿，而且注意必须通过法院判决，才能确定惩罚性赔偿。这条规定的创新之处，在于扩大惩罚性赔偿范围，无论是《消费者权益保护法》还是《侵权责任法》，都把惩罚性赔偿的范围限制在产品造成人员死亡或者健康严重损害等人身损害，《民法典》首次把环境污染、生态破坏造成严重后果纳入惩罚性赔偿的范围，应该说是一大突破，意在最严格保护人类赖以生存的环境，体现了强化生态建设的执政理念。二是明确生态环境损害的修复和赔偿制度。《环境保护法》确立了"谁污染，谁治理""谁污染，谁赔偿"的制度，《民法典》与《环境保护法》相衔接，予以明确。第 1234 条规定："违反国家规定造成生态环境损害，生态环境能够修复的，国家规定的机关或者法律规定的组织有权请求侵权人在合理期限内承担修复责任。侵权人在期限内未修复的，国家规定的机关或者法律规定的组织可以自行或者委托他人进行修复，所需费用由侵权人负担。"《民事诉讼法》和《行政诉讼法》分别规定民事公益诉讼和行政公益诉讼制度，由检察机关和环保机关以及环保组织提起公益诉讼，承担起追责、修复、赔偿职责，加上《行政强制法》规定的代履行制度，我国对环境保护的法律链条基本形成，法律制度比较完备。三是明确环境损害赔偿的范围。第 1235 条规定了 5 个方面：生态环境受到损害至修复完成期间服务功能丧失导致的损失；生态环境功能永久性损害造成的损失;生态环境损害调查、鉴定评估等费用;清除污染、修复生态环境费用;防止损害的发生和扩大所支出的合理费用。赔偿的损失和费用范围非常广泛,费用高昂,立法精神就是罚得破坏环境者倾家荡产,让大家永远不敢再做污染环境、破坏生态的事。

七、明确缺陷产品召回后费用的负担

《民法典》对《侵权责任法》第 46 条规定进行修改完善。产品投入流通后发现存在缺陷的,生产者、销售者应当及时采取停止销售、警示、召回等补救措施。对未及时采取补救措施或者补救措施不力造成损害的,《侵权责任法》规定由生产者、销售者承担侵权责任。对“扩大的损害”部分,是否承担侵权责任?《侵权责任法》没有涉及。《民法典》对此明确规定生产者、销售者也要承担侵权责任。对召回产品造成“被侵权人因此支出的必要费用”,是否承担侵权责任,《侵权责任法》同样没有涉及,《民法典》第 1206 条专门增加一款,明确生产者、销售者应当负担这部分费用,如运输费、邮寄费等直接损失。

八、细化高空抛物坠物引发损害赔偿的各方责任

《侵权责任法》第 87 条规定:“从建筑物中抛掷物品或者从建筑物上坠落的物品造成他人损害,难以确定具体侵权人的,除能够证明自己不是侵权人的外,由可能加害的建筑物使用人给予补偿。”这条规定在实践中备受诟病,将公平责任规则无限扩大,使“可能加害的建筑物使用人”都要承担侵权责任,不符合公平正义精神。2019 年召开专题研讨会,对高空抛物坠物引起的损害赔偿问题进行深入探讨,专家学者们分别从行政、刑事、民事责任方面提出意见建议。立法者根据大家意见,对《侵权责任法》第 87 条修改完善。第 1254 条规定:“禁止从建筑物中抛掷物品。从建筑物中抛掷物品或者从建筑物上坠落的物品造成他人

损害的，由侵权人依法承担侵权责任；经调查难以确定具体侵权人的，除能够证明自己不是侵权人的外，由可能加害的建筑物使用人给予补偿。可能加害的建筑物使用人补偿后，有权向侵权人追偿。物业服务企业等建筑物管理人应当采取必要的安全保障措施防止前款规定情形的发生；未采取必要的安全保障措施的，应当依法承担未履行安全保障义务的侵权责任。发生本条第一款规定的情形的，公安等机关应当依法及时调查，查清责任人。”这条规定包含以下几层意思：一是明确了侵权赔偿责任的顺序，先由侵权人承担侵权责任，如果经调查难以确定责任人的，根据公平责任规则，由可能加害的建筑物使用人给予补偿，补偿后，再向侵权人追偿。二是建筑物管理人负有安全保障义务，如不履责或履责不到位，要承担侵权责任。三是公安等机关负有调查职责，及时查清责任人。这条规定仍然保留“由可能加害的建筑物使用人给予补偿”规定，没有修改。笔者建议，可以建立“社会救助基金”，解决无人补偿的问题，但立法者最终没有采纳，实为遗憾。这条规定另一个缺陷是突破了私法的范畴，把公法、行政法的内容都规定进来。“公安等机关应当及时调查，查清责任人”，这样规定在《民法典》中显得有点不伦不类，影响了《民法典》的立法水平。

过错推定责任及其适用

儿童在幼儿园、学校学习生活期间受到伤害，幼儿园、学校要承担过错推定责任；中学生在校期间受到伤害，学校则承担过错责任；患者在就医期间有损害的，如果医院违反诊疗规范、隐匿病历资料或者伪造篡改病历资料，则承担过错推定责任；烈性狗咬伤他人，饲养人或管理人承担无过错责任；而动物园的动物造成他人损害的，动物园则承担过错推定责任；建筑物、构筑物及其搁置物、悬挂物发生脱落、坠落造成他人损害的，所有人、管理人或者使用人则承担过错推定责任；建筑物、构筑物倒塌造成他人损害的，建设单位、施工单位承担无过错责任……为什么有的承担过错责任，有的承担过错推定责任，有的承担无过错责任呢？尤其是过错推定责任与无过错责任，实践中一些法官和律师非常容易混淆，没有厘清两者之间区别，出现许多争论。在审判中，如果适用错误，往往造成裁判不公。

过错责任是以行为人的主观过错作为价值判断标准，有过错才担责，无过错则不担责。无过错责任，是指没有过错也承担责任，是为弥补过错责任的不足设立的制度。而过错推定责任是指在侵权行为中，行为人不能证明自己没有过错的情形下，推定行为人有过错，应承担责任，如果行为人能够证明自己没有过错，就不承担责任。《民法典》采用了过错责任原则和无过错责任原则二元归责制，过错推定责任是过错责任原则的一种特殊形式，没有作为一种独立的归责原则。

过错推定责任产生于工业化大生产时代，由于汽车、火车、飞机等现代化交通运输工具常常造成人身、财产损害，受害人证明加害人有过错难度很大，无法获得救济。为了切实保护弱者的合法权益，实现对公平正义的追求，法律规定受害人对损害后果不承担举证责任，由加害人承担，如果加害人证明不了自己没有过错，就应承担赔偿责任。过错推定责任由于加重了行为人的责任，因此，必须有法律法规的明确规定，才能承担责任，否则不担责任。

过错推定责任与无过错责任相比，主要有以下 3 个特征：一是过错推定责任仍以行为人主观上有过错作为承担民事责任的理由，属于过错责任的范畴，它不是一种独立的归责原则，只是过错责任原则的一种特殊形式。而无过错责任不以行为人主观上有过错作为承担民事责任的充分必要条件，它与过错责任相对应，是一种独立的归责原则。二是过错推定责任在诉讼中体现为举证责任倒置，行为人只要证明自己没有过错，就可免责，法律对加害人的抗辩事由没有任何限制。三是过错推定责任的立法思想仍在于对加害行为的责难，仍以过错作为确立责任的最终要件，保持了民事责任的教育和预防作用。无过错责任的立法思想，是对于不幸损害的合理分配，以保险制度和损失分担制度为基础实现损害分配的社会化，因此，它不具有制裁不法行为并预防不法行为发生的作用。

《民法典》系统地规定了承担过错推定责任的 8 种情形。

一、教育机构对无民事行为能力人受到伤害承担过错推定责任

第 1199 条规定："无民事行为能力人在幼儿园、学校或者其他教育机构学习、生活期间受到人身损害的，幼儿园、学校或者其他教育机构应当承担侵权责任；但是，能够证明尽到教育、管理职责的，不承担侵权责任。"按照《民法典》的规定，8 周岁以下的未成年人属于无民事行为

能力人。因其年幼单纯,身体对外界侵扰的抵抗能力和自身的免疫系统都很差,对事物的判断能力和自我保护能力也很差,特别容易受到伤害,属于社会弱势群体,需要全社会予以重视和关爱,并在法律上给予特殊保护。因此,规定教育机构承担过错推定责任,举证责任倒置过来,由加害人承担,加重了教育机构的责任,目的是促使教育机构更加积极履行好教育管理责任。对 8 周岁至 18 周岁的限制行为能力人在学校等教育机构期间受到的伤害,则采取过错责任,由受害人承担举证责任,相比前面而言责任减轻了。第 1200 条规定:“限制民事行为能力人在学校或者其他教育机构学习、生活期间受到人身损害,学校或者其他教育机构未尽到教育、管理职责的,应当承担侵权责任。”在举证责任上,采取“谁主张,谁举证”原则,由受到伤害的限制民事行为能力人及其监护人承担举证责任,不实行举证责任倒置。

二、医疗机构对患者受到损害承担过错推定责任

第 1222 条规定:“患者在诊疗活动中受到损害,有下列情形之一的,推定医疗机构有过错:(一)违反法律、行政法规、规章以及其他有关诊疗规范的规定;(二)隐匿或者拒绝提供与纠纷有关的病历资料;(三)遗失、伪造、篡改或者违法销毁病历资料。”由于医疗机构具备专业知识和技术手段,掌握相关的证据材料,具有较强的证据能力,患者则处于相对弱势地位,证明医务人员存在过错比较困难,为了平衡医患双方的利益,法律规定医疗机构承担过错推定责任。

三、高度危险物的所有人、管理人对非法占有人造成损害的承担过错推定责任

第 1242 条规定:“非法占有高度危险物造成他人损害的,由非法占有人承担侵权责任。所有人、管理人不能证明对防止非法占有尽到高度注意义务的,与非法占有人承担连带责任。”随着现代文明的发展,出

现了诸多如雷管、炸药、枪械、弹药等高度危险物，如果保管不好，容易对人们生产生活造成很大危害，势必要求高度危险物的所有人、管理人尽到高度注意义务，否则就要承担责任。因此，高度危险物的所有人、管理人承担过错推定责任，有利于激励他们加强监督和管理。

四、动物园对动物造成伤害的承担过错推定责任

第 1248 条规定："动物园的动物造成他人损害的，动物园应当承担侵权责任；但是，能够证明尽到管理职责的，不承担侵权责任。"从本条规定看，动物园对所饲养的动物造成他人损害的承担过错推定责任，第 1249 条规定动物饲养人、管理人承担无过错责任，第 1247 条规定饲养烈性犬等危险动物的人员或者管理人员承担无过错责任。第 1247、1249 条对动物饲养人、管理人要求更高，要承担更重责任。

五、所有人、管理人对建筑设施及其搁置物、悬挂物造成损害的承担过错推定责任

第 1253 条规定："建筑物、构筑物或者其他设施及其搁置物、悬挂物发生脱落、坠落造成他人损害，所有人、管理人或者使用人不能证明自己没有过错的，应当承担侵权责任。所有人、管理人或者使用人赔偿后，有其他责任人的，有权向其他责任人追偿。"责任人管理下的物件是为自己带来利益，享有利益的同时就要为所造成的后果承担义务，这种责任被称为替代责任。建筑物、构筑物或者其他设施的所有人、管理人、使用人要承担较严格责任，但又达不到承担无过错责任的程度，鉴于此，法律规定为过错推定责任是合适的。第 1252 条规定："建筑物、构筑物或者其他设施倒塌、塌陷造成他人损害的，由建设单位与施工单位承担连带责任，但是建设单位与施工单位能够证明不存在质量缺陷的除外。建设单位、施工单位赔偿后，有其他责任人的，有权向其他责任人追偿。"这条规定由于倒塌、塌陷造成他人损害的，建设单位和施工

单位承担过错推定责任,对建设单位和施工单位要求更严了。

第1254条规定:“从建筑物中抛掷物品或者从建筑物上坠落的物品造成他人损害的……难以确定具体侵权人的,除能够证明自己不是侵权人的外,由可能加害的建筑物使用人给予补偿。”这条规定是针对可能加害人,并不能确定加害人,规定由可能加害人承担补偿责任,而不是赔偿责任,因此不属于过错推定责任。

六、堆放人对堆放物倒塌造成他人损害的承担过错推定责任

第1255条规定:“堆放物倒塌、滚落或者滑落造成他人损害,堆放人不能证明自己没有过错的,应当承担侵权责任。”该条规定堆放人同样承担过错推定责任,对堆放人要求较高。由于第三人的过错造成堆放物倒塌、滚落、滑落致害他人的,堆放人免责,赔偿责任由第三人承担。如果第三人过错行为与堆放人的过错行为相结合而发生致害结果,依各自原因力承担责任。如果损害是由堆放人和受害人双方过错行为造成的,则依混合过错原则实行过失相抵。

七、所有人、管理人对林木折断造成他人损害的承担过错推定责任

第1257条规定:“因林木折断、倾倒或者果实坠落造成他人损害,林木的所有人或者管理人不能证明自己没有过错的,应当承担侵权责任。”林木所有人或者管理人同样属于替代责任,应承担过错推定责任。如果第三人、受害人有过错的,依过错责任原则处理。

八、施工人对地面施工造成他人损害的承担过错推定责任

第1258条规定:“在公共场所或者道路上挖掘、修缮安装地下设施等造成他人损害,施工人不能证明已经设置明显标志和采取安全措施的,应当承担侵权责任。窨井等地下设施造成他人损害,管理人不能证

明尽到管理职责的,应当承担侵权责任。"地面施工造成他人损害,施工人由于负有较高的注意义务,承担过错推定责任。地下设施致人损害的,管理人同样承担过错推定责任。《民法典》第 1255、1256、1257 条 3 个条文吸收借鉴了最高人民法院《人身损害赔偿司法解释》第 16 条的规定,规定建筑物、构筑物、林木折断、堆放物等致人损害,其所有人、管理人、施工人承担较高注意义务的过错推定责任实践效果也很好。

无过错责任及其适用

汽车购买人凭什么必须交强制责任险？航空公司为什么必须交地面第三人责任险？化工、冶金、焦化、造纸等企业为什么必须交环境污染强制责任险？实践中有哪些情形所有人或者管理人主观上没有过错必须承担赔偿责任？要理解上述问题，还得从无过错责任谈起。

无过错责任是指在法律规定的情形下，不考虑行为人是否存在主观过错，都要对造成他人的损害承担赔偿责任。无过错责任是为了弥补过错责任的不足而设立的制度。它是伴随着社会化大生产的迅速发展，尤其是大型危险性工业的兴起而产生和发展起来的。从事高空、高压、高速运输等活动，占有使用易燃、易爆、剧毒、放射性等高度危险物，造成的人身和财产损害，如果按照过错责任原则由受害人承担举证责任，受害人由于处于弱势地位，往往举不出证据来，也就得不到赔偿，结果很不公平。为了实现实质公平正义，法律规定免除受害人的举证责任，不管加害人有没有过错都要承担责任，同时把保险制度引进来，从事高度危险性活动的企业预先交一些保险费用，发生事故后由保险公司承担责任，使无辜损害得到及时赔偿，既体恤了受害人利益，也保证了从事高度危险性的企业得到继续发展。

无过错责任主要有以下几个特征：一是损害的客观存在是基本价值判断标准，基础依据是已经发生的损害事实，有损害则承担责任，没有损害的则无责任。二是主观过错并非责任的构成要件。无过错责任是以损害结果来确定责任,不考虑行为人主观上是否存在过错,加害人主观上有无过错对承担民事责任没有任何影响,这是与过错责任的根本区别。三是因果关系是构成无过错责任的决定条件。行为人有无责任,不取决于是否有过错,而是取决于损害后果与加害行为之间是否具有因果关系,有因果关系则构成侵权责任,无因果关系则不构成侵权责任。四是在法律规定的条件下,如产品责任、高度危险责任中,加害人有权依照法律规定的免责或者减轻责任事由进行抗辩。五是无过错责任的宗旨在于合理补偿损失。过错责任具有惩罚和补偿功能;而无过错责任由于当事人没有过错,惩罚功能失去了目标,只能保留补偿功能。

无过错责任的适用范围包括特别侵权责任和合同违约责任。在违约责任中,非违约方只需证明违约行为已经构成违约即可,而不必证明主观上有无故意或者过失。对于违约方,通过举证自己无过错来免责是徒劳的,但可以通过证明违约行为是基于不可抗力和存在约定的免责事由而获得免责。特别侵权责任人只能通过证明法定的免责事由而获得免责。本文仅就特别侵权行为承担无过错责任的情形总结归纳,分析审判实践中存在的热点难点问题,以便准确理解和适用。

我国《民法典》系统规定了 12 种承担无过错责任的情形:

一、无民事行为能力人、限制民事行为能力人造成他人损害的,监护人承担无过错责任

第 1188 条规定:"无民事行为能力人、限制民事行为能力人造成他人损害的,由监护人承担侵权责任。监护人尽到监护责任的,可以减轻其侵权责任。有财产的无民事行为能力人、限制民事行为能力人造成他人损害的,从本人财产中支付赔偿费用;不足部分,由监护人赔偿。"未成年人和不能控制辨认自己行为的无民事行为能力人和限制民事行为能力人,缺乏相应的认识和判断行为法律后果,由监护人承担法定监

护职责,因此法律规定监护人承担无过错责任,不允许监护人以尽到监护义务为由主张免除其责任,但可以以此为由请求减轻责任。如果监护人能够证明自己尽到监护职责,则可以适当减轻责任。在审判实践中,监护人的无过错责任,由法律直接规定,不考虑监护人平时教育、管教是否尽责,也不考虑被监护人的年龄、智力及判断能力。现在经济富裕了,财富大量增加,许多未成年人和无民事行为能力、限制民事行为能力的成年人由于继承、接受赠与等原因拥有一定财产。如果他们造成别人人身和财产损害的,首先从本人财产中支付,不足的才由监护人承担。

二、用人单位对其工作人员执行任务造成他人损害的承担无过错责任

第1191条规定:"用人单位的工作人员因执行工作任务造成他人损害的,由用人单位承担侵权责任。用人单位承担侵权责任后,可以向有故意或者重大过失的工作人员追偿。劳务派遣期间,被派遣的工作人员因执行工作任务造成他人损害的,由接受劳务派遣的用工单位承担侵权责任;劳务派遣单位有过错的,承担相应的责任。"对工作人员执行职务造成他人损害的,用人单位无论是否存在过错,都要承担责任。对派遣人员在执行职务时造成损害的,《劳动合同法》从切实保护劳动者合法权益出发,规定用人单位和用工单位承担连带责任,《民法典》从侵权行为责任不同加以细化,规定用工单位承担无过错责任,用人单位承担无过错责任。

三、提供个人劳务一方因劳务致人损害的,接受劳务一方承担无过错责任

第1192条规定:"个人之间形成劳务关系,提供劳务一方因劳务造成他人损害的,由接受劳务一方承担侵权责任。接受劳务一方承担侵

权责任后,可以向有故意或者重大过失的提供劳务一方追偿。提供劳务一方因劳务受到损害的,根据双方各自的过错承担相应的责任。提供劳务期间,因第三人的行为造成提供劳务一方损害的,提供劳务一方有权请求第三人承担侵权责任,也有权请求接受劳务一方给予补偿。接受劳务一方补偿后,可以向第三人追偿。"因雇保姆、家庭装修等个人之间形成的劳务关系中,提供劳务一方因劳务造成他人损害的,接受劳务的一方承担无过错责任,这是基于利益、风险与责任相一致原则,造成的损失由受益方承担,也有利于提高风险意识,使当事人依法行事。接受劳务一方承担赔偿责任后,再向有故意或者重大过失的提供劳务一方追偿。因提供劳务受到损害的,适用过错责任原则,谁有过错谁担责,如果一律由接受劳务的一方承担有失公允。

四、因产品存在缺陷造成他人损害的,生产者和销售者承担的不真正连带责任,为无过错责任

第 1202 条规定:"因产品存在缺陷造成他人损失的,生产者应当承担侵权责任。"第 1203 条规定:"因产品存在缺陷造成他人损害的,被侵权人可以向产品的生产者请求赔偿,也可以向产品的销售者请求赔偿。产品缺陷由生产者造成的,销售者赔偿后,有权向生产者追偿。因销售者的过错使产品存在缺陷的,生产者赔偿后,有权向销售者追偿。"根据上述规定,无论生产者、销售者有没有过错,对产品造成的损害都要承担侵权赔偿责任,符合无过错责任的构成要件。许多国家都是这个立法精神,无非称呼不一样,英美法系称为严格责任,大陆法系称为无过错责任。目的就是提高产品质量,最大限度地保护消费者的人身和财产安全。

五、机动车与行人、非机动车驾驶人之间发生道路交通事故的，机动车一方承担无过错责任

第1208条规定："机动车发生交通事故造成损害的，依照道路交通安全法律和本法的有关规定承担赔偿责任。"《道路交通安全法》第76条作出具体规定：对一方是机动车，另一方是行人、非机动车驾驶人造成损害的，由于双方地位不平等，为实现实质公平正义，规定机动车承担无过错责任，然后引入保险制度，机动车必须上第三人强制责任险，发生事故后，保险公司负责先行赔偿，不足部分再由机动车一方承担。火车、飞机所有人承担无过错责任基于同样的道理。

六、医疗机构违反告知义务，给患者造成损害的，医疗机构承担无过错责任

第1219条规定："医务人员在诊疗活动中应当向患者说明病情和医疗措施。需要实施手术、特殊检查、特殊治疗的，医务人员应当及时向患者说明医疗风险、替代医疗方案等情况，并取得其明确同意；不能或者不宜向患者说明的，应当向患者的近亲属说明，并取得其明确同意。医务人员未尽到前款义务的，造成患者损害的，医疗机构应当承担赔偿责任。"医疗机构对医疗人员的职务行为承担无过错责任，这一点与用人单位承担无过错责任道理相同，不再赘述。

七、因医疗产品致患者损害的，医疗机构与产品提供者承担不真正连带责任，为无过错责任

第1223条规定："因药品、消毒产品、医疗器械的缺陷，或者输入不合格的血液造成患者损害的，患者可以向药品上市许可持有人、生产者、血液提供机构请求赔偿，也可以向医疗机构请求赔偿。患者向医疗机构请求赔偿的，医疗机构赔偿后，有权向负有责任的药品上市许可持

有人、生产者、血液提供机构追偿。”这条规定是对产品存在缺陷造成他人损害情形的具体化。

八、因环境污染致人损害的，污染者承担无过错责任

第 1229 条规定：“因污染环境、破坏生态造成损害的，侵权人应当承担侵权责任。”《民法通则》《环境保护法》均采用无过错责任原则，实践中也有利于督促企业不断改进技术安全措施、认真履行环保义务、严格控制和积极治理污染。值得指出的是无过错责任原则不适用污染单位的从业人员，其由劳动法调整。

九、从事高度危险作业者，经营者、占有人承担无过错责任

第 1236 条规定：“从事高度危险作业造成他人损害的，应当承担侵权责任。”这条对从事高度危险作业经营者、占有人承担无过错责任作了一般规定，第 1237 条至第 1243 条作出具体规定。民用核设施、民用航空器造成他人损害的，无论是否存在过错，均承担责任，除非能够证明因受害人故意或者战争等情形造成的，才不承担责任。占有或者使用易燃、易爆、剧毒、放射性等高度危险物造成他人损害的，也要承担无过错责任。从事高空、高压、地下挖掘活动或者使用高速轨道运输工具造成他人损害的，也是承担无过错责任。遗失、抛弃高度危险物或者非法占有或者交由他人管理造成他人损害的，也是承担无过错责任。未经许可进入高度危险活动区域或者高度危险物存放区域受到损害的，也是承担无过错责任。

十、饲养的动物致人损害的，饲养人、管理人承担无过错责任

第 1245 条规定：“饲养的动物造成他人损害的，动物饲养人或者管理人应当承担侵权责任；但是，能够证明是因被侵权人故意或者重大过

失造成的，可以不承担或者减轻责任。”与此相对应的是动物园对动物造成损害的，承担过错推定责任，因为动物园具有专门饲养职责，一般情况下动物造成损害是由于受害人或者第三人的原因引起的，因此减轻动物园的举证责任。

十一、建筑物倒塌致人损害的，建设单位与施工单位承担无过错责任

第1252条规定：“建筑物、构筑物或者其他设施倒塌、塌陷造成他人损害的，由建设单位与施工单位承担连带责任，但是建设单位与施工单位能够证明不存在质量缺陷的除外。建设单位、施工单位赔偿后，有其他责任人的，有权向其他责任人追偿。因其所有人、管理人、使用人或者第三人的原因，建筑物、构筑物或者其他设施倒塌、塌陷造成他人损害的，由所有人、管理人、使用人或者第三人承担侵权责任。”建筑物、构筑物的倒塌、塌陷与脱落、坠落相比危害性更大，大多数情况下是由于设计、修建造成的豆腐渣工程，因此必须对建设单位、施工单位采取更为严格的责任，故明确规定为无过错责任，对脱落、坠落造成损害的采取过错推定责任，承担的责任相对较轻。

十二、在道路上倾倒、堆放、遗撒妨碍通行的物品造成他人损害的，行为人承担无过错责任

第1256条规定：“在公共道路上堆放、倾倒、遗撒妨碍通行的物品造成他人损害的，由行为人承担侵权责任。公共道路管理人不能证明已经尽到清理、防护、警示等义务的，应当承担相应的责任。”公共道路妨碍通行致害责任存在两个责任主体，应分别适用不同的归责原则。这种责任属于一种特殊的物件损害责任，是故意行为，危害公共安全，应加重侵权人的责任，侵权人承担无过错责任，同时，道路管理部门由于存在管理不善的责任，应承担过错推定责任。

公平责任及其适用

村民帮助邻居修建房屋时失足摔死，是否应当得到补偿？少儿伤害他人，家长是否应当补偿？汽车司机为躲避路边山上落石造成他人损害，是否应当补偿受害人损失？如果补偿损失，法律依据又是什么？法律是如何规定的？要理解上述问题，还得从公平责任谈起。

公平责任，是指行为人和受害人对损害的发生都没有过错，而且不符合法律规定的无过错责任情形，行为人如果不承担损失也不公平，由行为人和受害人共同分担损失。其主要有 3 个特征：一是有严重损害事实的发生；二是行为人和受害人均无过错，不能通过过错推定的方法确定行为人有过错，也找不到有过错的当事人，确定一方或者双方过错显失公平；三是双方当事人不分担损失，有违公平的民法理念。

《民法通则》第 132 条规定："当事人对造成损害都没有过错的，可以根据实际情况，由当事人分担民事责任。"该条被视为公平责任原则的体现。《民法总则》制定时，立法者认为公平责任属于侵权责任法的范畴，不适用于合同法、物权法、婚姻家庭法等法律，不能作为民法的基本原则，因此没有规定公平责任问题。《侵权责任法》第 24 条规定："受害人和行为人对损害的发生都没有过错的，可以根据实际情况，由双方分担损失。"该条被认为在侵权责任领域确立了公平责任。

《民法典》侵权责任编沿袭了《侵权责任法》，对公平责任作出明确规定。第 1186 条规定："受害人和行为人对损害的发生都没有过错的，依照法律的规定由双方分担损失。”

根据我国法律规定,公平责任只能适用于侵权法领域,不适用于物权法、合同法、婚姻家庭法、继承法等领域。公平责任在适用时应考虑受到损害的程度和当事人的经济状况。损害,是指受害人受到的直接损害,不包括间接损害和精神损害,因为间接损失和精神损害难以确定,对行为人不公平。损害的程度必须属于较严重,如果不分担损失,受害人将受到严重损害,有悖于公平正义的理念;如果只是较轻的损失,完全可以由受害人自己承担。如本文一开始提到的村民志愿帮助邻居修建房屋,从房屋上失足摔死或者重伤,邻居虽然没有过错,但是作为受益人理应承担一定损失。

如何确定损害程度较严重,并无统一标准,只能由法官根据实际情况予以判断。当事人的经济状况是指当事人的负担能力和承受能力,包括经济收入、必要的经济支出和应对家庭社会承担的经济状况。既要考虑加害人的经济状况,又要考虑受害人的经济状况,重点要考虑加害人的支付能力。如果加害人的经济负担能力相对较强而受害人承担能力较低,则可以令加害人多分担损失;如果双方的经济状况大体相当,则可以由双方平均分担损失;如果双方的经济状况相差悬殊,则可由经济状况处于绝对优势的一方承担全部损失。

根据我国法律规定,笔者认为适用公平责任的至少有以下几种情形:

一、紧急避险造成损害,危险是由自然原因引起的,避险人采取的措施又无不当

《民法通则》第129条规定:“因紧急避险造成损害的,由引起险情发生的人承担民事责任。如果危险是由自然原因引起的,紧急避险人不承担民事责任或者承担适当的民事责任。”自然原因是指地震、火灾、洪水等自然灾害,在救援过程中造成他人人身财产损害的,救援人不承担民事责任或者承担适当的民事责任。

《民法典》第 182 条第 2 款规定把“承担适当的民事责任”改为“可以给予适当补偿”。按照过错责任原则,没有过错就不应承担责任,紧急避险人在救援过程中造成他人损害没有过错就不应承担民事责任,《民法通则》规定承担适当民事责任是没有依据的。受害人也没有过错,如果不给予适当补偿,不符合公平责任原则。因此,《民法典》规定“可以给予适当补偿”更加严谨规范。如汽车驾驶员为躲避山上落石,把路边的房屋撞塌或者撞伤路边行人,就是典型的紧急避险情形,汽车驾驶员没有过错,根据公平责任原则,给予受害人适当补偿。

二、因见义勇为受到损害的

《民法通则》第 109 条规定:“因防止、制止国家的、集体的财产或者他人的财产人身遭受侵害而使自己受到损害的,由侵害人承担赔偿责任,受益人也可以给予适当的补偿。”

《民法典》第 183 条把“防止、制止国家的、集体的财产或者他人财产、人身遭受侵害”改为“保护他人民事权益”,更加严谨规范,把受益人补偿的范围限制为“没有侵权人、侵权人逃逸或者无力承担民事责任,受害人请求补偿的”。《民法典》对承担公平责任的范围限制比较窄,体现了立法者严格适用公平责任的理念。最常见的就是路见不平拔刀相助,见义勇为的人受到伤害或者死亡,坏人没有赔偿能力或者找不到坏人,被救助的人作为受益人理应补偿一定损失,以体现公平正义,也能温暖一颗受伤的心。

三、无民事行为能力人和限制民事行为能力人致人损害,监护人已尽监护责任

《民法典》第 188 条第 1 款规定:“无民事行为能力人、限制民事行为能力人造成他人损害的,由监护人承担侵权责任。监护人尽到监护职责的,可以减轻其侵权责任。”这两种人只要造成他人损害的,监护人

无论有没有过错都要承担责任，即承担无过错责任。如果监护人证明尽到监护责任，也要承担民事责任，属于公平责任，但可以减轻侵权赔偿责任。《民通意见》第158条规定："夫妻离婚后，未成年子女侵害他人权益的，同该子女共同生活的一方应当承担民事责任；如果独立承担民事责任有困难的，可以责令未与该子女共同生活的一方共同承担民事责任。"未与该子女共同生活的一方没有过错也要承担责任，实际上确定了公平责任。

四、堆放物倒塌造成他人损害的，当事人均无过错的情形，是否适用公平责任

《民通意见》第155条规定："因堆放物品倒塌造成他人损害的，如果当事人均无过错，应当根据公平原则酌情处理。"一般认为这是公平责任原则的体现。《民法典》第1255条规定："堆放物倒塌、滚落或者滑落造成他人损害，堆放人不能证明自己没有过错的，应当承担侵权责任。"《民法典》将之规定为过错推定责任，证明自己没有过错的则不承担责任，对堆放物倒塌、滚落、滑落造成他人损害的民事责任限制小了，在法律与司法解释相冲突的情形下，应优先适用法律规定。司法解释下一步应作修改，对堆放物倒塌、滚落、滑落造成他人损害，当事人均无过错的，不适用公平责任，而应适用过错推定责任。

五、当事人均无过错，但一方是在为对方的利益或者共同利益进行活动过程中受到损害

《民通意见》第157条规定："当事人对造成损害均无过错，但一方是在为对方的利益或者共同利益进行活动的过程中受到损害的，可以责令对方或者受益人给予一定的经济补偿。"这条规定是兜底性条款，属于概括性规定，体现了公平责任原则。《民法典》没有类似规定。在法律法规均没有规定的情形下，可以适用司法解释的规定。

《民法典》第181条规定的因正当防卫造成他人损害的不承担民事责任、第184条规定的自愿实施紧急救助行为造成受助人损害的救助人不承担民事责任,立法者从鼓励见义勇为、彰显优良道德风尚、弘扬社会主义核心价值观出发,无论有没有过错,一律免除正当防卫人和紧急救助人的民事责任,属于绝对的免责事由,不适用公平责任原则。

公平责任的优点在于把公平正义的基本理念贯穿于条文中,保持了一定的开放性和灵活性,弹性较大,给法官较大的自由裁量权,以人的灵活性弥补条文的僵化性,但也有明显缺点,理论上的模糊性在实践中容易被滥用,造成很多纠纷不能得到彻底解决。从公平责任的本质和功能看,它承担的是保险和社会保障任务。民事法律条文解决不了的,由公平责任进行补充和完善,在最大程度上实现公平正义。随着我国保险业的充分发展和社会保障制度的不断完善,公平责任的适用范围越来越小了,最终可能失去作为民事责任的一项独立归责原则的地位,仅仅体现为一种民事赔偿标准,这也算是自然的回归吧。

补充责任及其适用

《民法典》在总则编、侵权责任编、合同编中一些条文规定补充责任,《公司法》以及最高人民法院一些司法解释中也有条文规定补充责任。对补充责任承担的情形,《民法典》没有条文规定明确标准,而是分散在不同编和其他法律以及司法解释中。这样的立法体例,对补充责任的适用没有明确统一标准,实践中容易造成无所适从。本文对补充责任的相关问题进行探讨,并对补充责任的承担情形进行疏理分析研究,旨在帮助大家在司法实践中更好地理解适用。

补充责任是与主责任相对应的一种民事责任,指主责任人不能承担全部赔偿责任时,与其有特定联系的当事人就主责任人不能偿付部分承担的间接责任。其有 4 个特点:一是承担债务的责任人至少有两个以上;二是存在主责任人和次责任人顺序,区别于没有主次之别的连带责任人;三是主责任人偿还不了全部债务时,次责任人对不能承担的部分承担补充责任,区别于连带责任人对外承担全部责任的情形;四是债权人对补充责任人不享有完全独立的请求权,只能依附于主债务人。所谓“皮之不存,毛将焉附”? 只有先存在主责任,才会有补充责任的存在。主债务的存在和未全部清偿是补充责任的前提,债权人不能单独要求补充责任人承担责任。在主责任人的财产不足以给付时,才能要求补充责任人承担补充责任。只有在主责任人不明确的情况下,债权人才能直接要求补充责任人承担责任。补充责任人与主责任人之间不存在内部责任份额的划分，补充责任承担的只是一种补充性清偿责任，并非对债务的分担。如果主责任人能够清偿全部债务，那么不需要补充责任人清偿。

关于承担范围，补充责任分为无限补充责任和有限补充责任。前者指对主责任人所有债务承担补充责任，后者指在一定限额内承担补充责任，如会计师事务所基于为企业出具虚假验资证明的过错，承担验资额范围的清偿补充责任；宾馆、商场、银行、车站、码头等公共设施的经营者、组织者、管理者未尽到安全保障义务承担相应的补充责任。

补充责任与按份责任不同。按份责任是与连带责任相对应的一种民事责任，指责任人按照事先约定的比例承担各自责任，对超出部分不承担责任。连带责任是指每一个债务人对债权人都负有清偿全部债务的责任，然后再向其他债务人追偿超出自己部分的债务，设立的目的是优先保证债权人债权的实现，属于加重责任。《民法典》第 177、178 条对按份责任和连带责任作出明确规定，对补充责任没有一个条文作出明确规定，而是分散规定在各个具体条文中。

通过对法律规定适用补充责任的条文分析研究，可以从主体和内容两方面发现适用补充责任大致有 10 种情形。

一、监护人承担补充责任

《民法通则》第 133 条规定：“无民事行为能力人、限制民事行为能力人造成他人损害的，由监护人承担民事责任。监护人尽了监护责任的，可以适当减轻他的民事责任。有财产的无民事行为能力人、限制民事行为能力人造成他人损害的，从本人财产中支付赔偿费用。不足部分，由监护人适当赔偿，但单位担任监护人的除外。”监护人对被监护人造成他人损害的，承担赔偿责任，这是总的原则。如果被监护人有财产的，先从财产中支付，不足部分，由监护人适当赔偿，但是单位作为监护人不承担补充赔偿责任。这是《民法通则》对监护人承担补充责任的规定。《侵权责任法》第32条沿袭了同样内容,把“但书”删掉,意味着单位也要承担补充责任。《民法典》继承了《侵权责任法》的规定,在侵权责任编中作出同样的规定。

二、法人对分支机构的债务承担补充责任

《民法典》第74条第2款规定:“分支机构以自己名义从事民事活动,产生的民事责任由法人承担;也可以先以分支机构管理的财产承担,不足以承担的,由法人承担。”我国分支机构种类繁多,如中国人民银行、各商业银行设在各地的分支机构,保险公司设在各地的分支机构,公司法人依法设立并领取营业执照的分支机构等。根据民法理论,分支机构不是独立的民事主体,没有独立的财产,对外不承担民事责任,分支机构产生的债务应由设立分支机构的法人承担。但是,实践中银行、保险公司的分支机构管理一定财产,经常以自己的名义从事民事活动,我国法律承认其民事主体资格,认可其具有民事权利能力、行为能力和诉讼能力。根据债权债务相统一的原则,《民法典》规定:债务也可以由分支机构承担,如果不足以偿还全部债务,再由设立分支机构的法人承担。

三、非法人组织承担补充责任

非法人组织是《民法典》规定的3种民事主体之一,是介于自然人和法人之间、未经法人登记的社会组织。《民法典》以前称为“其他组织”,为了规范用语,《民法典》统一称为非法人组织,与自然人、法人并列。它是指不具有法人资格但可以自己名义进行民事活动的组织,又称为非法人团体,在德国仅指无权利能力社团,在日本指非法人社团和非法人财团,在我国台湾地区指非法人团体。《民法典》赋予非法人组

织独立的民事主体地位，第 102 条规定："非法人组织是不具有法人资格，但是能够依法以自己名义从事民事活动的组织。非法人组织包括个人独资企业、合伙企业、不具有法人资格的专业服务机构等。"不具有法人资格的专业服务机构是指具有合伙性质的会计师事务所、律师事务所等社会中介服务机构。为了规范非法人组织，法律规定必须经过登记或者批准才能运行。对承担民事责任，《民法典》第 104 条规定："非法人组织的财产不足以清偿债务的，其出资人或者设立人承担无限责任。法律另有规定的，依照其规定。"该条实际上规定非法人组织的出资人或者设立人承担无限补充责任，如《个人独资企业法》第 31 条规定："个人独资企业财产不足以清偿债务的，投资人应当以其个人的其他财产予以清偿。"这条规定清楚表明，投资人对个人独资企业的债务承担无限补充责任，以自己所有财产清偿债务。

四、基于安全保障义务承担补充责任

《民法典》第 1198 条规定："宾馆、商场、银行、车站、机场、体育场馆等经营场所、公共场所的经营者、管理者或者群众性活动的组织者，未尽到安全保障义务，造成他人损害的，应当承担侵权责任。因第三人行为造成他人损害的，由第三人承担侵权责任；经营者、管理者或者组织者未尽到安全保障义务的，承担相应的补充责任。经营者、管理者或者组织者承担补充责任后，可以向第三人追偿。"这条规定来自《侵权责任法》第 32 条第 2 款规定："因第三人的行为造成他人损害的，由第三人承担侵权责任；管理人或者组织者未尽到安全保障义务的，承担相应的补充责任。"只不过，《民法典》扩大了承担补充责任的范围，规定经营者也要承担补充责任。

《民法典》还规定了幼儿园、学校或者其他教育机构未尽到管理职责的，要承担补充责任。第 1201 条规定："无民事行为能力人或者限制

民事行为能力人在幼儿园、学校或者其他教育机构学习、生活期间，受到幼儿园、学校或者其他教育机构以外的第三人人身损害的，由第三人承担侵权责任；幼儿园、学校或者其他教育机构未尽到管理职责的，承担相应的补充责任。幼儿园、学校或者其他教育机构承担补充责任后，可以向第三人追偿。”该条同样来自《侵权责任法》规定和《人身损害赔偿司法解释》。该司法解释第 7 条规定：未成年学生在学校受到第三人损害，如果学校没有尽到安全保障义务的，学校应当承担补充赔偿责任。学校承担补充赔偿责任是基于安全保障义务，对在校学生负有教育管理职责。没有尽到管理职责，学校对第三人造成在校学生损害的，要承担补充赔偿责任。《民法典》将承担范围扩展到幼儿园、其他教育机构，规范了学校和幼儿园以及教育培训机构的民事责任。

五、一般保证中保证人承担补充责任

《担保法》第 17 条规定：“当事人在保证合同中约定，债务人不能履行债务时，由保证人承担保证责任的，为一般保证。一般保证的保证人在主合同纠纷未经审判或者仲裁，并就债务人财产依法强制执行仍不能履行债务前，对债权人可以拒绝承担保证责任。”从以上规定可以看出，一般保证的承担责任是有顺序的，先由债务人承担偿还，不足部分才由保证人承担。这是一般保证与连带责任保证的最大区别。《民法典》沿袭这一规定，第 687 条规定：“当事人在保证合同中约定，债务人不能履行债务时，由保证人承担保证责任的，为一般保证。一般保证的保证人在主合同纠纷未经审判或者仲裁，并就债务人财产依法强制执行仍不能履行债务前，有权拒绝承担保证责任，但是有下列情形之一的除外：（一）债务人下落不明，且无财产可供执行；（二）人民法院受理债务人破产案件；（三）债权人有证据证明债务人的财产不足以履行全部债务或者丧失履行债务能力；（四）保证人书面放弃本款规定的权利。”

一般保证人在正常情形下承担的是补充责任，但是在特殊情形下承担的是连带责任。《担保法》规定了债务人住所变更致使履行能力发生重大困难、进入破产程序中止执行的、保证人以书面形式放弃规定权利3种情形，《民法典》对此进行改造，保留了进入破产程序、保证人放弃规定权利两种情形，把"债务人住所变更致使履行发生重大困难"改造成"债务人下落不明且无财产可供执行"，更加符合实际，增加"债权人有证据证明债务人的财产不足以履行全部债务或者丧失履行债务能力"情形要承担连带责任，这是实践经验的总结。

六、因出具虚假验资证明对企业债务承担补充责任

《最高人民法院关于会计师事务所为企业出具虚假验资证明应如何承担责任问题的批复》（法释〔1998〕13号）指出：在民事责任的承担上，应当先由债务人负责清偿，不足部分，再由会计师事务所在其证明资金的范围内承担责任。这是基于过错原则，对自己造成的损失承担赔偿责任。会计师事务所的职责是查验企业的出资情况，向委托人提供真实的出资报告。如果会计师事务所违反忠实勤勉义务，理应承担责任。司法解释认定承担补充责任是符合实际情况的。

七、股东未履行或者未全面履行出资义务，在未出资本息范围内对企业债务承担补充责任

《公司法司法解释（三）》第13条第2款规定："公司债权人请求未履行或者未全面履行出资义务的股东在未出资本息范围内对公司债务不能清偿的部分承担补充赔偿责任的，人民法院应予支持；未履行或者未全面履行出资义务的股东已经承担上述责任，其他债权人提出相同请求的，人民法院不予支持。"这是司法解释对《公司法》的扩张解释，公司法对这类情况并没有明确规定，司法解释根据审判实践，结合民法理论，作出该认定。

八、股东抽逃注册资金，在抽逃资金范围内对公司债务承担补充责任

《公司法司法解释(三)》第14条第2款规定："公司债权人请求抽逃出资的股东在抽逃出资本息范围内对公司债务不能清偿的部分承担补充赔偿责任、协助抽逃出资的其他股东、董事、高级管理人员或者实际控制人对此承担连带责任的，人民法院应予支持；抽逃出资的股东已经承担上述责任，其他债权人提出相同请求的，人民法院不予支持。"这是对股东在公司经营期间抽逃资金的行为作出规定，股东对抽逃资金产生的债务承担补充责任，对协助抽逃资金产生的债务承担连带责任。协助抽逃资金的行为，主观过错大，必须承担更大责任。

九、在企业被撤销、注销或者歇业后，主管部门或者开办单位无偿接收企业财产的，在接收财产范围内对企业债务承担补充责任

《执行工作司法解释》第81条规定："被执行人被撤销、注销或者歇业后，上级主管部门或者开办单位无偿接受被执行人的财产，致使被执行人无遗留财产清偿债务或者遗留财产不足清偿的，可以裁定由上级主管部门或者开办单位在所接受的财产范围内承担责任。"在执行阶段发现主管部门或者开办单位只接受财产不承担债务的情况，法院可以裁定主管部门或者开办单位对债务承担补充责任，这符合债权债务相统一的原则。

十、违法借贷中金融机构对用资人不能偿还的债务承担补充责任

《最高人民法院关于审理存单纠纷案件的若干规定》第6条第2项规定："以存单为表现形式的借贷，属于违法借贷，出资人收取的高额利差应充抵本金，出资人、金融机构与用资人因参与违法借贷均应当承担相应的民事责任……出资人未将资金交付给金融机构，而是依照金融

机构的指定将资金直接转给用资人,金融机构给出资人出具存单或者进帐单、对帐单或者与出资人签定存款合同的,首先由用资人偿还出资人本金及利息,金融机构对用资人不能偿还出资人本金及利息部分承担补充赔偿责任;利息按人民银行同期存款利率计算至给付之日。"金融机构对存款搞体外循环,规避法律规定,赚取非法利息。最高人民法院对此进行司法认定,规定金融机构对用资人不能如期还款的行为承担补充责任、偿还本金和利息。金融机构基于过错要承担一定民事责任,但是出资人和用资人也有过错,也应承担一定损失。金融机构承担利息,加重金融机构的民事责任,违反过错责任原则。

关于劳务派遣单位是否承担补充责任,《侵权责任法》第 34 条第 2 款规定:"劳务派遣期间,被派遣的工作人员因执行工作任务造成他人损害的,由接受劳务派遣的用工单位承担侵权责任;劳务派遣单位有过错的,承担相应的补充责任。"对被派遣的工作人员因执行工作任务造成他人损害的,《侵权责任法》规定由受益人用工单位承担责任,理由是单位行为,应由单位承担,对外承担责任后,单位再向有过错的劳务人员行使追偿权。劳务派遣单位如果有过错,承担补充责任。《劳动合同法》仅对劳务派遣人员在被派遣期间受到损害的情况作出用工单位和劳务派遣单位承担连带赔偿责任的规定,未对被派遣人员造成他人损害的情况作出规定。从归责原则来讲,用工单位承担的是无过错责任,劳务派遣单位承担的是过错责任。劳务派遣单位将劳务者派遣到用工单位后,劳动过程在用工单位的管理安排下进行,劳务派遣单位不再对劳动者的具体活动指挥和监督,用工单位对劳动者进行实际指挥和监督,因此,用工单位承担无过错责任。劳务派遣单位的责任是对劳动者的健康状况、能力、资格以及是否胜任进行详尽考察,鉴于上述理由,《侵权责任法》规定劳务派遣单位基于过错承担补充责任。但是,实践中,经常出现劳务派遣单位和用工单位就劳务人员侵权责任事前约定,有的是连带责任，有的是补充责任，还有的是按份责任。这种约定属于当事人意思自治范畴，应贯彻意思自治原则，只要约定不违反法律、行政法规强制性规定，就应尊重双方之间的约定，不能随便认定无效。鉴于此，《民法典》第1191条规定“承担相应的责任”，没有沿用《侵权责任法》的规定。

被挂靠人对挂靠人的债务承担补充责任还是连带责任？依据挂靠关系产生法律纠纷的主要有两类：一类是交通运输经营活动产生的交通事故损害；另一类是建筑施工活动中产生的施工质量纠纷。《侵权责任法》规定以挂靠形式从事道路运输经营活动的机动车发生交通事故造成损害的，挂靠人和被挂靠人承担连带责任。《建筑法》和《建设工程司法解释》对基于挂靠关系施工建设，出现质量不合格产生纠纷造成损失的，均规定挂靠人和被挂靠人承担连带责任。被挂靠人以其全部财产和信用作为基础，支持挂靠人用自己的名义从事经营活动，并收取一定的手续费用。被挂靠人既然接受了他人的挂靠，就必须承担风险，不能只享受收取挂靠费用的权利，不承担挂靠风险的义务。挂靠实际上具有担保的性质。担保分为一般担保和连带担保两种类型。一些专家学者认为，被挂靠人仅收取一定手续费，不干涉挂靠人的经营活动，具有一般担保的性质，承担补充责任比较合适。多数学者专家认为，鉴于建筑招标投标市场比较混乱，出现房屋安全问题多，必须严格规范，才能保证工程质量。同时，挂靠车辆从事交通运输经营活动，经常出现交通事故，造成乘客人身损害，严重威胁群众的生命财产安全，必须严格规范，加重被挂靠人的责任。因此，《民法典》规定被挂靠人对挂靠人的行为承担连带责任。

你了解不真正连带责任吗？

《民法典》第1203条规定："因产品存在缺陷造成他人损害的，被侵权人可以向产品的生产者请求赔偿，也可以向产品的销售者请求赔偿。产品缺陷由生产者造成的，销售者赔偿后，有权向生产者追偿。因销售者的过错使产品存在缺陷的，生产者赔偿后，有权向销售者追偿。"这条规定被认为是承担不真正连带责任的典型条款。生产者由于生产的产品存在缺陷对消费者承担侵权责任，销售者由于出售有缺陷的产品承担违约责任，由于不同原因造成同一个损害事实，符合不真正连带责任的构成要件。消费者拥有选择起诉权，可以单独起诉生产者，也可以单独起诉销售者，法官只能判决生产者或者销售者单独承担赔偿责任，然后向最终承担者行使追偿权，不能判决生产者和销售者共同承担赔偿责任或者承担连带责任。

那么，不真正连带责任是种什么责任？它与连带责任有什么区别？实践中哪些情形承担不真正连带责任？

不真正连带责任，是指数个债务人基于不同原因而偶然产生的同一内容给付，各负全部履行义务，并因其中一个债务人的履行而使全体债务消灭的责任方式。各债务人之间承担的是不真正连带责任，不真正连带责任属于广义请求权竞合的一种。不真正连带责任理论起源于德国，在日本、美国逐渐以成文法、判例法形式予以体现，经过多年的理论研讨和司法实践，概念和特征已经变得相对清晰和稳定。

不真正连带责任主要有以下几个特征:一是有两个或者两个以上债务人。不真正连带责任是侵权责任形态中的共同责任,必须是两个以上民事主体作为债务人,或者是侵权责任人,或者是违约责任人。二是两个或者两个以上债务。债务发生原因不相同,原因之间无意思联络,无共同故意或者共同过失,但每个原因足以单独导致损害结果的发生。三是造成同一损害事实。虽然是两个以上责任人构成两个以上侵权行为,造成的损害后果却是同一个。如产品的生产者或者销售者存在过错,造成消费者人身或者财产损害,正是同一个损害后果,才将数个行为实施的侵权或者违约行为结合起来,发生了不真正连带责任的后果,数人行为对于损害的发生具有百分之百的原因力。四是责任重合。每个行为人发生的侵权责任内容相同,无论是责任性质、责任方式、责任范围上都是重合的,因此,最终责任人所要承担的责任,必须是全部赔偿责任。五是一个责任人对受害人承担民事责任后,其他责任人就不需要再承担责任。正因为是数个相同责任的重合,因此,只要数个重合责任履行其中的一个,受害人的损害就得到救济,受到损害的权利得到了恢复。六是受害人享有选择起诉权。因为是没有共同故意或者过失的责任竞合,受害人只能选择其中一个请求权行使,请求权行使后,其他请求权即行消灭,如消费者受到产品损害后,起诉销售者获得赔偿后,就不能再起诉生产者要求赔偿。

不真正连带责任发生的原因有侵权、违约、不当得利、无因管理等。根据发生的原因不同,不真正连带责任有6种情形:(1)多个侵权之债构成的不真正连带责任。如张三偷窃李四的汽车,行驶过程中被王五不慎撞坏,张三和王五分别因各自侵权行为对李四承担不真正连带责任,各自负全部赔偿责任。(2)合同之债和侵权之债构成不真正连带责任。如张三将一幅画交给李四保管,保管期间王五将画损坏,李四的保管合同违约责任和王五的侵权损害责任就是不真正连带责任。(3)数个合同之债构成不真正连带责任。如某演出集团与张三签订演唱合同,又与李四签订伴舞合同,结果均违约,张三和李四对演出集团承担不真正连带责任。(4)法定之债与合同之债构成的不真正连带责任。如张三基于人身关系对未成年人李四存在法定抚养义务,王五与李四法定代理人签订抚养李四合同,张三和王五如果没有尽到抚养义务,就要承担不真正连带责任。(5)不当得利与侵权之债构成不真正连带责任。如张三公司给李四公司供应石材,由于工作失误多发了10,000公斤,李四公司的石材被王五个人偷走,李四公司的不当得利之债和王五个人的侵权之债就是不真正连带责任。(6)数个不当得利债务构成不真正连带责任。如张三从银行贷款10万元,银行由于工作失误多给了张三5000元,张三没有发现,全部交给李四用于理财,李四发现多了5000元,占为己有,结果理财亏损,还不了银行,张三属于善意不当得利,李四属于恶意不当得利,两人对银行承担不真正连带责任。

不真正连带责任与连带责任是两种不同性质的民事责任,不真正连带责任不是连带责任的一种。从对外关系上看,不真正连带责任与连带责任有点像,受害人可以向任何一个侵权人主张权利,但内部关系上不一样,不真正连带责任人之间没有共同意思联络,没有共同的故意或者过失,与连带责任在许多方面有区别,因此称为"不真正连带责任"。二者区别主要有以下几个方面:一是性质不同。不真正连带责任属于侵权责任中的一种,而连带责任不仅适用侵权责任,而且适用合同违约责任。因此,《民法典》把连带责任规定在总则里面,把不真正连带责任规定在侵权责任编里。二是侵权原因不同。不真正连带责任是基于两个以上原因造成的同一损害,两个以上原因之间没有主观上相互联系,也没有共同实施某种行为或者约定,只是致害原因和相关法律关系发生了竞合,如对产品存在缺陷造成他人损害的结果,生产者、销售者之间不可能事先存在共同故意或者过失。而侵权连带责任是侵权人有共同主观故意或者过失,如共同侵害他人身体、合伙违约等。三是起诉选择权的内容不同。连带责任是受害人有权请求侵权人中的一人、数人或者全体承担全部赔偿责任;而不真正连带责任则不同,如产品责任,受害人只能选择生产者或者销售者中的一人承担全部赔偿责任,不能要求生产者承担部分赔偿责任,同时要求销售者承担另一部分责任。四是内部关系不同。连带责任人根据各自责任大小确定相应的赔偿数额,难以确定责任大小的,平均承担赔偿责任,所以在对内关系上各连带责任人是按份责任。不真正连带责任存在最终责任与中间责任之分,一般不会出现按份责任的问题。五是追偿权的内容不同。连带责任对超出自己赔偿数额的部分享有向其他连带责任人追偿的权利,而不真正连带责任中,有一个是最终责任人,如产品责任中,产品缺陷由生产者造成的,销售者承担中间责任后,有权就全部赔偿数额向生产者予以追偿,而生产者作为最终责任人,承担最终责任后无权向销售者追偿。

实践中承担不真正连带责任主要有以下几种情形:

一、生产者、销售者的产品责任

《民法典》第1203条规定:"因产品存在缺陷造成损害的,被侵权人可以向产品的生产者请求赔偿,也可以向产品的销售者请求赔偿。产品缺陷由生产者造成的,销售者赔偿后,有权向生产者追偿。因销售者的过错使产品存在缺陷的,生产者赔偿后,有权向销售者追偿。"

二、因运输者、仓储者等第三人的过错使产品存在缺陷造成他人损害的责任

《民法典》第1204条规定:"因运输者、仓储者等第三人的过错使产品存在缺陷,造成他人损害的,产品的生产者、销售者赔偿后,有权向第三人追偿。"运输者、仓储者在运输、仓储过程中由于过错使产品存在缺

陷,承担的是侵权责任。生产者、销售者对消费者承担赔偿责任后,发现产品缺陷是由于运输、仓储过程中造成的,那么有权向运输者、仓储者追偿。运输者、仓储者对生产者、销售者承担赔偿责任,他们之间属于不真正连带责任。实践中一些法官认定成连带责任是不妥当的。

三、医疗产品损害责任

《民法典》第 1223 条规定:"因药品、消毒产品、医疗器械的缺陷,或者输入不合格的血液造成患者损害的,患者可以向药品上市许可持有人、生产者、血液提供机构请求赔偿,也可以向医疗机构请求赔偿。患者向医疗机构请求赔偿的,医疗机构赔偿后,有权向负有责任的药品上市许可持有人、生产者、血液提供机构追偿。"这与《侵权责任法》第 59 条相比,《民法典》将"生产者"修改为"药品上市许可持有人",指向更为明确,由药品上市许可持有人承担赔偿责任更加合理,同时,其将"消毒药剂"修改为"消毒产品",范围更广,能更好保护患者合法权益。医疗产品属于特殊的产品,与产品性质一样,理应适用产品损害赔偿规定,承担的也是不真正连带责任。

四、因第三人过错污染环境造成损害的赔偿责任

《民法典》第 1233 条规定:"因第三人的过错污染环境、破坏生态的,被侵权人可以向侵权人请求赔偿,也可以向第三人请求赔偿。侵权人赔偿后,有权向第三人追偿。"与《侵权责任法》第 68 条相比,《民法典》增加了"破坏生态"内容,保护的范围更广,将"污染者"修改为"侵权人",表述更加准确。为了更好地保护生态环境,立法者将有过错的第三人规定为承担不真正连带责任。

五、因第三人的过错使动物造成他人损害的责任

《民法典》第 1250 条规定:"因第三人的过错致使动物造成他人损

害的,被侵权人可以向动物饲养人或者管理人请求赔偿,也可以向第三人请求赔偿。动物饲养人或者管理人赔偿后,有权向第三人追偿。”动物如同工具,在民法上不具有民事主体资格,动物造成他人损害,动物饲养人、管理人理应承担赔偿责任。第三人由于过错,致使动物损害他人的,承担不真正连带责任。

六、建筑物、构筑物或者其他设施及其搁置物、悬挂物发生脱落、坠落造成他人损害,所有人、管理人或者使用人赔偿后,有其他责任人的,有权向其他责任人追偿的责任

《民法典》第 1253 条规定:“建筑物、构筑物或者其他设施及其搁置物、悬挂物发生脱落、坠落造成他人损害,所有人、管理人或者使用人不能证明自己没有过错的,应当承担侵权责任。所有人、管理人或者使用人赔偿后,有其他责任人的,有权向其他责任人追偿。”在民事责任方面,所有人、管理人、使用人承担过错推定责任,不能证明自己没有过错的就得承担赔偿责任,比过错责任更加严格。其他责任人有过错的,则承担不真正连带责任。

七、建筑物、构筑物或者其他设施倒塌、塌陷造成他人损害的建设单位、施工单位赔偿后,有其他责任人的,有权向其他责任人追偿的责任

《民法典》第 1252 条规定:“建筑物、构筑物或者其他设施倒塌、塌陷造成他人损害的,由建设单位与施工单位承担连带责任,但是建设单位与施工单位能够证明不存在质量缺陷的除外。建设单位、施工单位赔偿后,有其他责任人的,有权向其他责任人追偿。因所有人、管理人、使用人或者第三人的原因,建筑物、构筑物或者其他设施倒塌、塌陷造成他人损害的,由所有人、管理人、使用人或者第三人承担侵权责任。”与《侵权责任法》第 85 条规定相比,《民法典》增加规定了“建设单位与

施工单位能够证明不存在质量缺陷的除外”，适用过错推定责任原则，与该条规定相衔接，同时将“其他责任人”修改为“所有人、管理人、使用人或者第三人”，指向更加准确，与其他条文表述相衔接，立法技术更加严谨。对建筑物、构筑物、其他设施倒塌、塌陷造成他人损害的，建设单位与施工单位承担连带责任，这条规定连带责任的构成要件，倒符合不真正连带责任的构成要件。建设单位与施工单位之间不可能对造成房屋倒塌、塌陷事先存在共同故意或者过失，没有共同意向，立法者规定建设单位与施工单位承担连带责任有点牵强。建设单位与施工单位的关系，更像产品的生产者与销售者的关系，承担不真正连带责任，更加符合实际情况。建设单位、施工单位以上的所有人、管理人、使用人、第三人有过错的，则承担不真正连带责任。

垫付责任及其适用

《侵权责任法》第 52 条规定："盗窃、抢劫或者抢夺的机动车发生交通事故造成损害的，由盗窃人、抢劫人或者抢夺人承担赔偿责任。保险公司在机动车强制保险责任限额范围内垫付抢救费用的，有权向交通事故责任人追偿。"第 53 条规定："机动车驾驶人发生交通事故后逃逸，该机动车参加强制保险的，由保险公司在机动车强制保险责任限额范围内予以赔偿；机动车不明或者该机动车未参加强制保险，需要支付被侵权人人身伤亡的抢救、丧葬等费用的，由道路交通事故社会救助基金垫付。道路交通事故社会救助基金垫付后，其管理机构有权向交通事故责任人追偿。"这两条规定确立了我国交通事故垫付责任制度。对于保障交通事故受害人及时得到治疗、挽救生命发挥重要作用。《民法典》沿袭了这两条规定，在"机动车不明、该机动车未参加强制保险"的两种情形基础上增加了"抢救费用超过机动车交通事故责任强制保险责任限额"情形，使之更加完善。

那么，还有哪些情形承担垫付责任？垫付责任是什么责任？实践中如何运用？

垫付责任，是指侵权人实施侵权行为致人损害后本人无力赔偿时，由与该侵权人有特殊关系的自然人或者组织依法承担先行代付赔偿金，并向侵权人追偿的民事责任。

其主要有 4 个特征：一是具有依附性，垫付责任的产生是依附于侵权行为人的直接赔偿义务,没有侵权行为人的赔偿义务也就没有垫付责任,赔偿义务是前提,侵权行为人无力赔偿时,由垫付人承担赔偿责任。二是具有衡平性,垫付责任不符合责任自负原理,更多的是基于社会利益平衡的考虑,是在受害人、侵权人、特定关系人之间存在利益冲突时的利益取舍。为了保障受害人得到优先治疗、挽救生命、维护公平正义,先由没有侵权责任的特定关系人垫付资金,然后再由垫付人向侵权人追偿。三是属于法定责任,垫付责任人不是侵权责任人,对侵权行为的发生没有过错,基于公平考虑,必须有法律明确规定才能承担垫付责任,法官不能随意扩大适用范围,如扶养人、保险人有法律规定才可以作为垫付责任的主体。四是具有追偿性,法律赋予了垫付责任人的追偿权,垫付责任人在履行垫付费用后享有向侵权责任人追偿权。侵权责任人如不偿还,垫付责任人有权向法院起诉,主张给付之诉。垫付责任是一种填补责任,有先后顺序,只有在侵权人无力承担赔偿责任时,垫付责任人才承担赔偿责任。因此,垫付责任人对受害人享有先诉抗辩权,也就是说,在未查清楚侵权人是否有赔偿能力情况下,垫付责任人有权拒绝承担赔偿责任。垫付责任既不是为了减轻侵权人的责任,也不是为了惩罚垫付责任人,而是一种衡平利益的责任。垫付责任既不属于按份责任,也不属于连带责任,是一种独立的民事责任方式。《民法通则》对此没有明确规定,《民法总则》也没有明确规定,在 11 种民事责任方式中没有涉及,《民法典》仅在侵权责任编中规定。

垫付责任与连带责任还是有很大区别的。连带责任属于共同责任的一种,两个或者两个以上的债务人分别就共同债务对债权人承担全部清偿责任。连带债务人之间互为担保,债权人有权向债务人中任何一个主张全部债务,债权人与债务人之间债务因任何一个债务人清偿全部债务而消灭,承担全部债务的债务人有权向其他债务人追偿其应担的份额。垫付责任与连带责任的区别主要有 3 点:一是垫付人与侵权人不是连带债务人,受害人无权向垫付人和侵权人中一人主张债权,只是在侵权人无力承担民事责任时,才由垫付人负责垫付。二是垫付人不是最终责任人,他可以向侵权人追偿自己的垫付费用,不像连带债务人一样有自己的应担份额。三是垫付人只是垫付侵权人无力负担部分,并不像连带债务人那样负有清偿全部债务义务。

在司法实践中,为了减少诉累,法官将侵权责任人和垫付责任人列为共同被告,但应注意只有在查明侵权人无力承担赔偿责任时,方能判决垫付人承担责任。注意不能只列垫付责任人为被告,不列侵权责任人,直接判决垫付人承担赔偿责任。

承担垫付责任的主要有以下几种情形:

一、扶养人的垫付责任

《民通意见》第161条第2款规定:"行为人致人损害时年满十八周岁的,应当由本人承担民事责任;没有经济收入的,由扶养人垫付,垫付有困难的,也可以判决或者调解延期给付。"年满18周岁已是完全民事行为能力人,对自己的行为承担民事责任。但是,许多年满18周岁的成年人还处于上学阶段,没有独立的经济收入,造成他人损害时,无力承担赔偿责任。针对这种情况,司法解释规定由扶养人如父母、祖父母、兄姐等先行承担垫付责任,以后有独立的经济收入,再偿还扶养人。如果扶养人经济有困难的,法院可以判决或者调解延期给付。这是从实际出发做的变通规定。

二、保险人和交通事故社会救助资金管理机构的垫付责任

《民法典》中有关垫付责任规定了两种情形。一是被盗窃、抢劫或者抢夺的机动车发生交通事故造成损害的,由盗窃人、抢劫人或者抢夺人承担赔偿责任。保险人在机动车强制保险责任限额内垫付抢救费用

的,有权向交通事故责任人追偿。二是在交通事故责任人逃逸情况下,保险人或者交通事故社会救助资金管理机构的垫付责任。按照侵权责任理论,责任自负,谁有过错谁承担侵权责任。盗窃人、抢劫人、抢夺人驾驶他人的机动车造成损害,理应承担侵权责任。但是,实践中,往往这些人经济状况不好,无力承担民事赔偿责任。为了保障受害人得到及时治疗、赔偿经济损失,法律明确规定先由保险公司在强制保险责任限额内垫付抢救费用,然后再由保险公司向侵权人追偿。同样道理,在交通事故责任人逃逸的情况下,交通部门找不到侵权责任人时,为了保障受害人得到及时治疗,法律明确规定先由保险人或者社会救助资金管理机构承担垫付责任,然后,保险人或者社会救助资金管理机构行使追偿权。我国设立交通事故社会救助金的用意正在于此。

三、民事诉讼中申请证人出庭作证的当事人或者法院通知证人作证的垫付责任

《民事诉讼法》第74条规定:“证人因履行出庭作证义务而支出的交通、住宿、就餐等必要费用以及误工损失,由败诉一方当事人负担。当事人申请证人作证的,由当事人先行垫付;当事人没有申请,人民法院通知证人作证的,由人民法院先行垫付。”《民事诉讼法》规定诉讼费用由败诉方承担,谁败诉谁承担诉讼费用。在庭审阶段,还未确定败诉方,只好由申请作证方垫付证人的交通、住宿、就餐等费用,等判决结果后,再由败诉方承担:可能是对方败诉,由对方承担;也可能是申请方败诉,申请方自己承担。如果当事人没有申请,法院为了查清事实,主动通知证人出庭作证的,由法院先行垫付。等判决结果出来后,再向败诉方追偿。

哪些情形适用惩罚性赔偿？

《民法通则》对惩罚性赔偿没有涉及，《民法总则》第179条规定："法律规定惩罚性赔偿的，依照其规定。"这是首次对惩罚性赔偿作出明确规定，法律有规定的才能适用，没有明确规定的不能适用，防止法官滥用自由裁量权。《民法典》沿袭《民法总则》的规定，同时对故意侵犯知识产权和故意违反国家规定污染环境、破坏生态的行为规定适用惩罚性赔偿，这是《民法典》的一大亮点。我国法律对适用惩罚性赔偿采取分散规定的立法形式，《消费者权益保护法》《食品安全法》《药品管理法》《商标法》等法律规定适用惩罚性赔偿，在司法实践中需要逐个查阅法律才能准确适用。

惩罚性赔偿又称报复性赔偿，是与补偿性赔偿相对应的一种民事赔偿。它是指法院作出的赔偿数额超出实际损失数额的民事赔偿，属于加重赔偿，目的除了针对故意侵权行为造成的损失弥补外，也是对侵权行为人加以惩戒和遏制，以防将来重犯。关于起源，一般认为惩罚性赔偿起源于英美法系，英国是在1763年英国法官Lord Camden于Huckle V. Money一案中的判决中、美国是在1784年的Genay V. Norris一案中最早确认这一制度。18世纪中后期，英美法系中的惩罚性赔偿主要适用于诽谤、诱奸、恶意攻击、诬告等使受害人遭受精神痛苦的案件。当时的赔偿制度难以对受害人的精神损失予以补偿，通过惩罚性赔偿，对受害人的精神损失予以物化，给予与物质损失同等的金钱赔偿。它是在不承认对精神损害以物质赔偿的民事责任制度中,对精神损害的一种替代赔偿。通常认为惩罚性赔偿主要适用于侵权案件,但美国法中扩展至合同法范围,许多州法律主要适用于合同纠纷案件。

惩罚性赔偿有以下几个特点:一是具有公私混合法性质。赔偿损失属于民事责任的一种方式,当事人之间地位平等,造成损害后,由侵害人赔偿受害人损失,对受害人提供慰藉救济,体现私法性。但是由于侵害人故意侵犯公众的合法权益,主观恶性大,造成的损害后果严重,国家公权力必须介入,不仅要求其赔偿相应损失,而且要予以惩罚和遏制,才能预防今后不再重犯。如故意销售存在缺陷的产品,容易导致购买者人身和财产受到损害。在私法领域加入公法因素,体现了国家对这类侵权行为的惩戒意愿。二是主观恶性程度大。一般民事赔偿主要是基于侵权行为、损害结果和因果关系,对故意和过失主观过错程度不加以区分。而惩罚性赔偿强调主观过错程度,必须是故意侵权造成的损害才承担,情节严重的构成犯罪,由国家追究刑事责任,对侵害人由于过失造成的损害不承担惩罚性赔偿责任。三是严厉程度最高的民事责任形式。《民法典》规定了停止侵害、排除妨碍、消除危险、返还财产、恢复原状、修理重作更换、继续履行、赔偿损失、支付违约金、消除影响恢复名誉、赔礼道歉共 11 种民事责任形式。而在这些民事责任形式之外专门规定惩罚性赔偿是为什么呢? 11 种民事责任都是补偿性赔偿,对受害人的损失给予相应赔偿,不超过受损失的部分。而惩罚性赔偿是在给予受害者损失基础上再给予一定数量赔偿,如经营者给予消费者 2 倍、3 倍甚至 5 倍的赔偿。四是必须有法律明确规定,否则不能适用。如《消费者权益保护法》《食品安全法》《药品管理法》《劳动合同法》。五是必须由法院作出判决,当事人不能约定。当事人可以请求法院依据法律规定作出惩罚性赔偿,当事人不能依据约定请求法院作出判决,这区别于连带责任。

通过梳理法律规定,下列情形承担惩罚性赔偿责任。

一、经营者对欺诈行为和故意销售存在缺陷的产品造成损失的行为承担惩罚性赔偿责任

《消费者权益保护法》第 55 条规定:“经营者提供商品或者服务有欺诈行为的,应当按照消费者的要求增加赔偿其受到的损失,增加赔偿的金额为消费者购买商品的价款或者接受服务的费用三倍;增加赔偿的金额不足五百元的,为五百元。法律另有规定的,依照其规定。经营者明知商品或者服务存在缺陷,仍然向消费者提供,造成消费者或者其他受害人死亡或者健康严重损害的,受害人有权要求经营者依照本法第四十九条、第五十一条等法律规定赔偿损失,并有权要求所受损失二倍以下的惩罚性赔偿。”这是我国法律于 1993 年对惩罚性赔偿作出的明确规定,也是国内最早的法律规定。根据上述规定,适用惩罚性赔偿符合 4 个条件:一是经营者存在欺诈行为,或者提供的商品、服务有缺陷。经营者故意告知对方虚假情况,故意隐瞒真实情况,诱使对方作出错误的意思表示,可以认定为欺诈行为,包括质量欺诈、价格欺诈、数额欺诈,如以次充好、以假充真、假冒名牌、谎报原价、谎报最低价、计量器作假、缺斤短两等。二是已经造成受害人死亡或者健康严重损害的后果。三是缺陷与损害后果之间存在法律上的因果关系。四是经营者主观上是故意的,主观恶性大,不是过失的。关于赔偿数额,1993 年的《消费权益保护法》规定买一赔一,2009 年修订后的《消费者权益保护法》改为买一赔三,并增加最低赔偿金,不足 500 元的赔偿 500 元。实践中要注意,一般商品瑕疵、服务瑕疵不能要求惩罚性赔偿,经营者之间的买卖纠纷、购买的商品不用于消费的纠纷案件不适用惩罚性赔偿规定。

二、食品、药品生产者、经营者故意过错的行为承担惩罚性赔偿责任

《食品安全法》对惩罚性赔偿作出规定，第 148 条第 2 款规定："生产不符合食品安全标准的食品或者经营者明知是不符合食品安全标准的食品，消费者除要求赔偿损失外，还可以向生产者或者经营者要求支付价款十倍或者损失三倍的赔偿金；增加赔偿的金额不足一千元的，为一千元。但是食品的标签、说明书存在不影响食品安全且不会对消费者造成误导的瑕疵的除外。"我国对食品和药品实行最严格的保护制度，体现在《食品安全法》上规定了支付消费者价款 10 倍数额或者赔偿损失 3 倍数额，最大限度保护人民群众的生命安全。同时，《食品安全法》与《消费者权益保护法》相比，是特别法，按照《立法法》的规定，如果规定不一致，特别法优于一般法，《消费者权益保护法》规定支付价款是 3 倍，《食品安全法》规定的是 10 倍，对赔偿最低限额，《消费者权益保护法》是 500 元，而《食品安全法》是 1000 元，法院在审判中优先适用《食品安全法》规定。

《药品管理法》第 144 条第 3 款规定："生产假药、劣药或者明知是假药、劣药仍然销售、使用的，受害人或者其近亲属除请求赔偿损失外，还可以请求支付价款十倍或者损失三倍的赔偿金；增加赔偿的金额不足一千元的，为一千元。"药品和食品均为入口的物品，直接关系人民群众的生命安全，必须最大力度的监管。立法者对药品采取了和食品同等的法律保护力度，除了赔偿受害人的直接损失外，还要承担药品价款 10 倍或者受到损失的 3 倍惩罚性赔偿金，最低赔偿金为 1000 元。《食品药品案件司法解释》第 15 条规定："生产不符合安全标准的食品或者销售明知是不符合安全标准的食品，消费者除要求赔偿损失外，向生产者、销售者主张支付价款十倍赔偿金或者依照法律规定的其他赔偿标准要求赔偿的，人民法院应予支持。"该司法解释是 2013 年制定实施

的,《食品安全法》《药品管理法》是2019年修订实施的,无论从上位法下位法角度,还是从新法旧法的角度,都应是优先适用《食品安全法》和《药品管理法》。

三、故意侵犯知识产权的承担惩罚性赔偿责任

《民法典》第1185条规定:“故意侵害他人知识产权,情节严重的,被侵权人有权请求相应的惩罚性赔偿。”随着我国经济由粗放式发展进入高质量发展阶段,更加注重创新驱动发展,保护知识产权成为必然选择。《民法典》编纂时立法者顺应时代发展要求,首次明确规定对故意侵犯知识产权的行为承担惩罚性赔偿责任。在此之前,2019年修订后的《商标法》增加规定对故意侵犯商标权的行为承担惩罚性赔偿责任,第63条规定:“侵犯商标专用权的赔偿数额,按照权利人因被侵权所受到的实际损失确定;实际损失难以确定的,可以按照侵权人因侵权所获得的利益确定;权利人的损失或者侵权人获得的利益难以确定的,参照该商标许可使用费的倍数合理确定。对恶意侵犯商标专用权,情节严重的,可以在按照上述方法确定数额的一倍以上五倍以下确定赔偿数额。赔偿数额应当包括权利人为制止侵权行为所支付的合理开支。”这条规定确立了侵犯商标专用权的赔偿原则,对一般侵权行为实行补偿性赔偿;对恶意侵权行为,情节严重的,实行惩罚性赔偿。针对实践中难以确定损失数额,《商标法》对审判标准作出具体明确规定,非常详细,有点司法解释的味道。人民法院为确定赔偿数额,在权利人已经尽力,而与侵权行为相关的账簿、资料主要由侵权人掌握的情况下,可以责令侵权人提供与侵权行为相关的账簿、资料;侵权人不提供或者提供虚假的账簿、资料的,人民法院可以参照权利人的主张和提供的证据判定赔偿数额。权利人因被侵权所受到的实际损失、侵权人因侵权所获得的利益、注册商标许可使用费难以确定的,由人民法院根据侵权行为

的情节判决给予500万元以下的赔偿。对恶意侵犯商标专用权行为的赔偿数额，《商标法》明确规定在1倍以上5倍以下，难以确定数额的赔偿在500万元以下。这样的立法，充分体现了立法者严厉惩治恶意侵犯商标专用权的立法精神，从民事上对侵权人罚得倾家荡产，使之不敢再犯。《著作权法》和《专利法》在今后的修订中同样要贯彻这样的立法精神，对知识产权加大保护力度，促进我国知识创新发展。

四、故意污染环境和破坏生态的行为承担惩罚性赔偿责任

《民法典》第1232条规定："侵权人违反国家规定故意污染环境、破坏生态造成严重后果的，被侵权人有权请求相应的惩罚性赔偿。"这是我国法律首次规定故意污染环境、破坏生态的行为承担惩罚性赔偿责任。2019年修订的《环境保护法》没有涉及惩罚性赔偿内容，第64条仅规定适用《侵权责任法》。我国过去对污染环境的侵权行为适用补偿性赔偿。随着污染环境、破坏生态成为日益严重的社会问题，党的十八大把生态文明建设和政治建设、经济建设、文化建设、社会建设并列为五大战略布局，将生态文明建设提高到前所未有的高度，下大决心解决环境污染和生态破坏问题。近些年更是把蓝天保卫战作为三大攻坚战之一，集中全党全社会力量集中整治环境污染和生态破坏问题。近些年许多专家学者呼吁对污染环境、破坏生态的行业适用惩罚性赔偿，以最大力度赔偿损失，震慑污染环境和破坏生态的违法犯罪行为。立法者顺应时代要求和人民呼声，在三审稿中增加对故意违反国家规定污染环境、破坏生态的行为情节严重的承担惩罚性赔偿责任。但是，一些全国人大常委会委员认为惩罚力度还不够，建议扩大赔偿范围，对故意污染环境、破坏生态的行为，无论情节是否严重，过失污染环境、破坏生态的行为情节严重的，均承担惩罚性赔偿责任。立法者没有采纳，《民法典》仍然坚持把惩罚性赔偿的范围限定在故意违反国家规定污染环境、

破坏生态,造成严重后果的界限,强调主观上有恶意,造成严重后果,不强调情节是否严重。如“8·12”天津滨海新区爆炸案就是惨痛教训,不仅要追究相关责任人的刑事责任和行政责任,而且要在民事责任上进行严厉追究,让相关责任人倾家荡产,赔偿受害人损失,保护受害人的合法权益。对损失和费用的范围,第1235条规定了5个方面:生态环境受到损害至修复完成期间服务功能丧失导致的损失;生态环境功能永久性损害造成的损失;生态环境损害调查、鉴定评估等费用;清除污染、修复生态环境费用;防止损害的发生和扩大所支出的合理费用。至于污染环境造成损失赔偿几倍的问题,没有涉及,有待于司法解释作出具体规定。

五、房屋出卖人故意过错的承担惩罚性赔偿责任

《商品房买卖合同司法解释》第8条规定:“具有下列情形之一,导致商品房买卖合同目的不能实现的,无法取得房屋的买受人可以请求解除合同、返还已付购房款及利息、赔偿损失,并可以请求出卖人承担不超过已付一倍的赔偿责任:(一)商品房买卖合同订立后,出卖人未告知买受人又将该房屋抵押给第三人;(二)商品房买卖合同订立后,出卖人又将房屋出卖给第三人。”通常认为惩罚性赔偿适用于故意侵权引起的损害赔偿,合同违约不适用惩罚性赔偿,但是美国法律中许多判例对合同违约行为判决承担惩罚性赔偿。21世纪初国内房地产市场异常火热,处于卖方市场,商品房价格上涨迅速,许多房屋出卖人为了追求利润最大化,不讲诚信,欺骗购房人,损害购房人的合法权益。为了惩治欺诈行为,保护弱者群体的合法权益,维护正常房地产市场秩序,最高人民法院把惩罚性赔偿引入商品房交易中,对订立合同后又将房屋擅自抵押给第三人和一房二卖的行为,坚决惩治,除了返还购房款及利息、赔偿正常损失外,还要赔偿不超过购房款一倍的损失。这是司法解

释中最早规定的惩罚性赔偿,对于惩治欺诈行为,保护购房人的合法权益起到重要作用。该解释第 9 条还对 3 种故意欺诈行为规定承担惩罚性赔偿责任。第 9 条规定:"出卖人订立商品房买卖合同时,具有下列情形之一,导致合同无效或者被撤销、解除的,买受人可以请求返还已购房款及利息、赔偿损失,并可以请求出卖人承担不超过已付购房款一倍的赔偿责任:(一)故意隐瞒没有取得商品房预售许可证明的事实或者提供虚假商品房预售许可证明;(二)故意隐瞒所售房屋已经抵押的事实;(三)故意隐瞒所售房屋已经出卖给第三人或者为拆迁补偿安置房屋的事实。"从上述规定可以看出,承担惩罚性赔偿责任的范围限定在故意违约,对过失违约行为即使情节严重、造成严重后果的,也不适用惩罚性赔偿责任,与《民法典》立法精神相一致。当然,也有一些专家学者认为房屋不属于消费品,与《消费者权益保护法》立法精神不符。我们知道,《消费者权益保护法》是在 1993 年制定的,把惩罚性赔偿限制在消费领域,规定经营者承担惩罚性赔偿责任。《商品房买卖合同司法解释》是 2003 年制定出台的,针对我国混乱的房地产开发市场,其目的是惩治欺诈行为,保护处于弱势地位的购房者,维护正常的交易秩序。商品房不属于消费品,不受消费者权益保护法的调整规制,因此,《商品房买卖合同司法解释》是独立的司法文件,是对惩罚性赔偿的扩展。实践中效果也很好,受到广泛肯定。

六、用人单位有故意过错的承担惩罚性赔偿责任

《劳动合同法》第 82 条规定:"用人单位自用工之日起超过一个月不满一年未与劳动者订立书面劳动合同的,应当向劳动者每月支付二倍的工资。用人单位违反本法规定不与劳动者订立无固定期限劳动合同的,自应当订立无固定期限劳动合同之日起向劳动者每月支付二倍的工资。"关于"二倍工资"的性质是属于劳动报酬还是惩罚性赔偿,有

争论。少数意见认为,“二倍工资”属于劳动报酬,是用人单位支付给劳动者的报酬。大多数意见认为,“二倍工资”属于惩罚性赔偿金。用人单位主观上明知法律规定用工必须与劳动者签订书面合同,而不签订劳动合同,主观上有故意过错,性质严重。行为方面有用工超过1个月的试用期仍然不与劳动者签订书面合同,或者逃避法律规定不与劳动者签订劳动合同,存在逃避法律规定的行为。金额方面支付2倍的工资,明显超过正常应付的工资额,符合惩罚性质。虽然法律条文没有惩罚性赔偿的字眼,但从内容上看符合惩罚性赔偿。因此,大多数意见认为,第82条规定确定了在劳动合同里适用惩罚性赔偿的立法精神。

综上所述,我国法律对惩罚性赔偿的适用范围已经从侵权行为扩展到合同违约,侵权行为范围限定在侵犯知识产权、污染环境和破坏生态行为,目的是最大限度地保护知识产权和人类赖以生存的环境。主观方面限定在故意过错上,过失和重大过失造成的侵权损害行为不适用惩罚性赔偿。合同违约也限定在消费领域、食品药品、房屋出卖、劳动合同履行方面,直接关系人民群众生命财产安全,大多数合同违约造成的损失不适用惩罚性赔偿。《民法典》明确规定适用惩罚性赔偿必须有法律明确规定才能适用,当事人之间的约定无效,不受法律保护。这一点与连带责任适用有明显区别,需要加以注意。

精神损害赔偿的情形和范围

《民法通则》第 120 条规定:“公民的姓名权、肖像权、名誉权、荣誉权受到侵害的,有权要求停止侵害,恢复名誉,消除影响,赔礼道歉,并可以要求赔偿损失。”基于这条规定,一些学者认为我国确立了精神损害赔偿制度。但是,其规定得不完整,没有规定人最主要的权利——生命权、身体权、健康权,人格尊严权、人身自由权更没有涉及。关于损失,其仅笼统规定赔偿损失,没有明确精神损害抚慰金。因此,《民法通则》不能被视为正式确立了精神损害赔偿制度。直到 23 年后《侵权责任法》的颁布实施,才是正式确立了精神损害赔偿制度。《侵权责任法》第 22 条规定:“侵害他人人身权益,造成他人严重精神损害的,被侵权人可以请求精神损害赔偿。”这首次明确规定了精神损害赔偿限定在侵害人身权益、并且造成严重精神损害的后果的范围内。

《民法典》沿袭了《侵权责任法》规定,并且将赔偿范围扩展到具有人身意义的特定物,也就是说,在侵害财产权方面开了一个小口。第 1183 条规定:“侵害自然人人身权益造成严重精神损害的,被侵权人有权请求精神损害赔偿。因故意或者重大过失侵害自然人具有人身意义的特定物造成严重精神损害的,被侵权人有权请求精神损害赔偿。”《民法典》对精神损害赔偿作出原则性规定,具体包括哪些内容没有明确规定,如人身权益包含哪些方面?具有人身意义的特定物是指什么?物权、知识产权和股权受到侵害能否请求精神损害赔偿?

精神损害赔偿的历史发展演变，经历了萌芽、形成、完备3个时期。在古代成文法早期，经常可以看到对侮辱、詈骂他人者予以刑事制裁的规定，有的刑罚还很严厉。虽然没有人格权的法律概念，但却体现了对民事主体人格权的保护。《十二铜表法》在第八表私犯中的第1条规定："以文字诽谤他人，或者歌唱侮辱他人的歌词的，处死刑。"在我国古代法律制度中，对于流内殴议贵者、殴詈杀伤夫、奴婢詈旧主等侵害人格权的行为，均规定予以刑罚制裁。这些制度属于刑法范畴，不能认为是精神损害赔偿的萌芽，但是其前身，对精神损害赔偿的产生奠定了坚实的基础。一般认为精神损害赔偿的萌芽是在罗马法典编纂时期对生命健康权的保护从凌辱中分离出来。裁判官允许被害人提起损害之诉，自定赔偿数额。到帝政时代，损害赔偿的请求额，完全由裁判官视损害的性质、受害的部位、加害的情节及被害人的身份等斟酌定之。查士丁尼在《法学阶梯》中指出：侵害行为的构成，不仅由于用拳头或者棍棒殴打，而且由于当众诬赖，如诬赖他人是债务人而占有他人财产，行为人明知他人对他不负任何债务；写作、出版诽谤性的诗歌、书籍，进行侮辱或者恶意策动其事；或者尾随良家妇女、少年或者少女，或者着手破坏他人贞操。很显然，侵害行为有各种不同的方式。对侵害行为，被害人可提起刑事诉讼，也可以提起民事诉讼。在民事诉讼中，应根据以上所述估计一个数额，对行为人处以罚金。可见，在罗马法后期，凌辱，既包括对物质性人格权的侵害，也包括对精神性人格权的侵害，将侵害身体的侵辱之诉从凌辱中分离出来，使原来的凌辱成为侵害精神性人格权精神损害赔偿的内容，人身损害赔偿和精神损害赔偿开始有了各自独立的意义。

近代精神损害赔偿制度的形成，正是沿着罗马法指引的方向发展的。一条路线是对精神性人格权的民法保护；另一条路线是对物质性人格权的民法保护。前一条路线，对精神性人格权的保护，沿袭罗马法的侵辱估价之诉，欧洲各国陆续建立了对名誉权、自由权的民法保护制度。法国判例认为，自由权的受害人与其他利益之受害人相同，得请求抚慰金。德国普通法承认名誉权受害人可以请求损害赔偿。关于姓名权的保护，始见于17世纪初的公法规定，尚未认其为一种私权。直到19世纪初，普鲁士法、奥地利法对姓名权作出一般规定，形成完备制度。关于肖像权，法国判例早已承认存在，德国直到1898年法学家克思奈出版《肖像权论》提出完整的肖像权保护方法。至于隐私权，是最晚出现的一个人格权概念，在原来的欧美法律中均无隐私权概念，直到1890年美国法学家在哈佛大学的《法学评论》发表了一篇论文，第一次提出隐私权概念，开始受到法学界的重视，并被确认为具体人格权。瑞士民法学者对人格权的保护起到重要作用，在民法学家胡贝尔的倡议下，一般人格权被写进了《瑞士民法典》，成为最早确认人格权并且用精神损害赔偿方法进行保护的立法例。“二战”后，对人格权的保护成为世界潮流，众多国家确认人格权，用精神损害赔偿方法予以保护。

后一条路线，对物质性人格权的保护，开始出现赔偿因侵害身体、健康、生命权等非财产损失对人身损害的抚慰金制度。对侵害生命权，法国判例广泛保护精神上的利益，对于因近亲被杀而生之精神痛苦，支付抚慰金。各国普遍承认对人身损害的抚慰金制度，准许生命权、健康权和身体权受到损害的受害人及其近亲属提起精神损害赔偿诉讼，法官根据实际情况，确定抚慰金赔偿数额。在日本、德国，某些人身损害的侵权案件中，对抚慰金实行格式化赔偿，制定赔偿表格，计算抚慰金数额。

精神损害赔偿，是指自然人在人身权或者某些财产权受到不法侵害，致使人身利益或者财产利益受到损害并遭受精神痛苦时，受害人本人或者近亲属有权要求损害赔偿的民事法律制度。通常包括两类：一类是受害人可以感知到的精神损害，称为积极精神损害，如生命、身体、健康受到侵害造成死亡或者残疾;另一类是受害人由于心智丧失或者其他原因无法感知到的精神损害,称为消极精神损害,如毁容后精神痛苦、心灵创伤。其功能具有抚慰、惩罚、替代补偿3个方面,精神受到损害时,在停止侵害、消除影响、恢复名誉、赔礼道歉基础上,给予适当金钱补偿,可以有效地抚慰心灵、得到心灵的慰藉,同时要求侵害人付出一定数额金钱,表明法律对不法行为的惩罚。以金钱补偿替代受害人的精神痛苦,起到替代作用。

精神损害赔偿主要有3个特征:一是请求权的专属性。只能由受害人或者死者的近亲属行使,不能让与、继承。精神损害赔偿是依附于受害人的特定权利,只有在人身权益或者特定财产受到不法侵害而且达到严重程度方可请求精神损害赔偿。二是赔偿因素的多元性。在确定精神损害赔偿时考虑的因素很多,如赔偿的主观标准和客观标准,从基本结构确定赔偿范围,考虑人身权、财产权与精神损害之间的因果关系等,从主观要件上根据加害行为的故意或者过失判断,从侵权行为上,考虑侵害的地点、场合、时间、手段等作为确定赔偿的考量因素。三是赔偿数额的不确定性。精神损害是自然人意识机能的反应,内容和范围具有主观性,赔偿亦有主观性。正是这样的主观性,导致赔偿数额的不确定性,不能根据同一损害事实确定损害赔偿的数额。就其功能而言,其主要是为了弥补受害人的精神痛苦,不能用金钱多少替代补偿。基于这个原因,司法解释无法确定具体的赔偿标准,只能确定最高限额,由法官在审判中行使自由裁量权作出判决。

最高人民法院在《侵权责任法》制定实施前,根据《民法通则》及司法解释,结合审判实践需要,于2001年制定出台了《精神损害赔偿司法解释》,对精神损害赔偿作出具体规定。二十年来的实践证明,司法解释对指导审判工作发挥了重要作用,一些原则和规定被《民法典》所吸收借鉴。通过梳理法律规定和司法解释的条文,适用精神损害赔偿主要有以下几种情形：

一、人格权受到侵害的行为

《精神损害赔偿司法解释》第 1 条规定："自然人因下列人格权利遭受非法侵害，向人民法院起诉请求赔偿精神损害的，人民法院应当依法予以受理：(一) 生命权、健康权、身体权；(二) 姓名权、肖像权、名誉权、荣誉权；(三) 人格尊严权、人身自由权。违反社会公共利益、社会公德侵害他人隐私或者其他人格利益，受害人以侵权为由向人民法院起诉请求赔偿精神损害的，人民法院应当依法予以受理。"人格权是人最基本的权利，与生俱来，不能放弃、不能转让、不能继承。人格权高于财产权，必须得到最有力的法律保护。人格权受到侵害，人的精神必然受到损害，理应得到精神损害赔偿。第 5 条规定："法人或者其他组织以人格权利受侵害为由，向人民法院起诉请求赔偿精神损害的，人民法院不予受理。"这条规定确立了法律只保护自然人的人格权，法人、非法人组织无权主张精神损害赔偿。

二、死者权益受到侵害的行为

死者没有人格权，但有人格权益，同样受到法律保护。《精神损害赔偿司法解释》第 3 条规定："自然人死亡后，其近亲属因下列侵权行为遭受精神痛苦，向人民法院起诉请求赔偿精神损害的，人民法院应当依法予以受理：(一) 以侮辱、诽谤、贬损、丑化或者违反社会公共利益、社会公德的其他方式，侵害死者姓名、肖像、名誉、荣誉；(二) 非法披露、利用死者隐私，或者以违反社会公共利益、社会公德的其他方式侵害死者隐私；(三) 非法利用、损害遗体、遗骨，或者以违反社会公共利益、社会公德的其他方式侵害遗体、遗骨。"这条规定罗列了侵害死者权益的 3 种情形，基本涵盖了实践中的各种情况。另外，其对为国家和民族作出贡献的英雄烈士给予特殊保护。《民法典》第185条规定:“侵害英雄烈士等的姓名、肖像、名誉、荣誉,损害社会公共利益的,应当承担民事责任。”这条是特别规定,与司法解释第3条规定并不冲突。

三、身份权受到侵害的行为

身份权是民事主体基于拥有特定身份而享有的民事权利,不是民事主体固有的一种权利,而是通过某种行为或者事实获得身份才具有的权利。身份权包括亲权、亲属权、监护权等。身份权体现了一定的社会关系,如果处理不好,直接影响社会稳定。法律必须保护身份权,对受到损害的身份权,给予受害人一定精神损害赔偿,以慰藉受害人创伤的心灵。《精神损害赔偿司法解释》第2条规定:“非法使被监护人脱离监护,导致亲子关系或者近亲属间的亲属关系遭受严重损害,监护人向人民法院起诉请求赔偿精神损害的,人民法院应当依法予以受理。”实践中对非法买卖、偷窃婴幼儿的行为,除追究刑事责任外,监护人还有权主张民事责任赔偿相应损失,并要求侵害人承担一定精神损害抚慰金。

四、婚姻关系受到损害的行为

2001年修订的《婚姻法》第46条规定:“有下列情形之一,导致离婚的,无过错方有权请求损害赔偿:(一)重婚的;(二)有配偶者与他人同居的;(三)实施家庭暴力的;(四)虐待、遗弃家庭成员的。”婚姻本来就是双方心理、生理和财富的结合,感情在婚姻中占有重要地位。如果受到伤害,导致离婚的,无过错方有权主张损害赔偿。根据《婚姻法司法解释(一)》第28条的规定,损害赔偿包括物质损害赔偿和精神损害赔偿,涉及精神损害赔偿的,适用精神损害赔偿司法解释的规定。因此,《婚姻法》第46条规定标志着我国离婚损害赔偿制度的确立,是一大进步。《民法典》沿袭了这条规定。精神损害赔偿,除停止侵害、赔礼道歉、消除影响、恢复名誉外，主要是赔偿精神损害抚慰金。

五、具有人身意义的特定物受到损害的行为

《精神损害赔偿司法解释》第4条规定："具有人格象征意义的特定纪念物品，因侵权行为而永久灭失或者毁损，物品所有人以侵权为由，向人民法院起诉请求赔偿精神损害的，人民法院应当予以受理。"之前我国法律对侵害财产行为的赔偿没有规定精神损害赔偿，这条规定突破了精神损害赔偿限于侵权的界限，侵犯具有人格象征意义的特定纪念物品，有权主张精神损害赔偿。具有人格象征意义的特定纪念物品是指具有一定精神价值的有形实体物，如结婚庆典的录像带等爱情信物、凝聚着战功的军功章、获奖证章、已故父母的唯一照片、绘画书法作品等。这些物品如果被损坏或者被盗，不仅当事人会遭受物质损失，而且精神上受到极大打击，造成心理痛苦，故司法解释规定物品所有人有权主张精神损害赔偿。《侵权责任法》起草制定时，遭到一些专家学者的反对，没有明确规定。《民法典》吸收借鉴了司法解释的内容，改造成"因故意或者重大过失侵害自然人具有人身意义的特定物造成精神损害的，被侵权人有权请求精神损害赔偿。"主观上存在故意或者重大过失，扩大了主观范围；侵害的对象也扩大了，不仅限于纪念物品，只要是具有人身意义的特定物品皆可，如祖传的祭祀物品、具有人身意义的绘画书法作品，这些物品具有唯一性，一但失去，不可再得。因此，法律赋予更大的保护力度。

精神损害赔偿有法律规定的，法官才能判决适用，没有规定的不能适用。《侵权责任法》把精神损害赔偿限定在侵害自然人的人身权益范围内，《民法典》扩大到侵害自然人具有人身意义的特定物。这就意味着对一般财产损害赔偿案件，不适用精神损害赔偿。对物权、知识产权、股权受到损害的民商事案件，不适用精神损害赔偿，只赔偿相应的

财产损失，包括惩罚性赔偿。

另外，我国《国家赔偿法》也规定了精神损害赔偿制度，这属于行政法领域。对国家机关及其工作人员在职权履行过程中造成人身权益损害的，应承担精神损害赔偿。该法第 35 条规定："有本法第三条或者第十七条规定情形之一，致人精神损害的，应当在侵权行为影响的范围内，为受害人消除影响、恢复名誉、赔礼道歉；造成严重后果的，应当支付相应的精神损害抚慰金。"该条表明精神损害赔偿包括行政赔偿和司法赔偿两方面。

精神损害赔偿的范围有多大？精神损害赔偿包括民事责任和抚慰金两部分。根据《精神损害赔偿司法解释》第 8 条的规定，加害人应承担停止侵害、恢复名誉、消除影响、赔礼道歉民事责任。第 9 条规定，致人残疾的，为残疾赔偿金；致人死亡的，为死亡赔偿金；其他损害情形的精神抚慰金。其他损害情形是指虽然没有造成人身伤害，但造成心理伤害，如由于一方过错导致离婚，过错方要承担损害赔偿。这条规定并不全面，2003 年制定的《人身损害赔偿司法解释》规定得更全面准确。第 17 条规定人身受到损害的赔偿费用，包括医疗费、误工费、护理费、交通费、住宿费、住院伙食补助费、必要的营养费等 7 项费用。因伤致残的，还包括残疾赔偿金、残疾辅助器具费、被扶养人生活费以及因康复护理、继续治疗实际发生的必要康复费、护理费、后续治疗费。致人死亡的赔偿费用，还包括丧葬费、被扶养人生活费、死亡补偿费以及办理丧葬事宜支出的交通费、住宿费和误工损失等合理费用。

至于精神损害抚慰金标准，最高人民法院规定原则上不超过人身损害赔偿金、生命健康赔偿金总额的 35%，最低不能少于 1000 元，具体标准没有涉及。我国地域辽阔，经济生活水平差异很大，最高司法机关很难确定比较客观全面的赔偿标准，只能确定原则性标准，由各省、直辖市、自治区司法机关根据本地实际情况确定。

安徽省高级人民法院《关于审理人身损害案件若干问题的指导意见》第25条罗列了4个标准：公民身体权、健康权受轻微伤害，不支持赔偿权利人的精神抚慰金请求；公民身体权、健康权遭受一般伤害没有构成伤残等级的，精神抚慰金的数额为1000元至5000元；公民身体权、健康权的伤害已经构成伤残等级，精神抚慰金的数额可以结合受害人的伤残等级确定，一般不低于5000元，但不高于80,000元；造成公民死亡的，精神抚慰金的数额一般不低于5000元，但不高于80,000元。案件有其他特殊侵权情节的，精神抚慰金的数额可以不按上述标准确定。受害人自身有过错的，应按其过错程度减少精神抚慰金数额。

山东省高级人民法院的指导意见分成两类标准，自然人的生命权、健康权、身体权等物质性人格权和自然人的名誉权、姓名权、肖像权、荣誉权、人格尊严权、人身自由权、隐私权等精神性人格权因受到不法侵害，造成受害人精神利益损害而请求精神损害赔偿或者精神损害抚慰金赔偿（含残疾赔偿金、死亡赔偿金及其他情形的赔偿金）的，具体赔偿标准如下：(1)侵害自然人的，一般性精神损害赔偿标准为1000元至3000元，严重精神损害赔偿标准为3000元至5000元；(2)侵害人是法人或者其他社会组织的，一般按照公民赔偿标准的5倍至10倍予以赔偿。侵害人侵害行为特别恶劣、受害人的伤害程度特别严重或者社会影响特别大的，可根据实际需要，适当提高上述标准，但判决前必须呈报省法院复核。

四川省高级人民法院的指导意见指出，人民法院赔偿委员会确定精神损害抚慰金的具体金额，原则上不超过人身自由赔偿金、生命健康赔偿金总额的35%，最低不少于1000元。

广东省高级人民法院《关于国家赔偿工作中适用精神损害抚慰金若干问题的座谈会纪要》中指出：确定精神损害抚慰金数额，应当以丧失人身自由的时间长短为主要依据，结合其他损害或者损失的情况综合确定，分为 8 个档次，最低的 1000 元以下，最高的 30 万元。导致损害人重伤、残疾或者死亡的，可不受受损害人丧失人身自由时间长短限制，在 30 万元以下确定。

从 4 个省法院的精神损害抚慰金标准看，广东省高级人民法院的赔偿标准相对比较客观，根据失去人身自由的时间长短确定，比较准确体现精神痛苦程度，而且最高额也是全国最高的，这与广东省的经济发展水平相适应。我们相信，随着国家经济发展水平的提高，精神损害抚慰金的标准也会随之不断提高的。

自助行为能起多少作用?

在饭馆吃完饭不付账就离开,餐馆老板是否有权阻拦?坐车不买票,司机是否有权扣留人质?像这样的情形,实践经常发生,受害人是否能自助救济?《民法通则》《侵权责任法》等法律却没有明确规定。

自助行为,又称自救行为,是指权利人受到不法侵害后,为保全或者恢复自己权利,在情势紧迫而不能及时请求国家机关救助的情况下,依靠自己的力量,对他人财产或者自由施加扣押、拘束或者其他相应措施的行为。自助行为属于私力救济,与紧急避险、正当防卫的性质是相同的。私力救济分为自卫行为和自助行为,紧急避险、正当防卫属于自卫行为。

自助行为有 4 个构成要件:一是为保护权利人自己的合法权益,为保护他人权益是见义勇为。二是情势紧迫而又不能及时请求国家机关救助。情势紧迫,是指权利受到侵害后有关国家机关不能及时救助,如吃霸王餐,离开后再找人困难,公安民警又不能及时到场。正在受到侵害的是正当防卫。三是采取的强制措施不得超过必要限度,如吃霸王餐可以扣押财产,也可以暂时扣一个人在场,等其他人送钱来,但不能较长时间羁押人身。四是事后应及时提请有关国家机关处理,第一时间请求公安等国家机关处理。

其实,自助行为在古代社会是普遍盛行的,只是到了现代社会才逐渐被限制或者禁止。我国唐代允许对违契不偿的债务人采取自力救助方法取得补偿。《唐律杂律》第398条规定："诸出举，两相和同，私契取利过正条者，任人纠告，利物并入纠人。诸以粟麦出举，还以一年为断，不得因旧本更令坐利，又不得回利为本。"债务人负债不还时，债权人可以自己夺取债务人财物、奴婢和畜产。只要不超过本契，即使债务人诉诸官府，也不予以追究。如果超过本契，则依超过债务额的部分按赃罪规定处罚。宋代承袭此制，至明清则禁止私自扣押债务人财物。

在西方，罗马法对自助行为给予肯定，他们把私人权利看作国家权力的最高准则。在《法学阶梯》《学说汇纂》《法典》中，自救行为问题都得到论述。格拉提安认为，任何人都有权要求返还从他人手中夺走的包括无形权利和权力在内的所有财产，无论是使用武力还是欺诈。这种救济不仅针对原始违法人，而且针对第三人。中世纪教会法学家创造了"恢复原状之诉"，以后又称为"抢夺之诉"，适用于各种类型的抢夺，可以用来恢复对无形权利以及动产、不动产的占有权，可以用来起诉第三人。这种诉讼不要求原告证明自己对主张的土地、财产或者权利拥有所有权，其目的并不是保护占有权本身，而是惩罚自救行为。在现代国家的刑法典里，大多没有明确规定自救行为为正当行为，但是，理论界大多承认在加以严格限制条件下，可以不把自救行为作为犯罪处理，表现出对自救行为的有限肯定态度。英美法不区分民法的自助和刑法的自救，凡有正当理由的私力救济皆构成合法抗辩事由，但对不动产不允许暴力使之恢复原状。我国台湾地区"刑法"没有作出明文规定，但刑法理论界和司法实践中，都基本认可了自救行为。在日本，刑法理论界认为自救属于违法阻却事由，但在司法实践中对自救行为认定持慎重态度。

自助行为存在两面性。一方面，自助行为是从行为人既有权利中派生出来的维权行为；另一方面，自助行为是一种不依法定秩序、损害他人权益的行为，破坏了法的安定性，而且容易超过必要限度造成不应有的损害。在原始社会，自力救济是当然正义，也是唯一可能方式，被后世认为是自然法的准则之一。私有制和国家产生后，随着国家权威观念的逐渐树立，自助行为体现出的传统私力救济模式与新兴国家救济模式之间的冲突渐露端倪，统治者开始以法令或者其他方式对自救行为作出限制。进入封建社会以后，国家权力深入社会生活，公民的权利被要求上交国家统一行使，越是专制和中央集权的政权，越不能容忍自我救助。

在现代国家，法治的目的被认为是限制公权、保障私权，个人权利受到前所未有的尊重。即使法律再完备、再周全，公权力总有保障不到位的情形。因此，没有任何一个国家对自力救济行为加以明确完全的否定。

经过改革开放四十多年的发展，我国社会主义市场经济体系已经建立起来，与之相适应的法律体系基本建立，以刑法、民法、行政法以及诉讼法为代表的基本法律和部门法也都颁布实施，法治社会正在形成，国家公权力深入社会生活的方方面面。但是，社会生活是丰富多彩的、不断向前发展的，再完备的法律也总有调整不到的角落，就像文章开头提到的生活纠纷，法律就没有涵盖到，以国家公权力救济为主，公民私力救济为补充的社会，才是法治完备的社会。如果法律不认可私力救济，公民权利难免得不到周全救济。在起草制定民法典过程中，许多专家学者吸收借鉴国外成熟立法经验，呼吁承认自助行为，以便更好地保护公民的合法权益。立法者采纳意见，明确规定了自助行为。

《民法典》第1177条规定："合法权益受到侵害，情况紧迫且不能及时获得国家机关保护，不立即采取措施将使其合法权益受到难以弥补的损害的，受害人可以在保护自己合法权益的必要范围内采取扣留侵权人的财物等合理措施；但是，应当立即请求有关国家机关处理。受害人采取的措施不当造成他人损害的，应当承担侵权责任。"从上述规定可以看出，我国虽然承认自助救济，但作出严格限制，权利人的合法权益受到侵害，必须在情况紧迫而且不能及时获得国家机关保护的情况下，才能依靠自己的力量维权，但是不能超过必要限度，如只能扣押财物，不能限制侵害人的人身自由。超过必要限度，构成侵权要承担侵权责任。过去许多地方存在的以扣押人质要债的做法，就是超过必要度，构成侵权，轻者赔礼道歉、赔偿损失，重者承担刑事责任。

自甘风险适用范围有多大？

小李明知公司司机小王酒后驾车，仍搭乘回家，途中出车祸受伤。对小李是否适用自甘风险原则？在足球、篮球等体育比赛中受伤，侵害者是否承担赔偿责任？在登山、探险、攀岩、漂流活动中受伤或者死亡，组织者是否承担责任？这就涉及自甘风险法律问题。我国《民法通则》《侵权责任法》都没有规定自甘风险问题。司法实践中处理这些案件，大多适用公平原则和过错责任原则，依据是《民通意见》第132条和《侵权责任法》第24、26条规定。由于适用依据不同，法官自由裁量权很大，出现裁判标准不统一的问题。公平原则和过错责任原则不能替代自甘风险原则，实践呼唤法律，必须作出明确回答。

自甘风险是指明知有风险仍自愿参加冒险活动，当风险出现时自己承担责任、接受损害后果的原则。其有以下几个构成要件：(1)风险可以预见的，不是不可预见的，如足球、篮球等对抗性和体操、滑雪等危险性高的体育赛事，登山、探险、攀岩、漂流等危险性高的户外活动，事先都明白参加活动有风险，容易受伤，甚至生命危险；(2)行为人为了获得某种利益而面临危险，如参加风险活动，可以获得工作和荣誉，锻炼身体，培养毅力，收获快乐；(3)损害本身可以避免的，是自愿参加的，也可以不参加，没有法定义务，没人强迫参加；(4)加害人属于一般过失，如果故意或者重大过失伤害对方，适用过错责任原则。

自甘风险原则与公平责任原则有很多不同。主要有以下几点：一是适用前提不同，自甘风险的前提是加害人有一般过错、受害人没有过错、受害人自愿承担过错，而公平责任的前提是双方均没有过错；二是后果不同，自甘风险的后果是免除加害人责任，公平责任的后果是双方均承担责任；三是作用不同，自甘风险的作用是出于对双方权益的考虑，不仅保护受害人，而且保护加害人，使责任承担合理，符合公平正义理念，公平责任的作用是对受害人及其家属的精神抚慰，出于人道主义，让没有过错的受益人承担一定赔偿；四是公平责任原则属于兜底原则，在不适用过错原则和无过错责任原则情形下，为了维护公平正义，才被迫适用，自甘风险原则有自己的适用情形。

自甘风险原则与过错责任原则也存在不同。第一，过错程度不同，自甘风险中加害人存在的是一般过失，而不是故意或者重大过失，过错责任中强调存在过错。第二，适用条件不同，自甘风险是受害人自愿参加活动，过错责任构成有侵害行为、结果、因果关系、主观过错 4 个构成要件。第三，承担后果不同，自甘风险的结果是加害人不承担责任，受害人自己承担责任，过错责任的结果是加害人承担责任，受害人不承担责任。

正因为自甘风险原则有独立存在的价值，许多专家学者呼吁规定我国的自甘风险原则。立法者最终采纳意见。《民法典》第 1176 条规定："自愿参加具有一定风险的文体活动，因其他参加者的行为受到损害的，受害人不得请求其他参加者承担侵权责任；但是，其他参加者对损害的发生有故意或者重大过失的除外。活动组织者的责任适用本法第一千一百九十八条至一千二百零一条的规定。"

本条规定有 4 个要点：一是把自甘风险原则的适用范围限制在文体活动，与二审稿规定的"具有危险性活动"相比，适用范围明显缩小了，仅限制在文艺、体育活动，对交通事故中自愿搭乘车造成的伤害，不适用自甘风险。二是必须是"其他参加者的行为"，活动以外的人员造成伤害的不适用自甘风险。三是主观过错明确为故意或者重大过失不适用自甘风险，也就是说，其他参加者的一般过失，适用自甘风险原则。四是组织者的责任适用有关安全保障义务和教育管理职责的规定，其需承担补充责任。

适用自甘风险原则主要有文艺活动、体育活动、自助游3种情形。

(1)文艺活动。按通常理解，文艺活动包括文化和艺术活动，如机关单位组织的各种文艺演出、书画展览、报告会、参观游览名胜古迹活动等。活动中如果受到其他参加者的伤害，自己要承担责任，但是，日常生活中绝大多数人没有自甘风险意识，让自己承担责任，许多人接受不了。法律又这么规定了，势必要求机关单位在活动前给每个人上人身意外伤害保险，才能保证受到伤害时获得救济。

(2)体育活动。以前实践中区分竞技体育比赛和一般体育活动，体育活动适用过错责任原则，体育比赛适用自甘风险原则。因为体育活动大多具有自发性，参加者没有自甘风险的意识，而竞技体育比赛是专业运动员参加，受过正规训练，知道参加比赛有风险，有自甘风险的意识，而且都参加人身伤害意外保险。《民法典》规定文体活动，不再区分体育竞赛和一般体育活动，将其扩大适用范围，学校、单位组织的一般体育活动以及公民自发组织的体育活动，也适用自甘风险原则。

(3)自助游。实践中区分自助游和跟团游两种情形，跟团游有旅行社组织，参加保险，发生伤害，适用组织者安全保障义务的规定。随着生活水平的提高，人们有钱有闲，户外活动成为一大亮点，驴友们经常自发组织登山、攀岩、漂流、探险等户外活动。如果发生伤害，司法实践中有判例适用自甘风险原则，自己承担责任，参加保险的由保险公司在投保范围内承担责任。《民法典》对自助游没有明确规定。笔者认为，自助游等户外活动也属于体育活动，目的是培养毅力、锻炼身体、获得快乐。现在大多数驴友们也都事先参加人身意外伤害保险，受到伤害时得到救济。把自助游纳入自甘风险范围,应该没有什么障碍。

关于交通事故是否适用自甘风险原则?司法实践中分为3种情形:一是乘客没有过错,司机和第三人有过错的,造成乘客人身伤害的,适用过错责任原则,由司机和第三人承担赔偿责任。二是乘客和司机均有过错的,适用过错相抵的原则。三是乘客自愿参与风险活动中,司机有一般过错,适用自甘风险原则。如免费搭乘醉酒司机驾驶的汽车,发生交通事故,司机负全责,乘客受到伤害的情况,适用自甘风险的案例。明知司机酒后驾驶有风险,但出于侥幸心理,免费搭乘回家,发生伤害的,司机负全责,乘客的行为符合自甘风险的构成要件。法院判决搭乘人自己承担责任,当然也有适用公平责任原则,判决司机承担一定责任。《民法典》规定自甘风险原则限于"文体活动",把交通事故发生伤害的情形排除在外,其不能适用自甘风险原则,今后司法实践中要适用公平责任原则。

参考文献

1.《〈中华人民共和国民法总则〉条文理解与适用》,人民法院出版社 2017 年版。

2.《〈中华人民共和国物权法〉条文理解与适用》,人民法院出版社 2007 年版。

3.《〈中华人民共和国侵权责任法〉条文理解与适用》,人民法院出版社 2010 年版。

4.《〈中华人民共和国合同法〉条文理解与适用》,人民法院出版社 2009 年版。

5.《民法总则立法背景与观点全集》编写组《民法总则立法背景与观点全集》,法律出版社 2017 年版。

6. 邹瑜、顾明主编:《法学大辞典》,中国政法大学出版社 1991 年版。

7. 梁慧星:《裁判的方法》(第 3 版),法律出版社 2017 年版。

8. 梁慧星:《民法总论》(第 5 版),法律出版社 2017 年版。

9. 黄源盛:《中国法史导论》,广西师范大学出版社 2014 年版。

10. 杜万华主编:《第八次全国法院民事商事审判工作会议(民事部分)纪要理解与适用》,人民法院出版社 2017 年版。

11. 贺小荣主编:《最高人民法院民事审判第二庭法官会议纪要——追寻裁判背后的法理》,人民法院出版社 2018 年版。

12. 杜万华:《杜万华大法官民事商事审判实务演讲录》,人民法院出版社 2016 年版。

13. 汪渊智:《代理法论》,北京大学出版社 2015 年版。

14. 最高人民法院民事审判第一庭编著:《最高人民法院建设工程施工合同司法解释(二)理解与适用》,人民法院出版社 2019 年版。

15. 最高人民法院民事审判第二庭编著:《最高人民法院关于公司法解释(三)、清算纪要理解与适用》,人民法院出版社 2011 年版。

16. 田丰:《中国建设用地使用权制度研究》,法律出版社 2018 年版。

17. 江必新、邵长茂:《新行政诉讼法修改条文理解与适用》,中国法制出版社 2015 年版。

18. 董治良主编:《中国行政审判研究》,人民法院出版社 2012 年版。

19. 董治良主编:《中国行政审判研究》(第 2 辑),人民法院出版社 2014 年版。

20. 王振宇:《行政诉讼制度研究》,中国人民大学出版社 2012 年版。

21. 梁慧星:《民法总则讲义——重要条文的理解与适用》,载《四川大学学报(哲学社会科学版)》2017 年第 4 期。

22. 王利明:《我国民法典物权编的修改与完善》,载中国民商法律网 2018 年 4 月 28 日。

23. 王利明:《民法典合同编草案中的十个重大疑难问题》,载燕大元照法律图书 2018 年 10 月 31 日。

24. 王利明:《对人格权法独立成编的三点看法》,载搜狐网 2017 年 8 月 30 日。

25. 杨立新:《中国家事法改革要点》,载民事审判参考 2018 年 7 月

27 日。

26. 杨立新:《民法典继承编草案修改要点》,载中国民商法律网 2019 年 2 月 3 日。

27. 王利明:《关于侵权责任编的修改意见》,载中国民商法律网 2018 年 11 月 3 日。

28.《民法典增设保理合同制度有助破解中小企业融资难》,载东方财经网 2018 年 7 月 25 日。

29. 王宝发、张晓军:《析垫付责任(一)》,载《法律适用》1999 年第 4 期。

30. 离地七寸:《不真正连带责任全部 7 种适用情形》,载法商之家 2017 年 4 月 17 日。

31. 曾金秋:《民事侵权拟明确自助行为制度》,载界面新闻网 2018 年 12 月 27 日。

32.《限定"自甘风险"和"自助行为"的适用范围及条件》,载中国人大网 2019 年 8 月 22 日。

后　记

在本书写作过程中,我得到了领导、同事们和朋友们的关心和帮助。感谢北京理工大学珠海学院民商法律学院院长王建宇教授,感谢浙江大学光华法学院张谷教授,感谢原省法院朱明副院长,感谢山西大学法学院汪渊智教授,感谢《山西市场导报》韩锡璋总编,感谢《山西法制报》焦占伟主任,感谢《山西审判》谭建国主编。感谢省法院民一庭同事们。感谢法律出版社的策划编辑和校对付出的辛勤劳动。最后,感谢家人们默默无私的支持。

在此,唯有深深地躹个躬,谢谢了!

2020 年 6 月

图书在版编目(CIP)数据

法官眼中的民法典 / 任生林著. -- 北京:法律出版社,2021
ISBN 978-7-5197-5232-3

Ⅰ. ①法… Ⅱ. ①任… Ⅲ. ①民法-法典-中国-文集 Ⅳ. ①D923.04-53

中国版本图书馆 CIP 数据核字(2020)第 250247 号

法官眼中的民法典
FAGUAN YANZHONG DE MINFADIAN

任生林 著

责任编辑 张发靖 翁潇潇
装帧设计 鲍龙卉

出版 法律出版社
总发行 中国法律图书有限公司
经销 新华书店
印刷 中煤(北京)印务有限公司
责任校对 杨锦华 王沁陶
责任印制 张建伟

编辑统筹 法规出版分社
开本 A5
印张 9.75
字数 233 千
版本 2021 年 1 月第 1 版
印次 2021 年 1 月第 1 次印刷

法律出版社/北京市丰台区莲花池西里 7 号(100073)
网址/www. lawpress. com. cn
投稿邮箱/info@ lawpress. com. cn
举报维权邮箱/jbwq@ lawpress. com. cn
销售热线/400-660-8393
咨询电话/010-63939796

中国法律图书有限公司/北京市丰台区莲花池西里 7 号(100073)
全国各地中法图分、子公司销售电话:
统一销售客服/400-660-8393/6393
第一法律书店/010-83938432/8433 西安分公司/029-85330678 重庆分公司/023-67453036
上海分公司/021-62071639/1636 深圳分公司/0755-83072995

书号:ISBN 978-7-5197-5232-3
定价:49.00 元